本书由河北省重点发展学科

"马克思主义中国化研究"（石家庄学院）资助项目：

地方社会变革与马克思主义中国化

资助出版

光明学术文库
GUANGMING ACADEMIC SERIES

李来和　闫翅鲲/著

爱的信仰与社区和谐

The Faith of Love to the Harmonious Community

光明日报出版社

图书在版编目(CIP)数据

爱的信仰与社区和谐/李来和,闫翅鲲著. --北京:光明日报出版社,
2012.10
(光明学术文库)
ISBN 978 - 7 - 5112 - 3314 - 1

Ⅰ. ①爱… Ⅱ.①李…②闫… Ⅲ.①社区管理—研究—中国
Ⅳ.①D669.3

中国版本图书馆 CIP 数据核字(2012)第 237919 号

爱的信仰与社区和谐

著 者:李来和 闫翅鲲			
出 版 人:朱 庆		终 审 人:孙献涛	
责任编辑:刘伟哲 杨 娜		责任校对:高金华	
封面设计:小宝工作室		责任印制:曹 诤	

出版发行:光明日报出版社

地 址:北京市东城区珠市口东大街 5 号,100062

电 话:010 - 67078248(咨询),67078870(发行),67078235(邮购)

传 真:010 - 67078227,67078255

网 址:http://book.gmw.cn

E - mail:gmcbs@ gmw.cn yangna@ gmw.cn

法律顾问:北京市洪范广住律师事务所徐波律师

印 刷:北京楠萍印刷有限公司

装 订:北京楠萍印刷有限公司

本书如有破损、缺页、装订错误,请与本社联系调换

开 本:690×975 毫米 1/16

字 数:235 千字   印 张:12.75

版 次:2012 年 10 月第 1 版   印 次:2012 年 10 月第 1 次印刷

书 号:ISBN 978 - 7 - 5112 - 3314 - 1

定 价:32.00 元

坚持社会主义先进文化前进方向
——代序言

陈　瑛

　　当今中国，时代发展，社会进步，文化问题已被提高到更加重要、更为突出的地位，它已成为我们取得全面建设小康社会新胜利，开创中国特色社会主义事业新局面，实现中华民族伟大复兴的重要条件和有力保证。当然，这里所说的文化，首先是作为其核心和前导的社会主义先进文化，然后是在它的指导和统率下的其他各种积极健康的文化。社会主义先进文化代表着人民的根本利益，反映着群众的心声。党的十七届六中全会决议中，多处提到要坚持社会主义先进文化前进方向，认为这是实现我们的文化大发展大繁荣的关键所在。

　　那么，什么文化叫做社会主义先进文化，社会主义先进文化应当具备什么条件？最近，在看了河北省石家庄学院撰写的《马克思主义中国化研究项目：地方社会变革与马克思主义中国化著作概要》之后，我眼前一亮，立刻意识到，这就是社会主义先进文化，因为它们贯穿着这样几条红线。

　　首先，它们都是从建设中国特色社会主义的伟大实践出发，研究的都是民众最关心、最实际的问题，诸如社区建设、社会公平、地方社会管理和社会工作、地方法治建设等等，其目的都是为了促进地方社会变革，改善民生，谋求人民的福祉。例如在《爱的信仰与社区和谐》一书里，探讨了在社会转型期里和谐社区的建设问题，研究了爱与社区的统一：爱以社区为出发点和归宿，社区以爱为精神支撑和纽带。书中不仅为提高百姓日常爱情、家庭、社区生活幸福指数提供借鉴，而且以"民众需求"呼唤"社会管理变革"，为地方社会管理适应百姓和谐生活发展需求的变革提供了参考。在《西柏坡精神法治内涵研究》一书中，研究者们立足于西柏坡法治建设的历史和实际，结合当下人们日常政治法治生活，探讨法治发展理论问题，引导人们发扬西柏坡法治精神。

第二，它们都是坚持以马克思主义为指导，尤其是要求运用马克思主义中国化的最新成果来解决问题的，呼唤并且使民众信服马克思主义。例如在《国家与社会之间：社会主义核心价值观建设研究》一书中，特别研究了价值观体系中的核心价值观与民间价值观的关系问题，如它们之间的联系、互动，探讨了社会主义核心价值观建设的可行策略及长效机制，提出了"自上而下"与"自下而上"相结合的核心价值观建设之路。

第三，在研究和写作工作中，作者力争大众化、生活化。问题从生活实践中引出，论述从日常生活、经济生活、政治生活中获取资料，提炼观点。研究者不当"高位旁观者"，而是置身于对象的位置，力求表达形式的大众化、通俗化。例如《公平之路——当你感到不公平》一书，就是以对公众的访谈形式引入，从公众对社会公平的关注度、公众对当前社会公平状况的评价以及影响公众社会公平感的主要因素等方面入手，对当今中国社会公平状况进行实证分析。然后再从历史、全球和理论的视角对社会公平进行辩证分析，阐释在建设有中国特色社会主义中公平的应有之义，明确追求社会公平是和谐社会重要的价值目标。最后探讨消除不公平感的路径。

这套书启示了我们，以马克思主义，特别是以发展了的马克思主义为指导，研究社会主义发展中的现实问题，尤其是建设中国特色社会主义实践中出现的问题，既有高度的科学性、创造性，又有一定的大众性、生活性，努力建造为社会主义革命和建设服务，为人民服务的文化，这就是我们最需要的社会主义先进文化。

我们欢迎这样的社会主义先进文化，盼望今后能够有更多这样的研究成果问世。

2012 年 1 月 5 日

CONTENTS 目　录

导论

日常生活幸福的背后：爱和社区

世界上的每一个人都在追求幸福，本书的讨论就立基于、服务于普通个人尤其是中国普通个人的日常幸福追求。

一、爱与社区：在日常幸福追求中发现的问题

（一）日常幸福与个人关系——内在、紧密且长久

人的幸福有许多种，依据不同标准，可以划分出不同类别的幸福。

依据社会生活空间，可以划分出三类幸福。我们可以参考黑龙江大学衣俊卿教授的划分方法，把人类社会视作一个金字塔结构：（1）处于金字塔顶部的是科学、艺术和哲学等活动的领域，是非日常的、自觉的人类精神和人类知识领域，可以称之为自觉的类本质活动领域。（2）处于金字塔中部的是非日常的社会活动领域，主要包括政治、经济、技术操作、经营管理、公共事务、社会化大生产等。赫勒将这一类活动概括为"制度化领域"，因为在现代社会中，它主要靠法律和各种制度加以调节维持。（3）处于金字塔底部的是以个体的生存和再生产为宗旨的日常活动领域，主要包括衣食住行、饮食男女等以个体的肉体生命延续为目的的生活资料的获取与消费活动及其生殖活动；婚丧嫁娶、礼尚往来等以日常语言为媒介，以血缘和天然情感为基础的个体交往活动以及伴随上述日常活动的重复性的日常观念活动。①

对应三种空间，自然可以划分出社会精神生活幸福、社会制度生活幸福和日常生活幸福这三类幸福。

但是，由于幸福其实是幸福感，是个人的一种感受，所以三类幸福的"含金量"是不同的。

处于社会金字塔底部的日常生活领域，与个人关系最直接。它的内容就

---

① 衣俊卿. 日常生活批判——一种真正植根于生活世界的文化哲学 [J]. 学术月刊, 2006, (1).

是衣食住行、饮食男女、婚丧嫁娶、礼尚往来，以及日常观念活动。它的宗旨就是个人的生存和再生产。处于社会金字塔中层的"制度化领域"，以及顶层的精神活动领域，与个人的关系就比较间接了。

所以，尽管对应这三种领域，可以划分出上述三类幸福，但实际上，只有日常幸福具有最高的幸福"含金量"，因为它与个人的关系最直接、最密切。

如果依据个人职业生活和日常生活的区别，又可以将幸福划分为职业幸福和日常幸福。个人从事的职业，所做的工作很如意，心情很舒畅，当然可以带来职业幸福的享受，但职业不是终身的，终有退休的时候，而日常生活却是终身的，一生都不会退休。所以，与职业幸福相比，日常幸福与个人的关系最长久。

个人，是一个生命存在。不管是自然生命，还是社会生命，首先是一个生命存在，而作为生存和再生产为宗旨的日常生活，是人的生命一刻也不能离开的，所以，日常幸福是与人的生命内在相连的，日常幸福指数高低，与人的生命质量高低正相关。

所以，日常幸福与个人的关系内在、紧密且贯穿一生。

（二）影响日常幸福追求的重要因素——居生活背后

那么，日常幸福追求受哪些因素影响呢？当然离不开大的社会环境，如社会精神环境，社会经济、政治、文化制度环境等，自然会对个人日常幸福追求产生着基础性、根本性影响。但是，我们现在讨论的是在特定社会精神和制度环境下，直接影响个人日常幸福追求的因素。

随着我国社会进入向现代社会转型的新时期，个人日常社会生活水平与先前相比，实事求是地看，确实普遍有了较大幅度的提高。但是，是不是个人收入增加了，生活水平提高了，吃得好些了，穿得舒适些了，住得宽敞些了，出行方便些了，当婚则婚了，当嫁则嫁了，礼尚往来了，我们就感觉幸福了呢？

调查表明，随着社会竞争加剧，焦虑正渐成一种普遍心态，许多人有危机感，人们笼罩着一种焦躁情绪，好多事情心中没有底。

近些年，中国心理疾病呈高发态势，自杀现象明显增多，专家认为这是一种"公民焦虑症"。不久前，上海一家心理研究机构通过对 1000 户城市家庭的问卷调查得出结论：快乐正悄然地离我们远去，而焦虑已成为现代人的心理病。快乐减少，焦虑骤增。人们为下岗失业而焦虑，为找不到称心对象而焦虑，为挣不到丰盈收入养家而焦虑，为子女考不上名牌大学而焦虑，为家庭磨擦而焦虑……

为什么呢？当然有诸多社会原因，包括社会发展水平、社会公平环境、社会心理抚慰、社会工作支持等等，但是，个人原因也不可忽视。影响我们日常生活感受的除了这种表面的现象、活动以外，更为重要的是，作为日常生活世界缘由，支配日常生活世界的因素，是衣食住行、日常交往等日常生活背后的因素。

日常生活背后的因素，大体上看，就是人的生命存在的意义和价值。我们每一个生命，为什么存在？为什么需要衣食住行？为什么谈婚论嫁？为什么繁衍后代？为什么你来我往？这一系列为什么，都牵涉到针对生命的拷问。

世间的一切都围绕着生命而展开，世间的一切都源于人的生命。林语堂说："科学无非是对于生命的好奇心，宗教是对于生命的崇敬心，文学是对于生命的叹赏，艺术是对于生命的欣赏……"

如果进一步考察，我们会发现对人的生命有着重要影响的两个因素：爱和社区。

动物有无爱，我们不得而知。但人有生命之爱，我们却可以经验到。鲁迅先生说得清楚："既是生物，第一要紧的自然是生命。因为生物之所以为生物，全在有这生命，否则失了生物的意义。"人这种生物，无论怎样特殊，在生命之爱上毫不例外。人，只有当生命存在的时候，才称得上是人。人深知，生命的绝对根本性，所以，一个正常人，自然会珍爱自己的生命。

因为有爱，男女才可能走到一起；因为有爱，夫妻才可能乐于厮守；因为有爱，父母才可能精心于子女的优生、优育、优教；因为有爱，家庭才可能尊上敬下、贴心相处；因为有爱，个人的衣食住行才可能有滋有味；因为有爱，朋友才可能友好交往；因为有爱，人才可能有对家乡的眷恋、对社区的不舍……

我们可以发现，与人的生命质量相关的爱的素养，在背后不知不觉地影响着个人的日常生活感受，影响着个人的日常幸福。

另一个与人的生命活动紧密相连的因素是社区。与动物不同，人几乎都是"群居"的。我们可以经验到，在偏远的深山区，有的村落很小，但是，即便三五家，也要尽可能地住得临近些，好互相有个照应。所以古往今来，农村有村落性社区，城市有现代性社区。

人，作为生命存在，依赖于社区。在社区里，每个人都享用着共有的生活条件。比如村落共有的向阳面、挡风处、井水、道路和安全保障等；城市社区共有的供水、供电、有线、网线、保安、绿化、维修等。在社区里，每个人享受和预期享受邻里相助、情感寄托和共有利益共同维护等。

而且，越是城镇化，越是现代化，人越是依赖社区。尽管，有的城里人向往乡间"别墅"式独居生活，也可能在远郊购置一处"独门独院"或"三家五户小院"，但终会因诸多不便，放弃常住打算，将其作为小住几日的去处。

所以，与人的生命相关的社区状态，也在背后悄无声息地影响着个人的日常生活感受，影响着个人的日常幸福。

爱与社区，一虚一实，相互交错，构成影响个人日常幸福的居于日常生活背后的重要因素。

（三）日常幸福追求的重要问题之———爱的迷失

爱，是生命活动因素，爱，是日常生活背后的一只手，爱的迷失，是日常幸福追求中遭遇的一个重要问题。

我们日常生活中的爱，是实际的，又是幻化的。爱，似乎伸手可触，但有时却深不可测；看起来简单至极，经历起来却又神秘无比；好像清晰可辨，身历其中却又扑朔迷离。

我们好像容易进入一个迷魂阵。或是真诚地期待、希冀和渴慕爱，可最终也不曾领略爱之旋律的诗情画意；或是经历了初恋的惊喜和甜蜜而后转入失望和厌倦，将婚姻以坟墓相比；或是望爱兴叹，在"凑合着过吧"的心态中陷入终生的自感不满意；或是对爱的生发与创造失去信心，步入爱的越轨中寻求刺激；或是以轻率的离婚解除感情困惑，在不知不觉中又开始酝酿新的一轮危机。怪不得德国（后加入美国籍）哲学家埃·弗洛姆说："几乎没有什么活动像爱这样以极大的希望和期待开始，却以有规律的失败而告终。"[①]"有规律的失败"，埃公此言真是一语中的。

为什么如此呢？是因为一些人不知不觉地陷入了爱的迷失中。

我们想想看，是不是相当一些人在爱的迷失中走进了一些误区。

误区一　作为现成物的获得之爱

我们有可能并未进入爱的主动作为，主动培育过程，而是将其看做经由

---

① （美）埃·弗洛姆著，孙依依译.《为自己的人》[M].P234，三联书店，1988年版。

一种被动遭遇而获得的一种固定物。如此，爱，既然是一种获得，一种偶遇性的获得，于是，总抱有一种期待，期待一种缘分的到来，期待幸运之神的降临。因此，就会欣喜获得的爱，并将其视为"上帝送来的礼物"，也就有了"不在乎是否长久，而在乎曾经拥有"之说。

心存此种期待的人，常常放弃了主动作为，放弃了持续努力的过程。当所谓的爱未降临之时，心存侥幸，或默默等待爱神，或希冀遭遇缘分。而当获得所谓的爱时，则停留于享受爱，满足于及时快乐、及时爱，而如此种种，很难进入真爱中。

人的生命，不是造物主所造的现成物，而是一种在人的主动作为中持续生成的过程物。爱，是与人的生命相内在、相伴随的。爱，是人的生命意义上的一种主动作为过程。所以，离开了主动作为过程，也就离开了爱本身。

误区二　凭借外在物的交易之爱

我们会发现，市场经济的交易原则渗透进了爱的领域。爱，可以经由交易而获得。美女可能凭借自己的美貌，换取了大款的金钱因而换得了大款的爱，大款可能借由自己的金钱，换取了美女的美貌因而换取了美女的爱。同样，声望与青春也可能相互交换从而获得所谓的爱。于是玩得大的，就会公开上演"大款选美"闹剧，玩得小的，就会来个一定范围的广而告之："有车有房×××"。

江苏卫视《非诚勿扰》节目的著名相亲者之一马诺宁愿选择坐着宝马哭，并进一步补充说："夫妻本是同林鸟，大限来时各自飞。"言外之意是，曾经提供过宝马的如果不能继续提供，那就 Sorry 拜拜。另一位女相亲者摆明了就是要找富二代，她自觉鼻子很敏感，但只针对一种味道：钱。很多人看节目都是冲着这样的女嘉宾去的。她们的发言都很犀利，有一种赤裸裸的感觉，好像在跳一场道德的脱衣舞。

如此，爱，鬼使神差地成了身外之物的等价物，成了人表皮行囊的等价物。

于是，一些男人就努力发达，玩命挣钱；一些女人就极力养生，使劲美容。

可是，当爱莫名其妙地离开了生命本身、生命内核时，爱也就不是爱了。

误区三　离开本真的伪装之爱

处在我们这个竞争愈来愈激烈的时期，爱，遭遇了前所未有的问题。有人甚至极端地说，爱，到了"男女互骗的时代"。

你相信吗？48％的男人和女人都曾欺瞒过对方；27％的男人曾对女人撒谎，来获取泡吧和看球赛的机会；18％的妻子对丈夫扯过"钱"谎，或者隐瞒孩子在学校的糟糕状况；25％的男人承认，自己曾经违心地告诉妻子，她那套衣服看上去不错；29％的男人曾隐瞒和其他女人调情的事实；20％的女人为掩饰对工作失意沮丧而撒谎……

这是英国《每日邮报》的真实调查结果，当然中国人与此不尽相同。但我们依然可以看见，不少婚姻男女正在轻而易举地背离投身围城的初衷。如果你不相信，就请回过头，看看我们当初那些坦诚相对的婚姻许诺。很快，你就会发现，原来在 believe（信任）的中间，还存在着一个 lie（谎言）。

但是，经过谎言包装的爱，离开爱已经很远了。

爱，存在于生命之间坦诚交往的过程中。当人们精心于谎言、精心于包装时，就很难真心相对了，就很难相互信任了，就不得不自欺欺人了，因而也就远离本真的爱了。

（四）日常幸福追求的重要问题之二——社区转型而来的困惑

我们日常生活须臾不可离开的社区，正经历着历史性的转型。农村村落迈向新农村，城中村经历"村改居"，单位制社区逐步与单位脱钩，商品房小区由单位性团购走向个户散购。这一切，共同的轨迹是传统社区向现代社区转型。

在这种转型中，我们不知不觉地面临着直接影响日常幸福的社区生活困惑，同时也无声无息地陷入种种社区生活误区。

误区一　单纯享受

我们会有这样一种共同的"无意识"：作为小区的居民、业主，我花钱买了房子，花钱雇了物业公司，我是来享受住房、享受服务、享受小区生活的。交付费用，购买房屋实体和相应服务，享受房屋实体和相应服务，似乎天经地义。可实际情形远没有这么简单。

现代社区生活的内涵，现代人日常幸福的内涵，实际上丰富的多。譬如，儿童的辅导、病人的看望、老人的看护，在现代社区生活里，是可以远远超出家庭、亲人范围的。这些属于半公共产品和服务。

从大的方面，我们可以看到，国家提供公共产品，市场提供私人产品，而社区提供半公共产品。半公共产品和服务的提供者，就不仅仅是房地产开发商和物业公司了，其中还有所有的业主以及其他社区组织。

由于陷入了"我是享受者"的误区，所以，人们很难常怀感恩之心，常思助人之乐，很难提供面向其他业主的志愿服务。

由此，也影响到了小区生活水准的提高，抑制了居民日常消费指数的提升。

误区二　集体弱势

在小区里，照理说，业主是主人，房地产开发商和物业服务公司是为业主提供商品和服务的，可我们看到，实际情形往往反过来。开发商提供的房屋及附属设施有问题，相关承诺未兑现，物业服务公司提供的服务存在纰漏，相关要求令业主不满意，业主自然有权利要求解决。可有意思的是，在这一过程中，主人围着服务方转，主人跟着服务方跑。强势的主人变成了"弱势"，弱势的服务方成了"强势"。

为什么会这样呢？因为业主不容易自发组织起来，业主是一盘散沙，而提供服务方却是有组织的一方。为什么业主不易组织起来呢？因为在我们的实际生活中业主普遍存在"搭便车心理"，人人都明白利益是共同的，人人都期望有人出头去争取共同利益，而自己不用付出却可以顺便享用争取来的共同利益。因此一粒粒沙子，面对组织方，谈何对等呢？

所以，在业主与有关方的交涉中，业主陷入了"集体弱势"。

误区三　静态和谐

在城市社区的实际生活中，业主与业主之间的关系是一种什么状态呢？我们会发现，尽管不是"鸡犬之声相闻，老死不相往来"，但一般情况下，邻里往来还是比较少的。大家见面往往寒暄一声，相互客客气气，尽量少打扰别人。

在不发生大一点的摩擦的情况下，邻里相处还是可以的，大家相安无事。这样的小区生活和谐吗？似乎和谐。

但是，这，还只是一种低水平的和谐，静态的和谐。

我们会逐步了解，现代社区与农村传统社区相比，个人生活、家庭生活的私密性更强了，同时业主之间的互联性更强了，甚至业主对社区事务和活动的参与性也更强了。独立性很强的业主，其间的共处和合作，难免会产生摩擦甚至矛盾，以及业主与社区组织之间，组织与组织之间，也难免发生矛盾。如果在矛盾的处理经验积累中，逐步形成一些共识、约定甚至规约、制度，在这些制度框架内，人们学会了化解矛盾，从而实现了新的和谐，这才是较高水平的动态和谐。

实际上，当业主处于小区静态和谐中时，其和谐经不起大一点的矛盾冲击，一旦大点的矛盾出现，业主及相关组织缺乏解决问题的相应机制，因而往往损伤和谐共处。而且，由于同样的原因，业主也很难参与和享受到更好的小区互助和共助服务，进而影响到小区日常生活水平的提高。

（五）日常幸福追求的重要问题之三——爱与社区生活共同的误区

我们时常经历的，作为影响日常幸福重要因素的爱和社区生活，尽管会不知不觉地陷入种种误区，但最严重的误区，可能不在具体的生活事务中。

在哪儿呢？它不在形而下，而在形而上。

我们可能一起陷入了共同的误区：信仰缺失。

我们浮在生活的表面，很难沉到生命的深处。我们看到，嫁入豪门一夜暴富的同时还要张扬婚姻是有条件的，我们就是功利婚，其间分明流露着些许自我得意和对他人的蔑视；没有物质条件，简单行事结了婚，同样也要宣扬，我们裸婚！其中明显洋溢着反叛者的自豪与对他人的不屑一顾；有条件，住进高消费小区的同时自我宣扬：我们是高档一族；没条件，租住简易房的同时自我表白：我们是自由一群。两类表现其实是一样的：让别人看，活给别人。

而且，追求快！可以快，就决不能慢。快点爱，快点结婚，快点要房，唯恐比别人慢了。正如克尔凯郭尔说的："大多数人在追求快乐时急得上气不接下气，以至于和快乐擦肩而过。"

如此撑面子，如此急躁，安静不下来，沉不下心来，到不了生命的深处，来不及思考生命的意义，所以，尽管上气不接下气地试图满足那无穷无尽的欲望，但由于都是感官之欲，久而久之，就会感觉到重复、单调、呆板、厌烦以至空虚。

所以，我们需要信点什么，西方人信基督，信天主，我们呢？在我们这个信仰匮乏的国度里，家庭一直扮演着宗教的角色，而爱情几乎是个体生命唯一的心灵慰藉，家庭伦理的失范和爱情信仰的消解，必然导致这一代人的肆无忌惮和无所敬畏。在无所信仰、无所敬畏的同时，伴生着无所皈依，无所依恋，已经无所依恋的人，往往就没有了底线。所以，当爱成了一件衣服，想穿就穿、想脱就脱的时候，离婚率持续上升，社区矛盾日益突出就成了难以避免的事情了。

所以，爱的信仰缺失，是爱与社区生活共同的误区。

（六）日常幸福追求的重要问题之四——理论研究的滞后

爱与社区是影响个人日常幸福的孪生姐妹，社会愈向前发展，这种趋势就愈突出，在当下我国社会转型期，爱与社区的重要作用更为凸显。我们可能会慢慢认同，爱以家庭、社区为出发点和归宿，社区以爱为生命性支撑和纽带。

在爱和社区的问题上，人们有一种极大的错觉，以为：男女相爱、社区生活还用别人指点，谁个不能，哪个不会，幼年时不懂，长大就明白了。这种看法包含两层意思：第一，爱和社区生活是生而知之的；第二，爱和社区生活是在生活中耳闻目染而知的，无需刻意学习。不知从什么时间开始，这种看法成为了一种社会心理。

同时，网络的普及，使社会空间空前地扩大，社会生活空前地便捷了，有可能成为帮助我们解决日常生活问题的"助手"，招之即来。与此相关联，社会心理就更为自相矛盾了。一方面，诸如爱、社区等日常生活问题，人们感觉无需学习，会无师自通。另一方面，由于社会竞争日益加剧，日常生活节奏越发加快，日常生活问题层出不穷，人们又希求简单快速的解决办法。而驰骋于现实世界和虚拟世界之间的多媒体，提供了漫天遍野的直接解决问题的"手册"、"秘诀"、"秒杀籍"，正迎合了一些人的需求。

但是，生活最会与人开玩笑。人们笃信，"办法总比问题多"，可转了一圈，经过了几个回合，我们发现，问题越来越多，问题反过来比办法倒多了。

为什么呢？因为生命既是眼花缭乱的，又是郑重而深沉的。日常生活问题，爱的问题，社区的问题，也是这样，既是眼花缭乱的，又是郑重而深沉的。问题的解决，既需要"短平快"，又需要慎思，深思而后行。

随着日常幸福追求愈来愈被重视，爱的深层思考，社区的深层思考，爱与社区的深层思考，愈来愈成为社会显见的精神需求。我们需要揭开爱和社区"神秘的面纱"，捕捉她的脉搏，把握她的本质和规律，从对她的混沌中走出来，从她的必然王国走向自由王国。

我们看到，对于在背后影响人们日常幸福的爱与社区，深度的理论研究还相当滞后、相当缺乏。

二、哲学与社会学：我们研究问题的视角

（一）交往实践哲学视角

1. 我们所理解的哲学

我们的所作所为，包括日常生活中的爱和社区生活，除了一小部分是本能性的以外，绝大部分是由思想决定的。但是，这些思想都可靠吗？都可信吗？我们必须清楚，指导我们行动的思想有可能是错误的，我们不能盲目地相信这些思想。当我们觉得有必要从通常思想中跳出来，反过来审视这些思想，对这些思想有惊奇、有疑问的时候，我们就接近哲学思维了。

哲学是元思想，是通常思想背后对其更进一步的思想。哲学作为思想，不是具体道，是"非常道"，是元道，是大道。柏拉图所说的"thauma"（惊奇）是哲学家的标志，是哲学的开端，黑格尔讲的哲学是"反思"，其意义就是点明了哲学是针对通常思想的思想。在我们看来，哲学就是对通常思想反思、惊奇和质疑，是在通常的思想背后作进一步的研究探索，对通常思想的意义、价值、问题和边界作出分析判断。

哲学其实是一种研究问题的思想方法。德国哲学家海德格尔谈到过哲学就像一条路。哲学其实就是从通常思想丛林中开路，是一种在通常思想丛林中探索的方法和路径。

2. 为什么选择交往实践的哲学视角

这种选择是从我们研究的问题出发的。影响日常幸福的两个重要因素，是爱的生活和社区生活，我们要研究的就是爱和社区生活中的问题。爱和社区生活，处于人的日常生活领域，而在人的内心，指导着人爱和社区生活行动的，或是司空见惯的观念和习惯，或是自知和不自知的只属于自己的观念。我们在爱和社区生活中遭遇的问题，重要的原因之一就在我们的观念和习惯那里。我们需要跳出来反观和审视我们自己的观念和习惯，也就是思想。因此，我们首先选择哲学层面的拷问。

那为什么选择交往实践这种哲学视角呢？这涉及对爱和社区生活以及人的理解。爱和社区生活不是别的而是人的爱和社区生活，正像艾·弗洛姆所说的，"爱情的每一个理论必须要以人的理论、人的生存理论为前提"，同样，爱和社区生活的理论必须以人的理论、人的生存理论为前提。

人是如何成其为人的，不同于动物成其为动物，不同于神成其为神，人

成其为人，是由于人的"交往实践"。

交往实践的内涵，我们采用任平教授的界定，交往实践是多极主体间为改造和创造共同的中介客体而结成交往关系的物质活动。[①]

在交往实践中，首先，作为主体的人，在与客体双向对象化中成人，主体在将自己的本质力量对象化于客体使客体改变的同时，也将客体的属性、规律等对象化于自己使自己丰富提高。其次，不同主体间由于以共同客体为中介相互交往，从而实现相互促进成长。

在这一过程中，人不断远离动物，而又总区别于神。与此相联系，人又总是未完成的，人的一生是交往实践的一生，是不断生成的一生，是持续成其为人的一生。对这一点，人的生活事实奠定了实际支持，马克思的交往实践观和学界的研究提供了哲学依据，在本书后续内容中会给出充分论证。

基于此，我们认为交往实践是人的本质，也是人们爱和社区生活的深层基础，所以选择交往实践这种哲学视角。

3. 我们如何运用交往实践哲学视角

"胶球引力运动"。我们把交往实践哲学视角在爱与社区生活问题研究中的运用，比喻为"胶球引力运动"。我们把个人主体喻为胶球，把人的精神、人的心灵、人的本质力量喻为球心，神奇的球心平时被不透明的胶肉包裹其中并不显明。而到了交往实践中，主体改造客体的同时也被改变，由于主、客体相互对象化引力的作用，主体胶球被拉伸造成胶肉变薄从而球心变得显明；以共同的客体为中介的各个主体，由于主体间相互交往引力的作用，主体胶球被拉伸造成胶肉变透从而球心变得透明。

在多次的交往实践中，面对共同客体中介的主体与主体之间感同身受，由于由主、客体关系而来的心灵的鲜明，与由于主、主体关系而来的心灵的显亮交互强化，使得不同的心灵逐渐接近、趋向融合。

由于我们认为交往实践是人的本质性的存在方式，人在交往实践基础上存在、生成、生活。所以我们所运用的称之为"胶球引力运动"的交往实践哲学视角，实际上被我们视为一种哲学范式、视域和根本性的思想方法。我们运用这种根本性的思想方法，来直面人由以进行爱和社区生活的观念、习惯，对其刨根究底，分析和判断。

同时，对于与爱和社区生活相关的其他有代表性的理论包括哲学理论，

---

① 记者采访任平教授. 走向21世纪的交往实践观研究 [J]. 哲学动态, 2000, (5).

我们也会在交往实践哲学视角进行分析、评价，进而取舍调理。

我们还会坚持立于交往实践哲学视角，以上面的分析判断为基础，对爱和社区生活问题的解决，提出从思想到行动的开拓性意见。

（二）社会学视角

与哲学直面人们的思想不同，社会学所面对的是我们现实的社会生活事实，其着眼于社会互动、社会结构和社会运行，探寻那些我们习以为常的、形形色色的社会现象发生、发展、变化的规律，在此基础上掌握整个社会发展运行的规律，预测未来社会的发展趋势，以此服务于人们的社会实践活动。这也就是社会学观察问题的视角和所能做的工作。

在社会学视角里，我们会发现，当下，我们生活在一个社会深刻变革的时代。社会变革的巨大冲击力在将我们的社会带入一个崭新发展阶段的同时，也不可避免地引发了一系列的社会问题。其中，在日常生活领域的爱和社区生活中，出现的诸多问题，严重影响着人们的日常幸福追求。从社会学这一观察问题的角度，我们会将关注点放在产生这些问题的社会根源上，试图对症下药，解决实际问题。

爱和社区生活问题的社会根源在哪里？我们进行的社会学研究将发现：爱和社区生活问题的社会根源，存在于个人与个人、个人与群体、群体与群体的不良互动中，存在于性别、家庭及社区等微社会结构错位中，存在于爱与社区生活中的冲突与裂变、中断与灾变等变动中。

所以，爱的皈依在哪里？日常生活社会问题发生的场域在哪里？我们的研究会发现，爱的皈依在社区，日常生活社会问题发生的场域在社区。只有在社区中重构爱的信仰，实施和谐行动，才能持续化解爱与社区生活中的矛盾，创造日常生活幸福。这也就是我们在社会学独特研究视角下，对爱和社区生活问题的研究和解决路径。

（三）哲学与社会学交叉接力

回应爱和社区生活问题对理论的呼唤，我们试图实现哲学与社会学的联姻。这一联姻的路径，是哲学与社会学的交叉接力。

哲学与社会学回应的共同目标，是爱和社区生活实际问题的解决，日常生活幸福的创造。哲学首先发力。哲学直指当事人的思想，即"指导"爱和社区生活问题形成的观念、习惯等。哲学对这些观念、习惯进行审视，并提出自己的开拓性见解。哲学并不直接解决爱和社区生活的实际问题，而是针对造成这些实际问题的思想，解决问题的问题。之后，将解决问题的接力棒交给社会学。

社会学从哲学开辟的更深更广前提和基础继续前行，针对爱和社区生活的实际问题，展开自己的社会学行程，致力于社会行动中对实际问题的直接解决。

我们的研究中，哲学和社会学接力的实现，还依仗于两者的交叉。如果说哲学立于深层，社会学立于中层，那渗透着深层交往实践观和中层社会互动观的人的交往观，即是哲学与社会学的交叉带。

三、理论与实践：本书研究的问题及价值

（一）本书研究的主要问题

我们所研究的主要问题，是中国语境中的爱的信仰与社区和谐。

首先以社会学的眼界，尤其在社会互动和微社会结构及运行角度，观察爱和社区的日常生活，发现其中的实际问题。接着以哲学的视域，尤其在交往实践角度，审视人们由以行动的思想、观念、习惯甚至本能，反思其中的思想问题，进而提出改进性的思想开拓意见。在此新的前提下，继续进行社会学的实际问题解决行动方案研究，进而为人们爱和社区生活实际问题解决，为相应幸福指数提升提供行动参考。这，就是我们的研究路线。

我们研究的主要内容，包括理论分析和行动改进研究两部分。

一是建构爱和社区生活的理论范式，包括从内涵与外延、时间与空间、结构与图式诸方面，对爱、爱的信仰、社区、和谐社区的界定；接着从分类学的角度分别阐释现实的爱、信仰的爱以及实际社区、和谐社区的内涵，并从总体上揭示爱和社区生活的一般运行特征，如一般满足和高峰体验、冲突与和谐，以及爱的信仰与社区精神的内在关联等。通过这些分析，使爱和社区生活得以在理论上显现。

二是以现代化进程为背景，特别是以中国社会转型为背景，构造爱和社区生活批判重建的模式。从精神先导的角度揭示爱的信仰与社区精神统一重构的价值和途径；从实体支撑的角度阐释社区和谐为目标的，内部多元竞合、外部三元互动机制和路径；从文化和社会保障的角度阐释爱与社区和谐统一为目标的，爱的信仰与个人、组织、国家作用发挥之间互动强化的机理与行动；从制度供给保证角度阐明居民爱与社区和谐的制度供给献力为指向的，居民献力爱与社区和谐日常习惯改善和制度改进的意义和途径。

（二）本书的主要观点

与一些人的常识不同，爱的幸福、社区生活的幸福、爱的信仰与社区和谐的互动互促，不是依赖钱、权、名、缘分、运气获得的，也不是依靠交易、算计、伪装得到的，而是在男人和女人、人和人在以共同做的事情为中介的交往中成长出来的；爱的幸福、社区生活的幸福、爱的信仰与社区和谐的互动互促，不是一种现成结果的获得，而是一种学习、锻炼、体悟过程的进行，这种过程与人的成长过程是交融在一起的；爱的幸福、社区生活的幸福、爱的信仰与社区和谐的互动互促，与人的成长一样，不是人一个时间点、时间段的事情，而是人一生一世的事情。

（三）问题研究的理论意义

1. 日常生活实际问题为出发点研究路向的探索

基于作者长期和大量的实际调查和体验，不是从理论或者设想的问题出发，而是从爱和社区日常生活中的实际问题出发，进行回应现实和指导实际行动的理论研究，这种研究路向，不失为一种以普通人日常生活为面向的，焕发理论生机的研究探索。

2. 哲学与社会学学科联姻研究的尝试

回应爱和社区日常生活问题对理论的呼唤，将反思性的哲学研究和直面现实性的社会学研究结合起来，尤其以哲学交往实践观与社会学社会互动观，形成研究路径上的阶梯性接力式契合，形成了哲学与社会学联姻研究的有特色的尝试。

3. 爱和社区生活问题哲学和社会学研究成果的丰富

着眼爱和社区生活的联系，阐释爱的社区皈依和日常社会问题的社区场域依存，建构爱和社区生活哲学与社会学结合的理论范式，揭示爱的信仰与社区精神的内在契合，构造爱和社区生活批判重建的理论——实践模式，丰富爱和社区生活问题的哲学和社会学研究成果，使本书作者成为爱的信仰和社区和谐研究的拓荒者。

（四）问题研究的实践价值

1. 为日常爱和社区生活的现代转型提供思想参考

在中国语境下，包括爱和社区生活在内的日常生活，正在经历前所未有的现代转型。以家庭本位、血缘关系、天然情感、伦理纲常等构筑的自然的或人情化的日常文化图式，和由经验、习惯、传统、风俗礼俗、家规家法等自发调节的经验性的日常文化图式，以及由其造就的自在自发的、重复性的、缺乏创新和超越的生存模式，在民众尤其二代、三代民众生活中正在遭遇前所未有的激荡。对于日常生存和文化模式，传统的不断被质疑，现代的尚未形成和接受，日常生活的混乱和浮躁在所难免，大量涌现的问题呼唤解答也在所难免。

而应急的快餐式手册、秘诀、建议等等，尽管也可以暂解燃眉之急或应一时之需，但终难担当帮助民众成功实现包括爱和社区生活在内的日常生活现代转型的重任。

本书爱的信仰与社区和谐的研究，可以为民众爱和社区生活突出问题的解决提供备选择路径，为民众包括爱和社区生活在内的日常生活现代转型，提供较为系统、有深度而又可资操作的思想参考。

2. 为民众日常爱情、家庭、社区生活提高幸福指数提供借鉴

我们知道，对幸福的追求是人类社会不断发展进步的重要动力，随着生活水平的日益提高，人们对幸福的追求也越来越强烈。而幸福指数是对人们通常所说的幸福感的量化，是人们根据一定价值标准对自身生活状态所作的满意度方面的评价。澳大利亚心理学家库克将幸福指数分为两种形式，一种是个人幸福指数，包括人们自己的生活水平、健康状况、在生活中所取得的成就、人际关系、安全状况、社会参与、未来保障等方面；另一种是国家幸福指数，包括人们对国家当前的经济形势、自然环境状况、社会状况、政府、商业形势、国家安全状况等多个方面的评价。本书研究的价值指向，近似于库克讲的个人幸福。

如前所述，在我们问题研究的视域，爱和社区是影响民众日常幸福的重要内在因素。本书的研究，引导读者从人的存在、人的本性来理解幸福，体悟爱、爱的信仰、社区、社区和谐，思考爱的信仰与社区和谐的互促，理性地转换自己的生存和文化模式，自主地参与和推动爱和社区生活的进步，从而为民众日常爱情、家庭、社区生活提高幸福指数提供借鉴。

3. 为地方社会管理变革适应民众日常幸福追求提供参考

提高民众幸福指数是一项复杂艰巨的系统工程，需要从多方面、多层次进行努力。加快推进以改善民生为重点的社会建设，是提高民众幸福指数的关键环节。本书的研究，立足于民众个人，立足于个人日常生活，集中于爱和社区生活，问题所涉，正是社会管理改革和创新重要的价值旨归和目标指向。本书研究虽然着重于个人及个人的精神内在，但却立于个人爱和社区生活幸福发展需求，会对相应的社会管理改革和创新，发出一系列思想、理念

和实践的呼唤。

因此，本书的研究，会为地方社会管理的变革适应民众日常幸福追求提供参考。

四、思想到行动：本书的逻辑结构

本书由导论和九章共十部分构成。

（一）学习思考爱和社区生活

导论从在众多个人日常幸福追求中发现的爱与社区问题分析入手，阐明了问题研究的哲学与社会学联姻视角，在说明所研究的问题的基础上，亮明了本书的核心观点：爱和社区生活的幸福，在男人和女人、人和人在以共同做的事情为中介的交往实践中成长出来，是一种与人的成长过程交融在一起的终生的学习、锻炼、体悟过程。同时，阐明了本书研究的价值及逻辑，为全书的展开提供了灵魂和线索，为读者共享本书研究成果、学会创造爱和社区生活幸福提供了前提和路标。

其后，以爱和社区生活幸福实现为线索，从理论分析到实践改进，逐次展开个人以及人与人之间爱和社区幸福生活的追求之路。

（二）把握爱的信仰和社区和谐的理论范式

第一至第五章，从爱到爱的信仰，从社区到和谐社区，再到爱的信仰与社区精神，在哲学与社会学联姻研究的视角，于哲学性的交往实践和社会学性的社会互动接力的行程，为读者逐次建构出了把握爱和社区生活、爱的信仰和社区和谐的理论范式，以及爱的行动建议，为读者走上爱和社区生活幸福追求之路，提供理论、思想之光和行动参考。

第五章还兼有承前启后的功能。爱的信仰与社区精神内在契合的研究，既是前四章理论分析的总结与升华，又是后四章实践操作改进的灵魂与指导。

（三）进行爱的信仰和社区和谐的实践操作改进

第六章到第九章展开实践操作改进行程。第六章社区和谐内部的多元竞合，为个人成为主动作为、主动参与的爱和社区和谐推进的主体，提出了行动参考；第七章着眼社区和谐外部博弈的政府、市场、社会三元互动，说明了"爱的信仰在社区"的博弈之本，揭示了社会行动的个人之源。

第八章爱的信仰与社区和谐社会保障的研究，为不同层次爱的信仰与国家、社会组织协和，针对爱的信仰与社区和谐保障功能的有效发挥，拓展了个人应该也必须有所作为的行动路径。

第九章集中于制度性研究。爱和社区生活幸福，虽然具有相当的个人性、私密性，但又并不是个人能完全左右或自我完成的。爱和社区生活幸福的实现，需要一定的人们能遵守的游戏规则、制约空间。传统的东西包含着我们的"生命轨迹"，不能彻底丢掉而需要现代转型，非正式规约、正式制度等都需要适应当下的要求而转型。但是，这种转型并不单单是国家的事情，它，同样也是每一个个人的事情。所以，第九章作为最后一章，为读者致力于相应的制度转型献力，提出了实践操作性建议。每一个个人，投入到这种制度转型献力中，本身也就是爱和社区生活幸福追求的内容之一。

爱和社区生活幸福，乃交往之事，成长之事，创造之事，生成之事，习性之事，一生之事。

本书所表达的是一种新兴的、有行动力的价值观和生活态度，我们相信，本书能够改变我们的爱和社区生活。

第一章

爱的辨析

我们尝试在马克思交往实践的视角，梳理东西方爱的思想线索，综合爱的探究成果，进而在我们的视域揭示爱的本质和要素，这有助于我们形成新的爱的认识和感觉。

第一节 爱的思想的流变

爱是人类永恒的追求，也是人类永恒的烦恼，更是人类永恒的神秘。我们发现，从古到今，无论中国还是西方，人类爱的思想的发育随着交往活动的发展，经历了一种马鞍形的历史过程。尽管日常观念、文化制品和概念理论对爱的解释众说纷纭①，但我们还是可以在这种马鞍形的历史过程中，将其大体区分为爱的自然主义和爱的理想主义两大思想脉络，而这种区分和梳理，对我们爱的解读是必要的。

一、思想史上爱的自然主义脉络

所谓爱的自然主义，指用自然原因或自然规律以及人的本能来解释爱的活动和现象的思想。我们可以发现，尽管中国和西方文化差异明显，但是，在爱的探索中殊途同归，各自大体上包含着爱的自然主义流变。

（一）西方爱的自然主义脉络

我们发现，爱的自然主义脉络，不管是西方还是中国，在马鞍形的历史过程中都经历了"高——低——新高"的大幅起伏变化。

人类早期就像儿童有灵性一样，爱的思想相当活跃，其几乎蕴含了以后

---

① 思想，我们人类特有的思想，其产品可分为三个层次：一是人们头脑中的原生态的日常观念；二是经过一定选择和加工的具有客观化形式以至载体的文字、图表、音像等文化制品；三是具有某种客观化形式以至载体且形成一定逻辑体系的概念与理论。

各种爱的思想观念的雏形，在中国和西方都是如此，就像恩格斯说的，在希腊哲学的多种多样的形式中，差不多可以找到以后各种观点的胚胎、萌芽。这个时期，爱的思想处于其历史流变的第一个高地，即处于马鞍形的隆起处。值得我们注意的是，在这个高地上，爱的自然主义占据相对优势，可以说处于高地的高坡上。

作为支持，我们可以比较容易地在古希腊罗马时代的思想中，找到爱的各种思想观念的胚胎、萌芽，同时，我们也发现爱的自然主义思想观念的萌芽更为突出，亚里士多德以及奥维德的爱情性爱观念，可以说是这个时期爱的自然主义的较为典型的代表。进入中世纪，尤其自基督教占据统治地位后，爱的自然主义传统遭受长时期压制，其流变呈现大幅跌落，直至文艺复兴、启蒙运动后，又大幅回归，其中，叔本华与弗洛伊德的爱情性爱观念尤其具有代表性。

古希腊罗马时期，无论卢克莱修对美爱之神维纳斯的歌颂，还是苏格拉底、柏拉图、亚里士多德的爱情对话和言说，都可见爱的自然主义的端倪，只不过亚里士多德以及奥维德的爱情性爱观念表现爱的自然主义更为典型。

亚里士多德基础性的自然主义人性原则为他的情爱思想的形成提供了理论依据，因而他对爱情婚姻的看法，倾向于务实的日常需求，在《家政学》中，他点明婚姻的两大基本目的就是共同生存和幸福生活，主张爱情婚姻中男女之间的自然和谐。

奥维德在《爱经》又称《爱的艺术》中，以青年男女的情爱导师自居，承继和张扬了亚里士多德爱的自然主义思想。他以奥秘揭示者的口吻说，"人类的情焰是不会和自然之理相悖的"，他还说道，世间只有爱能克服孤独，爱没有神秘，不需要伟大，爱情只是使我们欢乐、愉悦，这才是爱情的根本。自认为抓住爱情根本的他，在洋洋数万言教导式诗句中，满怀自信而炙热感人地向青年男女传授获得爱和维持爱的艺术。奥维德以导师的口吻，立于那个时代造就的思想高坡之上，开怀欢唱爱的快乐、愉悦的自然本性之歌。

进入中世纪，尤其基督教占据统治地位之后，爱的自然主义哑声了。爱的自然本性被"信仰"压抑了，此时，爱的自然主义从高坡上大幅跌落于谷底。

随着文艺复兴、启蒙运动兴起，爱的自然主义又大幅回归。一大批文艺作品呼唤健康而个性自由的爱情，而这一切使得西方世界从人性桎梏的宗教黑暗中开始逐渐迈步走出，培根在他的论说文集的《论婚姻和单身》一文中，凸显婚姻的世俗化功能，呼唤爱向古希腊化的自然正常的人性回归。

随后，亚瑟·叔本华在《论爱情与性爱》中，回归和高扬希腊罗马时期爱的自然主义思想，并从特定的"生命意志"出发，诠释爱的本质。他说道，所有的爱恋激情，无论其摆出一副如何高雅缥缈、不食人间烟火的样子，都只是植根于性欲之中。对异性的喜爱，无论看上去是多么的客观，都只不过是一种经过了乔装打扮的本能，亦即维持种属典型的种属感觉而已。这是大自然的目的所使然：它的目的就是延续，也就是尽可能地繁殖种属。叔本华如此将爱归之于性欲，归之于本能，归之于人类种属延续的生殖本性。而弗洛伊德将叔本华的生殖本性，进一步提升为人的一切活动根本动力的本能冲动中最核心的冲动，将爱的自然主义推向了新的极端。随着众多思想家的后续探索，爱的自然主义流变重又被置于新的更高的高地。

（二）中国爱的自然主义脉络

虽然，中国爱的自然主义脉络，如同西方一样，在马鞍形的历史过程中也经历了"高——低——新高"的大幅起伏变化，但却有着自身的特点。

如同西方古希腊罗马时期一样，中国先秦至汉唐时期爱的各种思想萌芽丰富而精深，处于爱的思想流变的高地，而较为占优势的也是爱的自然主义思想倾向，其同样处于高地的高坡上。其中较为典型的当数《周易》、《道德经》和《素女经》等。

尽管对《周易》作者为"三圣"（伏羲、文王、孔子）存异议，但并不影响其"群经之首"和中华传统文化之源的价值认定。《周易》包含了包括爱的思想在内的众多学科学术思想的萌芽。由于《周易》主导性的哲学思想是天理即人道的天人合一思想，所以渗透其中的爱的诸多思想中，自然主义倾向还是占优势的。其阳爻（——）代表阳、刚、男、雄、奇数等；阴爻（——）代表阴、柔、女、雌、偶数等，"天行健，君子以自强不息"、"地势坤，君子以厚德载物"、"阴阳相合"的乾坤之道，成为爱的自然主义后续发展的源头活水。

其后的儒学、道学等都包含了《周易》爱的思想的进一步发展，其中老子的《道德经》对爱的自然主义思想的推进尤为突出。他说道："道常无名、朴。虽小，天下莫能臣。侯王若能守之，万物将自宾。天地相合，以降甘露，民莫之令而自均。"① 阐明人与天、与自然本为一体，只有顺应自然之道，阴阳相合，才能降下甘露、自然均匀的"天道"。显然，在老子看来，爱、阴阳相合并非术而是道，是人主动顺应自然之道。这就对《周易》天人之道的一般规律，就人对自然之道的态度方面向前推进了。

自春秋至汉唐，性学相当发达，着重人之性欲满足的本性层面，延续和拓展《周易》开创的爱的自然主义倾向。成书于春秋战国时代的《黄帝内经》，从医学角度阐明了不少性发育、生殖、性养生的和谐思想。秦汉时期的《玄女经》、《素女经》、《玉房秘诀》、《抱朴子》等在继承先秦有关房中术学术思想的基础上又有了明显的充实和阐扬。其中《素女经》作者不详，据后人考证，可能是在战国至两汉之间完成，并又经魏晋六朝民间流传修改。《素女经》说道，凡人之所以衰微者，皆伤于阴阳交接之道尔。夫女之胜男，犹水之胜火，知行之，如斧鼎能和五味，以成羹臛；能成阴阳之道，悉成五乐。其突出地在性爱快乐养生的层面拓展了爱的自然主义。

而自西汉"罢黜百家，独尊儒术"，儒学逐渐占据统治地位，尤其两宋程颐、朱熹理学盛行倡导"存天理，灭人欲"后，爱的自然主义思想顿遭压抑和排斥，因而跌宕回落。对爱的自然主义严格社会控制的礼教，中心是"男权至上"、"男女大防"、"处女贞操"、"从一而终"、"三从四德"等，自宋代始这种礼教达到了"饿死事小，失节事大"、"存天理、灭人欲"的极致。

像西方经过漫长的中世纪黑暗一样，中国经历了漫长的礼教控制，爱的自然主义才重新回升。与西方不同的是，爱的自然主义回升并不是像文艺复兴式的"喷泉"，而是一波三折式的"缓流"。爱的自然主义经过漫长的低谷，直至二十世纪初五四新文化运动以后，其倾向才有所抬头，而又一波三折，其中尤以张竞生的《性史》为典型。在五四新文化运动的潮流中，性和爱的观念逐步开放，被后人称为"中国第一性学家"的张竞生，经过社会调查，于1926年6月出版的《性史》，启发人们"美的性欲"、"自然和谐的性欲"，成为爱的自然主义抬头的标志，但很快遭到封杀和歪曲。

又经过半个多世纪到了二十世纪七十年代改革开放后，以开放的性文化为突出内容的爱的自然主义，才真正开始走向其思想流变的高地，这以刘达临的《中国当代性文化：中国两万例性文明调查报告》等为标志。

---

① 老子．《图解老子》[M]．第32章，P78，万卷出版公司，2008年4月第1版。

二、思想史上爱的理想主义脉络

所谓爱的理想主义，指以信仰和精神追求来解释爱的现象和活动的思想。同样，我们也不难发现，尽管中国和西方文化不同，但各自大体上也包含着爱的理想主义流变。

（一）西方爱的理想主义脉络

古希腊罗马时期，爱的理想主义的萌芽也不难发现，从苏格拉底到柏拉图再到亚里士多德，在他们爱的讨论中，也都可看到爱的理想主义的端倪，只不过柏拉图的爱情观念表现爱的理想主义更为典型。

在柏拉图本人的对话录，尤其是以爱为主题的《会饮篇》和《斐德罗篇》中，柏拉图借苏格拉底之口发表了很多关于爱情的见解。爱，在柏拉图看来，不是与有血有肉的配偶结合，甚至也不是与某个"同类的心"的终生结合。她是什么呢？她是灵魂与"远远高出于人类情欲上面"的"永恒的智慧"的"不可思议的融合"。

而到了中世纪，同爱的自然主义的历史遭遇一样，这种根植于人的自然本性的爱的理想主义，也从高地上跌落下来。不同的是，爱的理想主义的跌落不像爱的自然主义那么惨。在被基督教控制的中世纪，占统治地位的观念是，爱、婚姻为了信仰而存在才是有价值的。当时影响最大的，当数奥古斯丁的《忏悔录》，他虽然出于信仰对情欲作了攻击，极力贬低人的自然存在以及正常肉欲的合理性，但却以对人的信仰的推崇，不自觉地为爱的理想主义的有限存在和延续留下了空间。

到了文艺复兴时期及之后，爱的理想主义虽然不像爱的自然主义那样，由大落至大起，但也得以回归。不少艺术家、思想家基于人的个性存在，回归和张扬爱的理想主义。弗洛姆的《爱的艺术》可以说是典型代表。弗洛姆认为，爱情是理性现象。同时，他批评道，作为理性现象的爱情、成熟标志的爱情不是弗洛伊德研究的对象，因为弗洛伊德认为这种爱情根本不存在。弗洛姆坚信，只有在自由的基础上才会有爱情，正像在一首古老的法国歌曲中唱的那样，"爱情是自由之子，永远不会是控制的产物"。爱不是一种消极的冲动情绪，而是积极追求被爱人的发展和幸福，这种追求的基础是人的爱的能力。如此，一些思想家的研究又将爱的理想主义继续和推进。

（二）中国爱的理想主义脉络

虽然在中国先秦至汉唐时期爱的各种思想萌芽中，爱的自然主义思想倾向占一定优势，但爱的理想主义同样存在，《周易》既包含了爱的自然主义思想萌芽，又内含了爱的理想主义胚胎。《周易》"乾卦"的"乾元亨利贞"，"坤卦"的"元亨利牝马之贞"表明，天人合一、阴阳相合不仅是天理人道，也是人追求的理想，理想人格是"元亨利贞"，而理想的实现则需要"终日乾乾"的修养功夫。

而孔子《论语》的"死生有命，富贵在天"①，显示其秉承了《周易》"天人合一"的思想。《论语》的核心是什么？其通篇多次、多维度论"仁"，而且涉及基础和精髓的内容，所以《论语》以"仁"为核心当无异议。问题是，"仁"的内核是什么？这要从外和内两个方向来考察。就外而言，《论语》秉承了《周易》，后者的核心是天人和谐、阴阳和谐，故《论语》的核心当与此相协调；就内来说，《论语》多次论"仁"，而唯有"樊迟问仁，子曰：'爱人'"。② 没有任何附加条件，乃定义式回答。此两方面结合，我们觉得"仁者爱人"，"仁"的内核是爱人，即关心和爱护他人，或者说"仁爱"。《论语》的"仁爱"既是人之本性，又是人的一种追求，一种境界，还是"志于道，据于德，依于仁，游于艺"。③ 的一种修为。所以，孔子的《论语》在张扬爱的理想主义上较为典型。

而自西汉开始的"罢黜百家，独尊儒术"之后，两宋程颐、朱熹理学盛行及倡导"存天理，灭人欲"，爱的理想主义思想倾向也受到一定抑制，但同时，"克己复礼"式的礼教控制，"存天理，灭人欲"式的心性修为，也为信仰追求留下了一定空间，从而也为爱的理想主义的存在和延续留出了一道夹缝。

类似于西方中世纪宗教控制，中国经历漫长的礼教控制时期，爱的理想追求在现实生活中很难展开，于是，在民间故事和艺术领域寻找自己的空间。广为流传并在不同艺术中存在的四大经典爱情故事——《牛郎织女》、《白蛇传》、《梁山伯与祝英台》、《孟姜女哭长城》，可以说是典型。在这四大经典爱情故事中，无论牛郎与织女、许仙与白素贞、梁山伯与祝英台，还是孟姜女与万杞良，男女主人公的差距都非常之大，但都能将理想的爱情进行到底。爱情的理想，就是希望能得到理想的爱情。在与严酷的礼教现实形成一定张

---

① 孔子.《论语》[M].颜渊篇第十二，P190，万卷出版公司，2008年1月第1版。
② 孔子.《论语》[M].颜渊篇第十二，P200，万卷出版公司，2008年1月第1版。
③ 孔子.《论语》[M].述而篇第七，P102，万卷出版公司，2008年1月第1版。

力的故事和戏曲中，爱的理想追求在延续着。

爱的理想主义经过漫长的低谷，到了至二十世纪初五四新文化运动以后，其倾向也开始回升。与西方有所不同，在爱的理想主义方向上并未形成更多理论著述，主要表现为与社会活动、人的事业交织在一起的，"志同道合"式的现实以及艺术形式中的爱情故事，直至二十世纪七八十年代改革开放后，爱的理想主义方向的研究才进一步展开和丰富起来。

三、对爱的自然主义和爱的理想主义的分析

（一）中西方爱的思想流变何以都经历了马鞍形历史过程

我们看到，中西方爱的思想流变都经历了马鞍形的历史过程，这是为什么？思想源于实践，人们爱的思想流变是以人们交往实践的流变为基础的。无论西方古希腊罗马时期，还是中国先秦直至汉唐时期，人与自然关系直接而密切，人与人之间的关系人为限制也少，所以当时的交往实践比较原始、简单，在如导论所述的"胶球引力运动"中，人比较显明、透明，人与人的心灵容易接近、融合，故而爱的思想活跃，处于历史流变的第一个高地，其中更接近自然性的爱的自然主义当然相对占优势。

而到了西方的宗教强度控制的中世纪和中国礼教强度控制的宋代之后，人的交往实践尤其精神交往大为受限，思想禁锢，活动范围变得狭小，人与人心灵之间距离拉大，爱的思想流变不可避免地落入低谷。同时，无论是宗教还是礼教控制，都必须凭借信仰追求这一精神动量，其客观上为爱的信仰开了口子，所以爱的理想主义多少还是得到了一定的延续和充实，尽管可能是褊狭的和扭曲的。

到了西方的文艺复兴、启蒙运动和中国的五四运动时期以来，人们精神禁锢不同程度和不同速度地被打破和减弱，同时，随着经济全球化而来的交往的全球化，再加上网络条件下虚拟交往的全球化，人们的交往实践范围愈来愈广泛，程度愈来愈深化，随着"胶球引力运动"加剧，人与人心灵距离容易缩短，爱的思想在新的历史条件下不断地活跃、丰富、提升就是不可避免的了。

所以，无论西方还是中国，从古到今，爱的思想流变都经历了"高——低——新高"的马鞍形的历史过程。

（二）爱的自然主义与爱的理想主义探索的启示

1. 爱的自然主义探究的启示

我们可以发现，西方爱的自然主义探索突出的启示，是立基于作为生物

个体的人层层挖掘爱的依据。奥维德在《爱经》中，在人的男主动、女被动的生物性区别前提下，惊人地提出至今仍有一定价值的获得爱和保持爱的路径和方法。亚瑟·叔本华在《论爱情与性爱》中，挖掘出的人的性欲、性快感本能与人类种属延续自然本性之间的内在关联，至今仍具有一定的合理性。

立足于天人关系并以和谐为中心探讨爱的本性，是中国爱的自然主义探究带来的特别启示。与西方着重生物个体的人有所不同，中国人心目中有天，是由天人之际推及人际，从而看重人与人之间的关系状态。由乾坤而阴阳而男女，由"元亨利贞"和"元亨利牝马之贞"而男欢女爱。依此一路推进的道家的道爱，是以人与自然的和谐回归为基点，实现包括相爱男女在内的人与人的和谐。再看从古至今，中国"性术"或"房中术"连绵不断，其中很重要的一条线就是"阴阳和谐"。而五四之后张竞生的《性史》的重要价值之一，就是一反几千年的"男主女从"，倡导女性亦应主动从而实现"自然和谐的性欲"。这种和谐而爱的思想成为我们宝贵的精神资源。

2. 爱的理想主义探索的启示

我们可以看出，西方爱的理想主义探索的重要启示，是将爱的理想追求指向超越人、高于人的对象物。柏拉图的爱的理想追求，是高于人的，是灵魂与高于人的"永恒的智慧"的融合。中世纪的爱的追求，神爱是至上的，是由神爱继而人爱的。弗洛姆《爱的艺术》阐明，由于追求的目标超越于人，所以爱的追求、爱的习得、爱的能力的增长是无止境的。

我们后面章节的讨论会涉及，爱不仅是眼前的，爱还是超越的。因此，能够探索到爱的超越于人的性质，确实是很可贵的。

基于人际关系追求超越，是中国爱的理想主义探究带来的重要启示。儒家尚仁爱，包括男女之爱在内的人与人之间的爱的追求，其目标是超越现实的人的圣人、君子，而这种理想的道德人格的追求，是通过处理众多层次的人际关系的践行来实施的。我们会发现，这种"人际超越"，对我们探讨爱的信仰很有价值。

（三）爱的自然主义与爱的理想主义探索中的主要问题

1. 爱的"僭越"是首要问题

爱首先是爱的本身，超出爱的本分，让爱承受超其本身之重，就会使爱偏离自身走上歧途。西方中世纪的宗教控制便是典型。爱之根，在这里从人移到了神那里，对神的爱高于一切，为了神，可以什么都不要。而神权和政权的结合，使爱成了"神治"和"人治"的工具。爱如此被僭越，其负面结果我们都清楚。

中国长时期的礼教控制也很说明问题。作为儒家"仁者爱人"中的爱，本来就是爱的本身，也是仁的内核，而礼不过是爱的形式或途径，可到了汉宋之后，经过"存天理、灭人欲"的洗礼，在"天命之性"和"气质之性"的对立中，爱"天命之性"高于一切。在"理权"、礼教和政权的奇特结合中，爱，通过"孝"和"忠"的中介，成了强权控制的工具。爱这样被僭越，其本身早被淹没了，由此而来的不良后果延至今日。

2. 爱的追求的片面性是重大缺陷

爱的自然主义有其合理性。爱，是人的爱，人来自于自然，人不可避免地有自然性的一面。无论是西方注重个体的生物本性，还是中国看重人际的天人之性，确实都可以从一定方面、一定意义上，说明人的爱。同样，爱的理想主义也有其合理性。人不完全同于动物，人有思想，有理想，人的爱同样不可避免地有理想性的一面。西方的神爱，中国的成圣之爱，都有超越当下的指向，当然也都能够在一定方面和一定意义上阐明人的爱。

但是，问题就在于两者各执一端，以偏概全，从而都陷入了片面性，当然也就都难以说明爱的全部，难以走向爱的深处，进而也难以成为人们爱的导向航标。

3. 找不到综合之路是根本问题

克服两者的片面性，将两者综合起来，不是人们想不到，也不是人们没有去努力。二十世纪后期瓦西列夫的《爱的哲学》，在这方面做了尝试。瓦西列夫试图从悠远和宽广的视野，从人的生物性和社会性、本能和理智、生活和审美，对爱进行综合性的研究，他确实也做到了，也给了我们诸多教益和启发。但是，人的社会性是怎样形成的？人的一生是怎样的一种过程？他并没有作出科学的回答，所以他也难以成功地或者令人信服地，将爱的自然主义和理想主义综合起来，进而也就很难很好吸收两者的合理成分，弥补两者的天然缺陷，从而为人们爱的生活提供更有成效的指导和启发。

问题在哪儿呢？我们想，问题在于人们并未找到将爱的自然主义和理想主义综合起来的路径。

这种探索，还得从对人的认识，对人的本质的认识启程。在导论里，我们已经扼要点题，在后面的讨论中我们会逐次展开。

第二节　马克思而来的综合

由于爱的思想的历史考察和梳理，我们已经进入人类爱的探索之河。正如弗洛姆所说，爱情的每一个理论必须要以人的理论、人的生存理论为前提。所以接下来我们有必要讨论人，探讨人的本质。而理解和运用马克思人的本质理论，就可以在新的路径上将爱的自然主义和理想主义真正综合起来，奠定把握爱的真谛的基础。

一、马克思：人的交往实践本质

（一）马克思对人的本质的探索

我们清楚，讨论人的本质从而为爱的讨论建立前提，是问题探讨的指向。从古到今，对人的本质的探讨林林总总，但我们会认可，研究得深刻的，首推"千年第一思想家"马克思。1999 年 9 月，英国广播公司（BBC）发起评选"千年第一思想家"，在全球互联网上公开征询投票一个月。汇集全球投票的结果，马克思位居第一。可以说，对人，对人类社会的研究，马克思的贡献是空前的。

为什么人与动物相异？为什么人与人不同？人是一种什么样的存在物？人生要经历一种什么样的过程？归根到底，人是什么？也就是人的本质是什么？

对此，马克思从现实中活生生的人出发，综合了之前和同期主要思想家的相关研究成果，进行了前所未有的探索。在《关于费尔巴哈的提纲》，这一被恩格斯称为"包含着新世界观的天才萌芽的第一个文件"中，马克思经过一系列令人信服的研究论证，概要地说："人的本质不是单个人所固有的抽象物，在其现实性上，它是一切社会关系的总和。""全部社会生活在本质上是实践的。"① 这就说明没有抽象的人，人是现实的，人是怎样的，源自于相应的社会关系总和，而社会关系进而社会生活，是在人的实践中生成的。

那么，实践又是何种性质？他是主体——客体的，还是以客体为中介的即主体——客体——主体的，主体间交互作用的？马克思又进行了更进一步的探索论证。在《德意志意识形态》中，马克思结合更深入的研究说："社

① 《马克思恩格斯选集》（第 1 卷）[M]．P56，北京：人民出版社，1995.

会关系的含义在这里是指许多人的共同活动。"① "现实的、从事活动的人们，他们受自己的生产力和与之相适应的交往的一定发展———直到交往的最遥远的形态———所制约。"② 由此可以看出，交往是正确理解人的本质的重要视角。马克思通过分析批判费尔巴哈的直观唯物主义，深刻地揭示出，交往作为人们社会关系的存在方式，是真正的、社会的人的本质特征之一。

如果说《德意志意识形态》是马克思研究人的交往实践本质并使用交往实践方法剖析社会的肇始，那么《资本论》则是马克思形成人的交往实践本质观并系统运用交往实践方法的标志。近代以来，人本主义的人的本质观弥漫于理论思维和人的日常意识中，这种观念认为人是既定的、先天的存在，并将这种抽象的人作为人的活动的前提。针对这种观念，马克思在《资本论》里特别强调："为了避免可能产生的误解，要说明一下。我决不用玫瑰色描绘资本家和地主的面貌。不过这里涉及的人，只是经济范畴的人格化，是一定的阶级关系和利益的承担者。我的观点是：社会经济形态的发展是一种自然历史过程。不管个人在主观上怎样超脱各种关系，他在社会意义上总是这些关系的产物。"③ 这就是说，不是人去决定人的活动，去决定交往实践及其现实的社会关系，而是相反，人是交往实践的产物，简而言之，人的本质是交往实践。

在《资本论》中，马克思将人的交往实践本质观转化为交往实践方法，分析了现实的人的生成和变化。从商品的使用价值中分析其"主体—客体"关系，而从商品的价值中分析出主体际关系；就资本生产过程，不仅分析了资本生产过程，而且分析了劳动者与资本家的不同主体间交往关系的不断再生产过程。可以说，马克思对人的本质进行了有史以来全新的探索，而《资本论》的相关研究，则是这一考察的最高成就之一。

（二）人的交往实践本质

我们可以看到，马克思的人的交往实践本质观渗透于马克思的一系列研究中，并集中体现于其经典著作《资本论》中。当然马克思并未对人的交往实践本质给出一个完整的定义，但这并不影响我们对其人的本质思想的理解和把握。

---

① 《马克思恩格斯选集》（第 1 卷）[M]. P80，北京：人民出版社，1995.
② 《马克思恩格斯选集》（第 1 卷）[M]. P72，北京：人民出版社，1995.
③ 《资本论》（第 1 卷）[M]. P10，北京：人民出版社，2004.

那么，什么是交往实践？我们认为，任平教授的界定能较好体现马克思的思想。所谓交往实践，是指多极主体间通过改造或变革相互联系的客体的中介而结成网络关系的物质活动。① 马克思人的本质的一系列研究启示我们，人的本质是交往实践。人们是怎样的，既与他生产什么、进行什么活动相一致，更与他怎样生产、怎样活动相一致；既与他在什么层次上介入交往实践相一致，更与他怎样介入相一致。

动物是完成的，而人是未完成的。山羊生下来，一落地就会跑，人生下来，别说跑，爬也不会爬，过了三个月才会翻身，六个月才会坐，七个月才会爬。小鸡破壳而出，几分钟后就能够跟着母鸡四处觅食，而人的初生的婴儿除了哭和本能地吸吮之外几乎什么也做不了。

人与动物最本质的区别也是最大的优势就在于人的生命的"未完成性"，动物一生下来就完成了，山羊落地就会跑，长大了，也还是会跑，小鸡一出来就会跑着觅食，长大了，也还是会跑着觅食，老鼠的儿子会打洞，老鼠的孙子、重孙子也还只是会打洞。

人的婴儿是绝对软弱无力的，人的本能有天生的缺陷，人没有像动物那样的天然毛发层或皮肤去对付恶劣的天气，人没有锐利的攻击器官去获取食物，人没有适应快速奔跑的肌肉组织去逃避意外的伤害等等。

但是，"天下之至柔，驰骋天下之至坚"②。正是人的这种看似软弱无力的"未完成性"，却内含着人的"待发展性"，或者说成长性、发展性，这是人的生命特质，也正是这种特质，使人可以成为"宇宙的精灵"。

人为什么有这种成长性特质呢？就是因为人的本质是交往实践，人正是由于能够进行动物所没有的交往实践，能够在主——客关系和主——主关系中增长素质，所以，人才能与动物区别开来，从而使自己的生命总是未完成的，总是充满新的可能的，总是成长的、发展的，总是指向未来的。

那么，人与人如何联系起来又何以区别开来呢？归根到底，还是由于人的交往实践。交往实践中，人的建构是双向的。在主——客关系中，人在改造和创造客体中，在将自己的本质力量对象化于客体的同时，又将客体的信息、规律等反身于己使自己成长；在以共同客体为中介的主——主关系中，人在构建交往共同体的同时，又返身自我重构和创新，使多极主体都得到成

① 任平. 新全球化时代与21世纪马克思主义哲学的走向 [J]. 哲学研究，2000 (12).
② 老子.《图解老子》[M]. 第43章，P106，万卷出版公司，2008年4月第1版。

长。所以，人在交往实践中得到的成长，不仅与何种交往实践有关，还与以何种方式介入交往实践相关。因而，经历共同的交往实践，人可以联系起来结为共同体，从而不同的人可以生成共同的属性；经历不同的交往实践或以不同方式介入共同的交往实践，又可以生成不同的属性。

二、爱的两大思想的综合

由于人的本质是交往实践，人是在交往实践中不断地生成的，所以，我们可以在马克思而来的交往实践观中破解爱的"两难"问题，将爱的自然主义和理想主义真正综合、统一起来。

（一）爱的两大思想的合理性在交往实践中能够真正说明

显然，在交往实践视域，我们容易看清楚人，从而也容易看清楚爱的自然主义和理想主义的合理性。

我们先来看爱的自然主义。无论奥维德把爱的根本看成欢乐、愉悦，叔本华将爱归之于以性欲的快乐实现人类种属的延续，还是老子视爱为顺应自然之道，《素女经》指谓爱为快乐养生，其实，爱的自然主义确认了人的爱当中的自然性、本能性基础。人和动物不同，动物只会生存而不会生活，所以只有"性"不会有"爱"，而人要做事，做事中需交往，在这种交往实践中，人的性本能、性快乐本能被激发出来，并且人际的欣赏以至爱的感觉、意识，伴随着自然性、本能性而生发出来。所以，正是在交往实践中，凸现出了爱的自然性在爱的大家族中的前提性和基础性，从而，爱的自然主义的合理性也得以说明。

爱的理想主义也是这样。我们看到，不管柏拉图的理想的爱，中世纪的神爱，弗洛姆的追求的爱，还是儒家的仁爱，以至后来的志同道合的爱，爱的理想主义昭明了信仰、精神追求等在爱中的不可或缺。我们可以经验到，人在交往实践中，从生命本质的意义上突破了自我，从有限自我的确认中萌发出对无限的追求，这种追求之于爱，自然挣脱"物"的羁绊，指向具有超越性的信仰、精神。所以，正是在交往实践中，彰显出了爱的理想性在爱的大家族中的上层性和趋向性，从而，爱的理想主义的合理性同样得以说明。

（二）爱的两大思想各自的边界在交往实践中得以看清

我们看到，爱是在交往实践中伴随着自然性、本能性而生发，可还是由于交往实践，使人反过来会对单纯的自然性、本能性体验乏味，从而追求精神性的体验，也就是被交往实践催生的爱，如同种在花盆里的树种，一旦发芽生长就不可能满足于花盆的空间一样，就会极力突破自然性、本能性所局限的空间。如此，爱的自然主义不能容纳精神内涵的有限性就凸显了，其边界自然也清晰了。

而爱所包含的信仰、精神追求，其生长源自于交往实践，其空虚亦源自于交往实践。因为交往实践中人的成长是"全面"的，不仅精神需求在生长，而且物质需求乃至生物性、本能性需求也在不断地生长，所以，爱的理想主义的局限性、其边界同样在交往实践中可以明晰。

（三）爱的自然主义和理想主义的综合在交往实践中可以实现

交往实践不仅为爱的自然主义和理想主义各自的存在创造了空间，也为两者的综合开辟了道路。

我们可以看到，交往实践是一种历史性的存在。从古代的范围狭小的交往实践，到近代精神控制的交往实践，再到现代世界范围乃至网络世界的交往实践，交往实践尽管经历了曲折复杂的发展过程，但总的趋势是向着更广的范围和更高的程度发展着。如果说古、近代狭小范围和较低程度的交往实践，尚可以容受爱的自然主义和理想主义分野的现实基础的话，那现代愈来愈发达的交往实践，就会突破两者各自独占半壁江山的现实根基了。

在日益发达的交往实践中，包括爱的需要在内的人的需要加速生长，因此，爱的需要不会固守一隅，她会在自然性、生物性和信仰性、精神性之间的广阔天地伸出根须，广泛吸收有利于自己生长的营养。所以，交往实践，亦即日益发达的交往实践，为爱的自然主义和理想主义的不断融合开辟着道路。

三、交往实践为基础的爱

（一）爱从交往实践中来

爱从哪儿来？人们通常以为，爱从感觉中来，从感情中来，那么，感觉、感情又从哪儿来呢？爱的根本来源还得到人的本质中去找。我们已经了解到，人的本质是交往实践，人在交往实践中成长，而爱是属人的，所以，交往实践是爱的最终来源。

人在交往实践中萌发爱，是从小到大的一种"历史性"的累积过程。婴儿呱呱落地，对妈妈还主要是天然的、本能性的依赖，在对妈妈吸吮乳汁、依偎、视听，与妈妈交流进而共同玩耍等准交往实践中，才慢慢萌发对妈妈的爱恋。之后，伴随着身体生长，在与家人、伙伴、同学、老师以及其他人，在共同做事中相互交往，才逐步萌发出性别意识。

成熟的男人和女人，在交往实践中，面对共同的客体一起做事，在共同做事中相互交往。交往的形式主要包括：生活交往、精神交往和语言交往。交往实践中，双方每一方都与客体交互作用，发生如前述的"胶球引力运动"，"胶球"球心即人的心灵、智慧显明；与此相仿，双方相互之间以共同的客体为中介交互作用，人的心灵、智慧透明。这种显明和透明或瞬间凝聚或经积累达到一定程度，双方的身体乃至心灵相互之间产生强烈的吸引、接近乃至融合倾向，爱，就萌发了。

（二）爱不是获得而是生发

爱，以交往实践为基础，爱的这种最终来源的确认，会使我们对爱产生一系列新的体认。从爱的开端看，与通常观念有所不同，爱不是获得，而是生发。将爱视为获得，其前提是爱为某种固定物，一经获得，便一劳永逸永远持有。而实际情况往往并非如下，所以人们由此常常陷入无端的烦恼中。

清楚爱的真正和最终来源是交往实践后，我们便可以从交往实践成长人，联想到交往实践成长爱，从而了解，爱不是一种固定物，而是一种成长物，或者一种过程。

爱，一经萌发，并不就是现成的果实，而是步入自己的成长过程。爱的萌发依赖交往实践，爱的成长同样依赖交往实践。所以，将爱进行到底，其实，有赖于将成长爱的交往实践进行到底。若缺乏进一步的交往实践，缺乏进一步的成长，爱之花，可能会枯萎。所以，爱的成长、爱的积累理所当然、情所当然是贯穿终生的。

（三）爱不需保持而要成长

由于爱并非固定物，而是一种成长过程，所以，爱并不需要保持。通常以为爱是需要保鲜的，而保鲜是有期限的，白菜保鲜有保鲜期，玫瑰花保鲜也有保鲜期，爱，如果真对其保鲜，也会有保鲜期。不过，爱的"保鲜"只是外在的养护、保养，而不是内在的生机开发。

交往实践为基础的爱，是由交往实践支撑的爱的成长过程。持续地交往实践，持续地做新事，或以新的方式重复做事，持续地在做事中互动交流，持续地体验共享，在人的不断成长中伴随爱的新生，"每天升起的都是一轮新的太阳"，如此的"连绵不断"，正是爱的成长过程。

所以，真正的爱，有生命力的爱，不需保持而要成长。

第三节　爱的新内涵：生命融合

对爱的思想的历史流变的考察以及爱的两大思想的综合，为我们爱的讨论奠定了前期基础。接下来，我们的探讨要直触爱的根底，我们要回答，爱，归根到底是什么？她的要素有哪些？

一、爱的本质：生命的融合

我们可以想到，研究和思考爱的本质，是很重要的。对于研究者而言，它是捕捉到爱的王国规律性东西的向导，对于读者来说，它是打开爱之迷宫的金钥匙。当然，在哲学层次探索爱的本质，必须选择一个合适的方向。想想吧，爱是如此的"人化"，爱的本质与人的本质简直难解难分，所以，爱的本质只能从人的交往实践活动来说明。

（一）以往爱的本质的探索

综合分析爱的思想流变，从满足需要的角度，可以把对爱的本质的见解区分为本能论、意志论和综合论三类。

1. 本能论

这是从人的自然需要来解释爱的本质的认识，爱的自然主义大体持这种观点。叔本华的人类种属延续意志的本能论是典型代表，与其几乎同时期的生物学家达尔文，在其《物种起源》和《人类起源》中提到的见解——爱情是人和动物都有的性欲，被后人大加发挥，而科马列奇甚至在《自然界的爱情》一书中写道，蜂房里的雄蜂兴奋地同蜂王调情，蜘蛛在爱情的时刻到来时，开始热烈地、疯狂地舞蹈，连石头下面的蚯蚓也能体验到某种爱情的忐忑不安。这是多么动人的描述啊！可惜，把爱的本质理解为性本能，虽然看到了性的需要与爱的关系，但把爱的生理基础扩大化，把人降低为动物，自然就把爱的本质曲解了。

2. 意志论

与从人的自然需要出发不同，从人的理性需要出发说明爱的本质的属意志论，爱的理想主义大体归于这一类。柏拉图认为爱使人"像天使一样纯洁"，是男女处于纯粹的精神享受中而实现灵魂的融合。奥托·魏宁格在他的《性别与性格》里甚至说，爱情与情欲根本不同，互相排斥，只存在"柏拉图式"的爱情，费希特干脆说，爱情就是实现"理性的统治"，黑格尔则强调，爱就是合乎理性。

意志论捕捉到了爱与理性的关联，但问题是，理性由什么来决定？实际上绝对理性的爱的观念与绝对非理性的爱的观念，只是一种片面性与另一种片面性的区别。

3. 综合论

前面提到的保加利亚哲学家瓦西列夫，在其《爱的哲学》中试图综合本能论和意志论，他提出，爱既合乎理性又不合乎理性，既是出于本能又受到思想的鼓舞，爱既有生物性又有社会性。但是，根据是什么？爱的理性与非理性、生物性与社会性、本能与意志如何实现统一？可惜这些问题他并未解决。所以，所谓综合论，其实，并未把本能论和意志论真正综合、统一起来。

（二）我们的观点

那么，如何在哲学意义上界定爱的本质呢？我们可以首先考虑两个基本的立足点：

第一，要从现实的个体的人首先是男人和女人出发。爱不仅是属现实的人的，而且是属现实的个人的，所以爱的本质的界定，不能将抽象的类或者抽象的人作为出发点，而必须回应现实人际关系的发问，从现实的男人和女人的人际关系出发。

第二，要深入到人的本质或本性的层面。如果只停留在表象的层面，比如社会心理的层面，很难把握到爱的真谛。如前所述，许多先哲都已进入本质层面揭明爱与人性的关联，像马克思所说，爱，首先要成为一个成熟的人。显然，一个不能理解生命、领悟人生的人，是难以体悟真正的爱的。

基于这两个基本的立足点，通过进一步的论证，来形成我们对于爱的本质的说明。如前述，人的本质——不是由神、不是由精神、不是由其他什么——是由人自己的活动来说明的。人的本质是人的交往实践，人是怎样交往实践的，人也就是怎样的。爱是属人的，爱的本质是属人的本质的，所以爱的本质就蕴藏于爱的交往实践中，其以交往实践为基础。需要说明的是，这里的爱，核心意蕴指男女之爱，延伸意蕴指人与人的爱。

由此，我们给出爱的本质的界定。

所谓爱的本质，是指交往实践基础上人的生命的成长性融合。

爱的本质的这一界定，包含两个关键词：

人的生命：包含自然生命和社会生命并以社会生命为核心的生命。其中，自然生命，指与人的吃、喝、性等相联系的肉体生命；社会生命，指谓与人生目标、根据、意义相联系的社会活动活力。

生命的成长性融合：生命与生命之间既独立又统一的成长过程。

交往实践为基础：爱的前提是做人，基础是做人；而人在交往实践中成人，所以爱也在交往实践活动中生发和成长。

如此，爱的本质表明，爱，是生命本真意义上的活动过程。爱首先就是做人，爱，靠交往实践来生发和成长，通过交往实践，生命与生命之间在成长中融合，在融合中成长，两者既独立又统一。

本质，是能够说明非本质的。尽管人与人的爱的实际生活和精神生活的具体内容，会因时代、因文明、因年龄、因文化等等而有所不同，但是，我们给出的爱的本质的内涵，总能对其给出说明。

同时，尽管爱终归是个人的事，但对于我们每一个人来说，这一爱的本质的把握、体悟，会成为打开各自爱的迷宫的金钥匙，钥匙如何认识和使用，还有赖于我们接下来的探索。

二、爱的要素

爱的要素是爱的本质展示的窗口，又是我们把握爱的真谛以及实施爱的活动的入口。

（一）性的超越

男女之爱包含性又是性的升华。这并不是像弗洛伊德那样把性欲看做爱的本原。男女之爱与性的关系是无法回避的，又是难以把握的，因而也是人们容易陷入误区的敏感点。

性的超越的意蕴之一：自然融合。

超越并不等于抛弃。性，本身是人异性际的自然关系，两个生命之间性的交往与结合，表现着人向自然的必要的复归。性欲是人的某种强烈快感和焦虑的原因，性的交往结合，为男女之爱提供天然起点和生理基础。而且，这种天然起点和生理基础，需要男女双方主动交往来激发，需要男女双方持续交往来启动。

性的超越的意蕴之二：理性兼容。

男女之爱的根本内容不是性欲本身，而是生命融合的更丰富的因素，诸如生活和谐、人格和谐、心灵和谐等。男女之间的性，作为爱的天然起点和生理基础，需要双方在满足过程中主动接受精神的光亮，兼容心理上、道德上、审美上的满足。倘若把性与爱割裂，与生命的丰富意义割裂，性的交流、结合只是一个机械地完成既定程序的过程，那就是人的生命的退化，只能给人带来空虚、惆怅和厌恶。它不仅无助于爱，而且会成为爱的腐蚀剂。

我们可以体会到，如果要在性和爱的关系上跳过陷阱，需要将自然融合与理性兼容统摄于心，并贯注于男女之间的交往中。

（二）亲密有间

我们可以体会，爱的活动的神秘与精妙与此有很大关系。男女之爱作为生命的融合，是自然生命与社会生命相统一的融合，是日常物质生活和精神生活相渗透的融合，这是一种最亲密的人际关系，是其他人际关系代替不了的。而亲密有间，则是这种人世间极其特殊的人际关系特需的要素。其主要包含以下五个具体点。

1. 关注

交往实践是爱生发、成长的基础。如前述，交往实践中，男女双方每一方都在改造客体的同时又被客体影响、改造，其能力、本事、人性被"显明"了；在面对共同客体中男女双方相互交往，其人格、个性同样被"透明"了。但是，显明、透明并不等同于接近、融合。

显明、透明只具备接近、融合的可能，而如果关注，则这种可能就会成为现实。关注对方，心里有对方，才会发现对方显出和透出的"明"——生命的奇妙、生命的成长。这种"惊人"的发现，会产生一种"魔力"，其效果就是：不是身不由己而是心不由己地趋向对方、接近对方、追求融合，如此，爱，就可能生发或成长了。

显而易见，不是爱的"保鲜"而是爱的成长，其首要一点就是关注对方。在交往实践中，在日常生活交往中，经常关注对方，经常心里有对方，才能经常发现对方的奇妙，发现对方的成长，才可能经常心不由己地趋向对方，经常心不由己地追求与对方融合，从而才可能经常成长爱。

我们必须记着，什么时候不关注对方了，心里没对方了，那爱可能也就停止成长了，爱情之花也就开始枯萎了。

2. 沟通

在生命的意义上，相爱的男女，是两个独立的生命，是两个神奇的"宇宙"。但是，爱不仅是两个生命的相遇、两个宇宙的接近，而且是两个生命的交融，两个宇宙的交集。沟通，是"两个半脑连接的胼胝体"，是两个生命交融的桥梁，是两个宇宙交集的通道。

由于交往实践，人的生命总是神奇的、变化无穷的。自己眼中外观的对方，与真实的对方，并不总是吻合的。两个生命需要沟通，通过身体沟通、精神沟通和语言沟通，才可能展现自身，相互了解、体认对方，才可能趋近对方，追求与对方融合，从而生发和成长爱。

相爱的男女之间的沟通，不该是几次的事，不该是一段时间的事，也该不是偶尔的事或想起来才做的事。相爱的男女之间常交往实践，常一起做事、生活和体验，常相互显明、透明，在此基础上常沟通，才可能常滋养和成长爱。

倘若男女双方沟通不经常了、很少了，那，两个心灵、两个世界就可能渐渐陌生了，爱之树的成长可能也就放缓几近停滞了。

3. 欣赏

"你是世界上最美的"、"你是世界上最好的"，不应该是相爱的男女交流的虚妄之词。一般地看，当然不可能许多人都是世界上最好的，但是，实现生命融合的爱中的双方，是人与人交往中最密切的双方，是人际距离最近的双方，是最接近的两个生命，如果说，一般人际交往中，由于人格面具等等因素的影响，别人的生命在自己眼中犹如远空的星球是被缩小的对象的话，那在相爱双方交往中，由于诸多阻隔因素的消除或减弱，对方的生命在自己眼中犹如眼前的星球自然是被还原的。

被还原的生命，自然是最美的、最好的！好好体悟吧，处于还原状态的两个生命在交往实践中成长，在成长中交往实践，该是世间多么美好的存在啊！由此，出自生命惊奇而来的双方的天长地久的相互欣赏，譬如每天早上醒来眼中都是更美好的对方，当然会对两个生命的融合打开大门。

深刻的相互欣赏是以交往实践为基础的，欣赏的核心内容是对方生命的成长，是对方的"与时俱进"。欣赏对方的成长，欣赏对方的成熟，甚至欣赏对方进步途中的挫折。所以，这种欣赏，与通常的把玩根本不同，把玩是对外在于自身之事物的欣赏，而这里的欣赏是双方在共同做事、共同生活、共同体验中，对与自己生命成长难以分割的另一生命成长意义上的欣赏。

我们可以想见，相爱双方的欣赏是日常其他欣赏难以替代的，而且，这种欣赏也该是与日俱增的，发现对方生命成长的美，欣赏对方生命成长的美，是成长爱不可缺少的营养。

4. 理解

相爱双方的相互理解，是双方走向亲密的又一重要环节。双方相爱，因此双方的交往必然具有其他交往不可比拟的密切性、私密性，但这并不能代替或垄断双方各自的所有交往。交往实践，是生命现象，每一方作为人必须在许多场合独立地与周围世界进行交往。所以，每一方的所感、所想、所为，都可能有其或能说得清或说不清的理由，或者各是其不得已、没办法的境遇和反应。双方交往中，通过沟通了解到了对方一些出乎自己预料、出乎自己想象的情况后，需要多一分理解。

理解不等于认同、不等于欣赏，理解是将生命比生命，是将心比心。双方都不是神，都是一个生命，都是一个与自己生命成长密切相连的成长的生命，理解与关注、沟通、欣赏贯通起来，是信任。

真正以双方共同做事、生活、体验为基础的生命成长意义上的理解，并不带来放纵或背信。理解，是相爱双方生命成长性融合中两个生命统一又独立的必要元素。生命和生命在共同的交往实践中，面对共同的客体，面临共同的现在和未来，相互之间的理解，会对两个生命关系的密切乃至进一步的融合不断搭起新的台阶。

5. 尊重

人们常说，男女相爱要心心相印。这句话要理解为携手同心，共创爱之和谐生活倒也没错，但如果以为因为男女相爱双方就须不留心理空间、化掉各自的个性，那可能就有悖于生命融合之道了。

如果说关注、沟通、欣赏和理解有助于双方心灵靠近、关系密切的话，那尊重就意味着双方保持适当的距离，为对方留下一定的心理空间。自己作为一个生命存在，要尊重对方也同样作为一个生命而存在。由于人是在交往实践中不断生发、不断成长的，所以一个人的魅力在于他的个性。一个人能够不断增强自己爱的能力，不断强化自己被爱的吸引力，关键在于他不断充实和丰富的个性。

爱的魅力不在于"同而融合"，而在于"不同而融合"。如果一个人以丧失个性为代价追求爱，如同以剥夺对方独立性、迫使对方趋同自己为代价追求爱的人一样，最终都会失去相互吸引的魅力进而失去爱。

我们可以体验，关注、沟通、欣赏、理解和尊重，从而亲密而有间，这种相辅相成对于生命融合、对于爱，是多么的重要。残缺了关注，对方离位；缺少了沟通，通道阻塞；短缺了欣赏，错过了审美；缺乏了理解，隔阂丛生；短少了尊重，压迫对方。所以，尝试将关注、沟通、欣赏、理解和尊重经常了熟于心，并成为自己素养的一部分，成为与对方交往的必有成分，就可能会一直走在双方亲密有间、生命融合的幸福道路上。

（三）生发创造

作为爱的要素，性的超越是性、爱关系的处理之道，而亲密有间则是爱的双方的交往之道，这些自然是爱的本质使然。那么，从爱的本质出发，如何接受和促进作为生命过程重要内容的爱的发生呢？

我们可以体验到，基于爱的本质要求，需要接纳和培育爱的生发，主动致力爱的创造。

1. 接纳和培育爱的生发

男女之爱产生于男女交往实践。在双方共同做事、共同生活与共同体验中，在双方的交往中，两个人之间、两个心灵之间，可能瞬间呈现特别的如前述的"显明"和"透明"，如此爱有可能瞬间"发生"。这是双方在交往中两个生命"磁场"交互作用中"放电"的欣悦状态，是两颗美好而甜蜜的心灵契合的过程。许多人论述和记录了这种奇妙感情。前面提到的奥维德、叔本华等对此明确论述过，普希金也曾自我表白：一颗火热的心被征服了，我承认，我也坠入了情网……

心灵的这种契合，这种"正合我意"，虽然是瞬间完成的，但实际上，往往是通过先前的人际交往，不自觉的选择、定向、积累，在大脑已经预先形成一定的"爱的形象"，当眼前的对象与大脑的"形象"正好符合时产生的一种感觉。

实际上，爱的这种生发不仅产生于"爱之初"，也会发生于"爱之程"。所以，我们不仅需要接纳爱的生发，也需要培育爱的生发。只有热恋阶段才会"放电"，才会"怦然心动"，实在是一种误区。人，是在交往实践中不断成长的"过程体"，既然通过交往实践的积累可以有初次的"放电"，新奇的"怦然心动"，那在男女双方亲密的交往实践中，只要用心去积累，持续形成对方新的"期许形象"，持续为对方的美好成长创造条件，在两个生命不断的新生中，"放电"和"怦然心动"自然会不止一次地发生。

2. 主动致力爱的创造

人常说，爱需要经营。这，有一定道理。但如将经营的对象，认为是一种身外之物就不对头了。由爱的交往实践中生命融合的本质来看，爱是交往实践中生命与生命之间的事，她的发生，除了一定的不知不觉地萌发外，还需要主动地去做，也就是说，爱是需要经历平等关联的两个生命之间的交往，进而主动追求、自觉创造的过程。而这种意蕴则非经营概念所能完全涵盖得了的。

爱，首先是一种努力追求的过程，需要双方共同经历时间，需要一天一天的共同过日子，需要共同经历近似持续操作、浇水施肥、清除病毒的辛勤劳作过程。在爱的现实生活中，有一种推崇"初恋"的倾向。比如歌德在《自传》中写道："初恋是唯一的恋爱：因为在第二次恋爱中和经过第二次恋爱，恋爱的最高的意义已失掉了……"这种看法曲解了爱的最高意义，爱的最高意义不在于"第一次"还是"第二次"，而在于在双方在一生的交往实践中不断地完善生命，持续地实现生命的生长性融合，甚至共同追求爱的终极的归宿和价值，以至追求爱的有限的突破，爱的永恒的实现。

显然，这种推崇"初恋"的看法无形中排除了爱的时间性和积累性，诱导人们常常陷于爱的错失的悔恨中，陷于坐等爱的无奈中，陷于祈求好运的徒劳中。

另一方面，爱，还是一种自觉创造过程。在交往实践中，相爱的双方构成了一个生命共同体，这种生命共同体，不同于弗洛姆所批判的"共生有机体"。后者的特征是"服从"和"控制"，而生命共同体的特征是创造。这种创造特征植根于交往实践活动。相爱双方，无论是生活性交往实践、精神性交往实践还是话语性交往实践，既是主体与客体之间的双向建构，又是主体与主体之间的双向建构，这种双向建构的结果之一，就是既创造着不断新生的爱的共同体，又创造着双方新的生活、新的思想、新的话语。

由于生命共同体的创造，平平常常地"过日子"，可以不断形成新的花样、新的体验、新的生活情趣；心灵和心灵的日常沟通，可以不时撞击出新的思想火花、新的情感流动、新的信仰感悟；语言和语言的日常交流，可以常常冒出新的形式、新的内涵、新的幽默。如此，伴随着生命共同体的创造，"每天升起的都是一轮新的太阳"。

而且，由于交往实践所提供的充满活力的基础，相互区别的爱的生发和爱的创造，可以统一起来，生发为创造提供自然的感情基础，创造为生发提供培育条件，生命共同体的生发与创造的统一，共同催生着爱的生长。

第二章

爱的成长

前述爱的本质启示我们，爱不是获得性成果，而是一种成长过程。进一步的研究表明，爱需要经历生、化、和的成长过程，爱的成长还需要文化的滋养，同时现实的爱也需要向信仰的爱成长。

第一节　爱的生、化、和

我们发现，在交往实践基础上，爱的质量提升，需要经历生、化、和的螺旋成长过程。

一、两个半球的生、化、和

（一）两个半球的和

马克思曾说过，古希腊有个传说，一个单独的人不算完整，他只是圆球的一半，也就是半个球。要想完满地度过一生，就只能通过两个人的结合。因为半个球无法滚动，所以每个成年人的重要任务就是找到那个和自己相配的另一半。结合马克思人的交往实践本质观来分析这段话，可以看出两个重要问题。

其一，爱是人生的需要。人在交往实践中长大成长，而交往实践而来的孤独使人需要爱。人，总要做事，总要与人交往，人在交往实践中以共同的客体为中介必须与他人交往，正是这种交往使人有了这种"感觉"：他人的心灵与自己的心灵，除了有可能具有相同或相近的因素外，确定不移地是存在着巨大的不同，由此，人会产生深刻的孤独感。

我们需要注意，这里绝不是通常所理解的仅仅为渴望异性肉体结合的孤独感，这种生根于交往实践的人的渴望，其内涵是突破个体生命的孤独，寻求一个能和自己肉体和心灵全面交融的异性，以求双方生命的融合。

其二，爱是成长。"寻找"、"相配"并不是瞬间完成的事，而是一种过程。首先是两个生命成长性融合的过程，即在交往实践中成长，成长中融合的过程；接下来是融合中成长，即融合中共同成长和各自成长的过程。

我们可以体会到，爱，作为两个半球的和，两个生命的融合，最基本的是一种生、化、和的过程。

（二）生、化、和

1. 生

生即生发，指在交往实践中一个人生发对另一位异性的爱的意识、情感和行为。生的前提是对对方的好感、喜欢，是以我的体认为标准向对方表达情感和认识以及采取行动的倾向。这种生，还只是爱的表达，而不是爱的实现。生活中在这里容易陷入的误区，是人们常将"生"误认为是爱的实现、生成，结果误认误行酿成苦酒。

为什么会这样呢？问题的关键在于，在自己眼中对方是什么？如果对方也是人，是一个成长的生命，那就会联想到对方对自己是什么感觉的问题。

所以，真正的"生"，作为爱的开端，不会局限于自身。在进一步的交往实践中以寻求另一半球配合或"融合"为目的的"生"，总会冲破从自我出发的模式而顾及对方，这就进入了下一阶段。

2. 化

化就是转化，这是对生的否定。他是相爱双方于交往实践中在各自"生"的基础上，转化为从对方角度来理解、体验和规范爱的某种意识、情感和行为。"化"的根据是什么呢？两个可能相配的半球的交往实践，使当事人感受到了处于交往实践中的、社会关系网络中的对方的自尊、自主，从而自觉不自觉地确认对方的独立性存在。正是这种体认，为双方的"化"提供了实践根据。

与生不同，化的主导倾向是从对方出发的。首先这是一种换位思考、体验，是对对方的态度、表现给予尊重；其次，适当地以对方的意识、情感为标准来调整和规范自己。

化，是通过双方交往实践基础上的沟通和影响来实现的。化的重要节点是：一方的化引起另一方的化，双方的化才构成完整的化。即双方都学会适当地从对方出发而感、而思、而动，你意有所动，我情有所注，我有所改变，你有所调整。化，是很微妙的。双方的化是自动的，又是联动的。而一方对一方的一味讨好或者极力控制，都不是真正的化。

化是有情人由爱的开端到爱的生成必须经过的桥梁和关口。不少人在追求爱的道路上希图快、希图省事，所以要么是不想过这个关，要么是过不了这个关，结果往往造成欲速则不达，欲省事则不达，都难以到达爱的彼岸。

3. 和

和者，和谐也。他是相爱双方通过交往实践，在生和化的基础上，在一定层次既保持独特自我又你我同体、同心的活动和状态。在和当中的双方，都把对方视为自己自然和社会生命的一部分，和是否定之否定，他既保留了生和化的长处、优势，又克服了各自的不足。

为什么男女两主体可能追求和呢？其根本的动力是一种特殊的矛盾。双方交往实践中，旧的需要满足的同时新的需要又会产生。双方不会满足于"从我出发"和"从对方出发"的模式，男女都会寻求包容双方又超越双方的新模式，以实现两个半球的配合。这种新的需要和新的需要不能满足之间的矛盾，自然推动双方都追求理想中的和。

和，首先是一种活动、过程。在和的进程中，双方都在自我超越和联动，都在与对方协调确立"独辖区"、"共同区"和"开发区"。独辖区是保持自己独特性且被对方认可的意识、情感、行为范围；共同区是双方联动的意识、情感、行为范围；开发区是追求两个人格、个性各自独立发展和双方共同体完善的开发范围。和还是一种结果、状态。一定层次和的实现，也即是一定层次独辖区、共同区、开发区的渗透共存。

相爱双方一定层次和的实现，才是该层次爱的形成。在生、化、和中，和处于高级阶段。他似乎回到了生，在和中，相爱双方的每一方，都有一种扩大了的自我的感觉，我的心灵空间扩张了，活动能力增大了，活动范围扩展了，甚至有两个联动的我的感觉。和又高于生，这种扩大的我已不是先前的我，而是处于共同体中的新的我，是你我同体同心的整体中的我。

日常生活中，不少人的所谓的爱，很难达到和的层次。其情形林林总总，但从这里的视角看，情形可能是这样的：或一方"独辖区"统治双方，难达爱当中和的美妙；或"共同区"淹没双方各自的"独辖区"，使爱在日益压抑的沉沦中窒息；或缺乏"开发区"，造成所谓的爱的日渐贫乏。如此种种，都难得爱的日常生活幸福。

具体研究会发现，交往实践基础上达到的和，是综合的和，内含着众多的层次和丰富的内容。

二、和的层次与境界

作为爱的一种状态的和，我们可以体验到，其包含三个层次、六种状态。

（一）感受之和

感受之和，是指相爱双方与美的感觉相联系的，相互亲爱情感高涨兴奋层次的和。感受之和以相亲相爱的情感为基础，以情绪感受为中心，这是男女相爱之和的起码的、最低的层次。

感受之和形成于发自双方，而又弥漫、辐射、渗透双方的愉悦性情感中，其虽然包含与性冲动相关的生理和心理感受，但并不以此为本，而进到了审美的精神活动层次。相爱双方各自把对方作为审美愉悦对象，以对方确证自己的存在，从对方的美中看到了自己的影子，看到了自己与对方相匹配的美，在相互审美中融入了自我审美。

在感受之和层次，只有一种境界，感受之和独包境界。在这种境界中，男女相爱之和被感受之和独自包揽，再无其他层次的和。这种层次的爱情富有浪漫化、理想化色彩，双方情感交流、融合比重较大，尚缺乏对爱情生活中艰辛、痛苦内含的深刻理解。

（二）生活之和

这是指相爱双方与自尊、自立需要相联系的，相互钦佩和尊敬以及共度生活之舟层次的和。他以相互钦佩和尊敬的意识、行为为基础，以生活砥砺为中心，是男女相爱之和的中等层次。

生活之和已冲决了感受之和的纯感情王国。如果说感受之和带来的是甜蜜蜜的情感愉悦，那么，生活之和给予的是酸甜苦辣咸的生活愉悦。

生活之和的来临，显示着进一步的爱形成了。如同经历河水的冲刷才有光洁美丽的卵石一般，经历生活的砥砺才有现实中深沉美妙的生活之和。而达不到生活之和的男女纯浪漫之爱，是与成熟的爱情无缘的。

现实中达到生活之和层次的爱的境界，内含就较为丰富了，其包含感受之和与生活之和两个层次。而这里还包含感受之和，是由于较低层次爱之于较高层次爱的圆满要求的不可或缺性决定的。因此，处于生活之和层次的爱的境界共有两种。

第一，"感受之和与生活之和双包且以感受之和为本"境界。这种境界的爱，生活之和被感受之和情感化并服从于感受之和。这种爱不乏现实化的素养但更具情感化、理想化特点，面临生活中的问题、困难，有时能坦然面对、冷静解决，但有时却会情绪波动呈现一反常态茫然无措的状态，因而处于这种境界的相爱双方很难共渡难关。

第二，"感受之和与生活之和双包且以生活之和为本"境界。此境界较前一种相对成熟，相爱双方那种爱的浪漫情感，已经沉于共同生活的深层，双方都注重相互和共同的现实问题，善于更深入的协同进而共度爱情之舟。

（三）人生之和

人生之和指相爱双方与人生创造需要相联系的，相互激励相互造就、共同开拓人生之旅层次的和。它以植根于交往实践的相互激励相互造就的自觉能动性为基础，以人生意义的开拓为中心。它是男女相爱之和的高等层次。

居于人生之和的爱中，相爱双方已超越日常共同生活的有限欲求，欲在有限的人生中求得更丰富乃至无限的意义，实现更高以至无限的人生价值。这种层次的爱，内求双方各自完美人格价值，外求人生创造的永恒价值。这种意义、价值的探求，既以两个半球各自为主体，又以两半球之和为主体。在人生之和的层次，爱情圆球的美好滚动，放射出人生深层和终极意义的神秘光辉，为社会提供的是既局限于特定时空又突破有限时空的贡献。

所以说，只有达到人生之和层次的爱，才算真正步入了人间爱的高级王国。

现实生活中处于人生之和层次的爱，内含更为丰富，其包含感受之和、生活之和与人生之和三个层次，这如同登一座楼，上到第二层，仍需第一层的支撑，上到第三层，仍需第一、第二层支撑一样。

这样，现实中处于人生之和层次的爱共有三种境界：

第一，"感受之和、生活之和与人生之和三包且以感受之和为本"境界。该境界的爱时常存在感受之和，有时达到生活之和，偶尔出现人生之和，而作为主导的是感受之和。而对于生活之和与人生之和，主体往往是从情感上去体验。

这种爱，情如泉涌、奔腾不息，两个心灵交融时会迸发闪电，穿透生活之和乃至照亮人生之和，由此，情感会汲取深层的动力。但闪电毕竟短暂，从而情感的软弱性也偶有表现。

第二，"感受之和、生活之和与人生之和三包且以生活之和为本"境界。在此境界中，生活之和为主导，感受之和退居背景，人生之和体味加深。

这种爱相对现实、相对深沉，在有限人生辛勤耕耘中，对人生无限、永恒价值的追求提高了比重。

第三，"感受之和、生活之和与人生之和三包且以人生之和为本"境界。该境界里，人生之和占据主导地位，感受之和、生活之和退居背景，并且被人生之和的光芒照亮、提升。这是爱的最高境界。当然，这一境界的爱还是可以经历由低到高的发展变化的。

这种境界的爱追求爱的伟大与不朽，相爱双方极力追求各自人格的完美、双方结合的完美、人生创造的更高价值，虽然他们知道这种追求的实现总是有限的，但他们特别看重人格、生命的融合、人生创造，看重其所蕴含的超越个体生命、有限人生的无限的、深邃的价值。

三、生、化、和的螺旋上升

（一）生、化、和的矛盾运动

和的不同层次与境界，表现的是交往实践为基础的爱的不同状态，实际上，当我们深入到交往实践的内部并进行过程性研究时，就会发现生、化、和变化的内在的矛盾运动。

交往实践中，主体改造客体从而能有所创造，由此激发出人生意义的追求；而不同主体成功合作改造客体的活动，又促动出共同生活的追求；以共同客体为中介的主体间生命融合交往，生发出爱的追求。在此基础上，我们来分析爱的矛盾运动。

相爱双方之间的和，最初是感受之和。这是初始的爱。任何男女双方的爱，或长久或短暂或明显或模糊，都要经历感受之和阶段的爱。

面对纷纭复杂的实际生活，感受之和积累到一定量，就会产生质的突变。这是由这一层次爱的内在矛盾推动的。一是爱内含着的人生意义的搏动；二是纯粹的相亲相爱的情感。这种根植于交往实践的人生意义探寻和炽热的恋情，犹如一物二体，构成难解难分的矛盾。随着男女相恋的纯情被现实生活逐步地拉向生活化、复杂化，在人生意义探寻的扩展趋势中，感受之和被逐步转化为生活之和。

生活之和并未消解爱的内在矛盾，只不过是矛盾统一体的转换。此时，矛盾的一方依然是人生意义的追求搏动，另一方却变为相爱双方生活之舟的共度。在生活之和形成之初，由于生活之舟共度较之于相亲相爱纯情有更宽广的人生意蕴，所以这种矛盾尚不突出。但随着生活之和的积累，人生意义的追求愈来愈难以停留于日常生活的规束，于是，人生意义追求与生活之舟共度的矛盾日益突出。况且，现实的生活之和层次的爱又渗透着感受之和成分，所以还交织着人生意义追求与相亲相爱纯情的矛盾。随着矛盾的加剧，最终又冲破日常生活的局限，在生而化、化而和的转化中发生质的变化，转变为人生之和。

人生之和的形成，是爱中内在的人生意义追求搏动，一下子进入较为自由的境地。但是爱的进一步的化育、发展，依然是在矛盾的推动下进行的。只不过此时的主要矛盾，是爱当中人生意义的无限追求与有限实现的矛盾。当然，其同时还渗透着人生意义追求与生活之舟共度的矛盾，人生意义追求与相亲相爱纯情的矛盾。

所以，虽然矛盾不一定是爱，但爱却一定是矛盾。没有矛盾就没有爱，甚至没有冲突，没有痛苦就没有爱，因为矛盾、痛苦的根源在于爱的交往实践，在于交往实践中需要的永不满足。爱无止境，爱的追求愈深入，痛苦就愈强烈、愈深入。为矛盾所困，就会陷入痛苦，从而远离爱、远离幸福；积极解决、转化矛盾，就会超越痛苦，从而获得爱、获得幸福。

在内在矛盾的推动下，在生、化、和周而复始的运作中，爱呈现螺旋式上升的趋势。相爱双方之和，由低层次进入高层次，由低境界达到高境界，就人类总体而言，循环往复、不断上升以至无穷。

（二）爱的实际状态

生、化、和的矛盾运动，表现着一定的规律性。我们知道，规律总是一种总体性的趋势，是一种在大量统计中占主导地位的倾向，而这并不等同于每一对相爱的人的具体情形。具体到人的个体，就爱的双方而言，其一生的爱的追求，只能达到一定的层次，一定的境界。一些人可能一生只能达到感受之和层次，从而只能获得时间或长或短的低级幸福，很难进入成熟的、持久的爱。

而一些人，可能一生只能达到生活之和层次，只能获得中级幸福。能获得这种幸福的人，现实生活中比比皆是。但是，此种爱不能说是完美的，尽管可能是持久的。

有的人可能达到了人生之和层次，甚至进入了感受之和、生活之和、人生之和三包且以人生之和为本的境界，此乃人生真正幸运的爱，因为相爱双方真正领略到了人生难得的爱的高级王国之神韵，体验到了人生一种珍贵的高级幸福。

还有的人可能曾经达到爱的较高境界，但最终又滑落下来，落入较低境界，这样的爱的经历是可惜的。

可见，现实中爱的成长是错综复杂的。尽管爱的成长有规律性，有主导趋势，但并不表明每一对相爱双方爱的成长都会融入主导趋势。所以，爱，实际的爱，很难登上顺风船，人们能够登上的往往是逆水舟，需要时时努力，不努力则不进，不进，则退。

爱，离不开人，爱的成长是与人的成长紧密相连的。上述爱的境地之不同，直接原因就在于交往实践中相爱双方各自做人的境界不同，各自的文化素养不同。我们可以经验到，无论什么样的爱，其基础动力源是人的交往实践，直接动力则是做人状态，是文化素养。比如一个人进取精神差，对自己不负责任，吃、喝、性等自然性需要占主导，满足于生活上过得去，懒懒散散，乃至沉醉于游手好闲和无聊的享乐中，如此别说领略爱的高级境界，甚至连感受之和的境界也难以达到，即使偶尔达到也会很快滑落下来。人间没有现成的爱的果子等待人去享用，人间的爱，是人在交往实践中主动求索、创造、培育的过程和结果。

第二节　爱的文化性

我们已经了解，在最终的意义上，人的交往实践是怎样的，他的爱就是怎样的。但就直接关系来看，爱的成长是以人的成长为前提的，而人是文化的，所以爱的成长就与人的文化成长密切相关了。

一、爱的背后的文化

如同人的其他活动状态一样，爱，被两个层次的文化滋养着，显而易见的是一般文化，深藏其后的是哲学文化。

（一）爱，是一种文化

我们提出，爱，作为生命的成长性融合，是一种文化活动，一种文化现象。为什么呢？

这就需要回答三个问题：什么是爱，什么是文化，为什么爱是一种文化？

关于什么是爱，前已论证，爱是交往实践基础上生命的成长性融合。这里的生命当然包括人的自然生命和社会生命，并且是以社会生命为核心的。而成长性融合是男女双方在性的结合基础上的，与人生意蕴相联系的生活与精神的成长性融合，以及融合性成长。

什么是文化？这里用得着一个故事，是美国人类学家基辛在其文化人类学著作——《文化、社会、个人》开篇时讲的：一个保加利亚主妇设宴招待她美国丈夫的一些朋友，其中有一个亚洲学生。当客人们吃完他们盘里的菜以后，她问有没有谁还想要第二盘，因为对一个保加利亚女主人来说，如果没有让客人吃饱的话，那是很丢脸的事。那位亚洲学生接受了第二盘，然后又接受了第三盘。结果，那位亚洲学生在吃第四盘的时候，竟撑得摔倒在地板上了，因为在他的国家里，宁愿撑死也不能以拒绝女主人招待的食物来侮辱女主人。

这个故事自然鲜明地表现了人类中两个群体文化的差异。那么，什么是文化呢？对文化这一概念的含义，社会科学家们分歧很大。我们借鉴人类学家基辛和古迪纳夫有代表性的、能为大多数人所接受的看法。基辛认为，文化是通过学习积累起来的经验。古迪纳夫提出，文化一词有两种意义：第一，一个社群的行为模式；第二，一个社群内指引行为的模式——知识和信仰的有组织的系统。

由此我们得出容易为人们接受的文化界定：文化是指人交往实践基础上的习得性的行为系统和指引行为的观念系统。前述故事中保加利亚女主人和亚洲学生的行为系统、模式显然不同，其指引这种行为的观念——习俗明显相去甚远。

在本书里，我们使用狭义的文化，即文化是交往实践基础上的习得性的观念系统。如此界定的文化，指的是人们学到的知识、习得的信仰，而不是人们所做的事情或所创造的物品。

文化——知识、信仰、规划、习尚、意义等，是由人在交往实践基础上创造出来的，并且是由人学习、发展、充实和修正的。

有了两个必要的前提——什么是爱、什么是文化之后，我们就可以探讨爱是不是一种文化了。作为生命的成长性融合的爱，是人类所特有的，是由人生发和创造出来的。人在交往实践中生发和创造这种特定行为的同时，也生发和创造了指引这种行为的观念模式。这种观念模式提供了一系列的标准，即决定爱是什么，爱追求什么，爱的感觉怎么样，决定爱应该遵循什么，爱应该做什么，爱应该怎么做等等的标准。一句话，在一般的意义上，人类在交往实践基础上首先创造了特定的文化，然后在其指引下发生了相应的爱的行为，即爱本身就是一种文化的行为表征。

历史和现实对此提供了支持。如前所述，文字记载表明，爱并不是与人类同时产生的，它是人类发展到一定阶段，中国是在夏、商、周时代，西方是在古希腊、罗马时代，人类的文化素养提高到一定的程度，即有了初步的信仰、道德、情操、志趣、审美观念等之后才得以产生的。中国周朝比较成熟的文学《诗经》，其中的《采葛》就生动地反映了当时已存在的青年的恋情，诗中写道：彼采葛兮，一日不见，如三月兮。彼采萧兮，一日不见，如三秋兮。彼采艾兮，一日不见，如三岁兮。这反映了一个男青年炽热的恋情，和心上人仅仅一天没见面，就感受如同分别了"三月"、"三秋"、"三岁"了。此即今人熟悉的"一日不见，如隔三秋"的典故。

古希腊诗人赫西俄德在《诸神谱系》里赞扬神奇而热情的爱神埃罗斯：长生不死的众神中，最美的要数埃罗斯，他甜蜜蜜、懒洋洋，他征服了众神和凡人的灵魂，使他们统统丧失了理智。此表现了当时的人们对爱的强大力量的认识。同时代其他爱的认识如前述，在此不再赘述。

文字记载表明，人类爱的产生，是与文明时代（文化形成的时代）开始相伴随的。恩格斯正确指出："一夫一妻制家庭，……它的最后胜利乃是文明时代开始的标志之一。""发展起来的新的一夫一妻制，使丈夫的统治具有了比较温和的形式，而使妇女至少从外表上看来有了古典古代所从未有过的更受尊敬和更加自由的地位。从而就第一次造成了一种可能性，在这种可能性的基础上，从一夫一妻制之中——因情况的不同，或在它的内部，或与它并行，或违反它——发展起来了我们应该归功于一夫一妻制的最伟大的道德进步：整个过去的世界所不知道的现代的个人性爱。"[1] 恩格斯的论述，间接说明，爱，是人类文明时代开始的标志之一。

对此，不少专家也提供了佐证。譬如中国性学专家刘达临教授的研究表明，一定程度的文化素养，是人类爱情产生的基本条件之一。

现实中人的个体，在交往实践基础上的社会化过程中爱的生成也表明，爱是一种文化性的行为。经过童年、少年，乃至青年的经验，每个人对于他所生活于其中的是个什么样的世界、爱是什么、人们如何爱以及应该如何爱等等问题，都建立了一套观念系统，一套"理论"。这些关于爱的生活背景以及爱的行动方式的理论，部分地与社会中其他成员共享，部分地融入了个人独特的经验。人们依照被自己理解的、加工改造过的理论，来指引自己的爱的行为。

（二）爱，需要提升背后的文化

我们已了解，爱，是文化的。所以，要提高爱的层次、境界、水平，就

---

① 《马克思恩格斯全集》（第21卷）[M].P73-P74，北京：人民出版社，1965.

需要提升爱背后的文化素养。

1. 在反思中提升爱的文化

正如美国爱学专家巴斯克里博士所说，爱是一种文化，是很有学问的现象。这里的文化，切近地说，它是对爱如何认识、如何理解、如何付诸行动的文化，间接些说，它是涉及与爱相关的审美、道德、法律等等的文化。当我们认识到现实中的爱绝非孤立的行为，自觉反思其背后的观念，着眼指引爱的行为的观念，进行有目的地审视、比较、分析时，爱的文化的提升过程也就开始了。

2. 在危机解除中调整爱的文化

在爱的追求中，可能会形成困惑造成危机。我们可以想到，真正的困惑和危机不在爱的行为中，而在背后的文化中。困惑，是与爱的行为相关的观念系统的模糊不清、游移不定。危机，是个体自我或个体之间爱的行为背后的观念系统的矛盾、冲突。比如，现实中常有这种情形：恋爱告吹，自己还深深地爱着对方，而对方却一走了之，对此怎么反应呢？或悲痛绝望从而一蹶不振；或恼羞成怒因而疯狂报复。我们来看看，造成此危机的观念是什么呢？是自己爱对方，对方就必须爱自己的想法，是明知对方是一个有自主权的个人，但又试图控制对方的意图。所以，调理爱的这种观念系统，消除观念性冲突，调整爱的文化，就可能不仅利于危机解除，而且有助于爱的行为水平的提升，促进爱的成长。

二、做人、学习与爱

爱的文化性昭示我们，爱的成长，不仅仅是爱本身的问题，而且是做人、学习创造的问题。

（一）做人与爱

爱和人是怎样的关系呢？马克思说得好："爱情，不是对费尔巴哈的'人'的爱，不是对摩莱肖特的'物质交换'的爱，不是对无产阶级的爱，而是对亲爱的即对你的爱，使一个人成为真正意义上的人。"[①] 这里我们具体分析真正的人及其与爱的关系。

1. 真正的人是"一头两足"的人

真正的人的答案需要到人的本质中去探寻。如前述，人的本质是交往实

---

① 《马克思恩格斯全集》（第29卷）[M].P515，北京：人民出版社，1972.

践，所以，真正的人的具体性质是由交往实践决定的。交往实践包含两个面向：客体面向和合作主体面向。从客体面向看，主体改造和创造客体的同时又改造和创造自己，由此确定人的基本性质是创造；从合作主体面向分析，面对共同的客体，主体之间既需合作又需竞争，由之确定人的基本性质是交往；从上述两个面向可以综合出，主体人为了应对以新颖为特征的创造和动态的交往，需要不断地成长，因而确定人的基本性质是成长。

综合人的性质，创造和交往为"两足"，创造一足与自然界打交道，交往一足与人、社会打交道，人靠两足走人生之路，张扬人生价值；成长为"头"，统合创造与交往两足，创造与交往依赖成长统领与支撑，人靠成长之头凸现人之特性，驰骋于神性与物性之间。

所以，在哲学的意义上，可以认为真正的人是"一头两足"之人。

2. 学会做"一头两足"的人才能学会爱

爱是什么？并不是什么样的爱都可以算得上是爱，所以马克思谈到爱时，首先否定了费尔巴哈的抽象的人的爱和摩莱肖特的"物质交换"的爱。如前述，爱，真正的爱，是交往实践基础上成长性生命融合的爱。

同样，并不是什么样的人都可以获得和持有真正的爱的。只有学会做真正的人，即学会做"一头两足"的人，才可能获得和持有真正的爱。

我们可以体会个中缘由。不愿意和不能够创造之人，难与真正的爱相连，因为爱作为生命的融合并非天然耦合，它需要生发和创造；不乐于和不善于与人交往之人会远离真正的爱，由于爱作为生命的融合系克服生命孤独之举，它需要交往沟通；而非成长之人或成长性弱之人，则从根本上难与真正的爱结缘，缘于人与爱是双方变化中的对接，它需要双方共同成长。

所以，学会做"一头两足"的人才能学会爱。进而言之，真正的爱与真正的人是互为前提、互为缘由的。学会做真正的人，才能学会真正的爱，反之亦同。如此，我们才能真切体会1856年6月21日马克思致妻子燕妮信中所表达的这方面的深刻思想。由于爱，马克思可以克服生命的"孤独"，可以经常与燕妮"在心里交谈"。通过爱的验证，"感到自己是一个真正的人"。而爱，又"使一个人成为真正意义上的人"。而且，爱与人一样，是成长的，"时间之于我的爱情正如阳光雨露之于植物——使其滋长"。

（二）学习与爱

人的成长主要是文化素养的成长，后者是靠学习而来的，所以成长的人与成长的爱的对应，暗含着学习与爱的对应。

1. 学习生发爱

倘若一个人拒绝学习，是难以生发爱的。他天生而来的只有性的本能，而纯粹本能的发泄远非爱。我们需要体验，经由学习而生发爱。

（1）学习择偶

学习选择与自己具有合适潜力的另一位。择偶时的所谓"天生一对"、"地造一双"，实际上只是人们的美好愿望而不是现实。假设现实中有此种情形，那两人一定都处于最优状态，而且都不再变化，而这却是不可能的。爱，不是两个人作为合适的部件装配在一起，而是两个生命的成长性融合过程，所以追求爱的择偶，是看对方与自己是否具有相爱的基础素质，即爱的基本意识和能力，生命融合的基本意向和能力。所以，择偶，实际上是选择感情上、价值观上、气质性格上、习惯品行上、可变化性上与自己具有合适潜力的对象。

学习确立以爱的因素为主导的择偶标准。爱的因素是人的因素，即人自身的生理和精神素质，包括生发和创造爱的意识和能力。非爱因素是物的因素，包括金钱、权力、地位等。非爱因素渗入择偶标准，是社会不发达的产物。在社会当前阶段，爱的择偶标准虽然还不能完全排除非爱因素的考虑，却不能以非爱因素作为基础和重要因素了。如果金钱、权力、地位横隔于相爱的两个生命之间，那生命的成长、融合就可能被物所压迫、扭曲甚至窒息。

学习将择偶理想与现实结合起来。在生发爱的过程中，人会在头脑中形成一个意中人形象——"模型"，然后去现实生活中比对、寻找符合此"模型"的人。不少人坚守"模型"，居高不下，坚持非意中人不选，结果要么降低标准，随便找一个凑合了事；要么自命清高，步入"独身者"行列。要避免此种状况，首先需要学会认可"交往限度"。无论现代技术手段如何先进，包括网络如何发达，但都不能代替面对面的交往、相处，而在社会现阶段，每一个人能够真正身入其中地面对面交往是十分有限的，所以，男女实际的择偶范围是相当狭小的。

因此，需要学习将择偶理想与现实结合起来，选择与理想接近的"基本合适"的，或者"基本差不多"的对偶，而把重点放在爱的进一步发展和成长上。

（2）学习造偶

如果说择偶是想要爱的双方的互择互选，那造偶就是想要爱的双方的互调互造。这也是一种学习过程。

学习将造偶与尊重联系起来。造偶不是支配和占有，而是承认对方的独立存在，帮助对方以双方生命融合为指向，以本人理解、认可、乐意的方式作出调整。

学习将造偶与自造协同起来。造偶是双向的。要学习为了共同的融合，双方都准备作出改变，不仅主动发出着眼对方改变的支持和帮助，而且乐意接受改变自己的支持和帮助。

学习实现择与造的相反相成。择偶为造偶提供了原型，造偶为择偶展示了前景。由于造偶，使爱的双方指向生命融合的潜在的、可能的因素、特性、萌芽等，促其成长壮大为现实，使双方形成耦合生命和声的成长机制。择偶是两个半球的相互寻找，造偶是两个半球的初步磨合。没有择的造，是无基础的造，缺乏造的择是没有前途的择。

2. 学会成长爱

我们知道，爱具有一种生命成长的特质，所以我们需要学习如何成长爱。

（1）学会相爱双方有别相容

学会相互尊重。爱，作为生命的融合，不是一方高位、一方低位的融合，而是两个生命平行和并行的融合。所以，相爱的双方要学会相互尊重，学会承认对方的独立人格。在双方相处中排除或弱化控制性和奴性。

学会悦纳。尊重是对与自己有别的独立人格不予干涉，悦纳是对与自己有别的独立人格的欣然接纳。悦纳的前提是理解，悦纳若无理解来支撑，便是一句空话。同时悦纳意味着接纳一个不完美的存在，因为悦纳是整体性的，而对方作为一个整体性存在总是不完美的。学会了悦纳，也就学会了相爱双方的"和谐共处"。

学会"造气"。这是良好心灵气候的营造。相爱双方，若说尊重为互不干涉，悦纳是相互接纳，那造气就是共同营造爱的气场。造气所造的就是相爱双方相互和共同的认可、鼓励和欣赏的气氛。

（2）学会相爱双方有同调适

同是交融、和谐。它包括共同的人生追求、事业追求以及爱的共识和共同创造。

学会沟通。相爱双方要实现有同，是需要调适的。调适的要素之一就是沟通。我们时时不要忘记，相爱双方是相互独立的两个生命，两个不同的生命要实现融合，实现协同，必不可少的是沟通。沟通，就需要学会双方认可沟通的必需，学会在沟通中，本来相同的、相近的，一拍即合；先前不同的则趋近、趋同；无关紧要之差异糊涂了事；重要之不同存异搁置、以情化之。

学会共鸣。共同的需要强化，相近的需要更近，所以，生命的融合过程少不了共鸣。相爱双方学会共鸣，其实就是学会在共鸣的体验中，强化共同的感受和理解，淡化或转化不同的体验和认识。

学会联动。相爱双方的共同活动是全方位的调适。要学会事业相互支持，家务共同承担，老人共同关心赡养，子女共同抚养教育，生活情趣共同开发享受等等。

（3）学会相爱双方恋爱常在

恋爱不是某一时段的事，而是终身的事。婚前需恋爱，婚后同样需要，我们需要学会保持"新婚常在"、"恋爱常在"。

学会好奇。爱，需要"童心"永驻。外在世界是个谜。相爱双方需要学会相互影响、强化对外在世界强烈的好奇心。对新变化、新信息、新问题抱有极大的兴趣。同时，相爱双方的每一方作为生命都是一个世界，都是一个谜。相爱双方要学会相互抱有强烈的好奇心，以相互尊重、欣赏、悦纳的心境，不断相互探究，不断有新发现、新理解、新尊重和新悦纳。

学会创造。爱，不仅需要好奇来激发，而且需要创新来滋养。相爱双方需要学会靠创造经营爱，以生命融合成长为指向，用事业工作上的创造打基础，以社会交往中的创造立前提，靠家庭生活的创造来充实，经常造就新的惊喜、新的感觉、新的情趣、新的花样，从而不断给爱带来新的活力。

（4）学会相爱双方陈酒更香

酒是陈的香，爱是久的深。生命的融合是天长日久、日积月累的过程和结果，学会陈酒更香同样是成长爱的宝典。

学会磨合。两个独立而又试图统一的生命，需要磨砺才能融合。相爱双方学会磨合，首先需要认可，不是为了分而磨，而是为了合而磨；其次需要了解，磨合不是一时之事，而是一世之事。只有经久，才可能形成相互之间细致入微的了解、强烈持久的共鸣、高度默契的协调。

学会积累递升。爱的空间有极大的弹性。它不仅容得下前述的"生、化、和"的螺旋上升，而且装得下审美和信仰的丰富意蕴。时间的久长，生活的积累，阅历的深厚，感情的丰富，精神的丰厚，境界的提升，都是走向爱的审美和信仰的阶梯。因此，爱的双方学会积累、递升，也就是在踏上一层又一层爱的阶梯。

所以，如果我们学会处理和调适好异与同、新鲜与陈旧这两对矛盾，也就在学会爱的成长。

第三节　爱的信仰

我们会发现，人的交往实践具有无穷的潜力。在它的支撑下，爱的成长在成长指向上，是开放的。爱的现实会成长为爱的信仰，并且会经由个体之爱的信仰、家庭和社区之爱的信仰、民族和国家之爱的信仰的阶梯不断提升。

一、现实的爱与信仰的爱

（一）现实的爱的涌动

1. 交往实践孕育爱的成长

前面我们已了解，爱之根在交往实践。交往实践孕育了爱，孕育了生命的成长性融合。孕育爱的交往实践犹如爱之河流，是常动常新的。爱的双方共同做事，无论是工作上的、社交上的还是生活中的，面对客体的创造和改造活动，实际上是解决主客体之间的矛盾，这种矛盾的解决是常变常新的，旧的矛盾解决了，新的矛盾就又发生了。

同样，爱的双方以共同客体为中介的主体间交往，也是矛盾的发生——解决——发生过程。共同做事、共同生活，共同的客体成为联系双方的纽带，在面对共同客体的相互交往中，一方主动示爱引起了双方相互示爱，两个相异的或矛盾的生命有了最表层的融合，在浅层矛盾解决的同时，进一步的差异、矛盾又发生了，于是，在进一步的交往中双方新的矛盾有可能得到新的解决。

正是在相爱双方交往实践中这种矛盾的发生——解决——发生过程中，爱经历"生、化、和"的螺旋上升成长，经历在学习历练而来的文化素养提升中的爱的成长。而且，这一过程是没有终点的。

2. 现实的爱的冲动和追寻

现实的爱我们都可以经验到，它是具体的爱，对象是个别的，感受是实际的。由于现实的爱直接源于交往实践，而且以生命活动为基本内容，所以有两个方向活动轨迹。一是来路。现实的爱从哪儿来？它来自生命本体内在的冲动。这里不是叔本华的生物本能冲动，也不是老子的阴阳相合冲动，而是交往实践激发生成的，生命突破生理和精神孤独追求生命融合的冲动。这是一种包含生物本能而又不局限于生物本能的生命融合冲动。

二是去向。生命融合冲动包含精神的融合，而精神的特性就是既依存于个别的人而又超越个别的人，因而现实的爱所包含的精神融合的追求，又会带动本来局限于个别对象的现实的爱长上翅膀，飞离个别对象，去追寻超越性的虚幻的爱。

（二）信仰的爱的提升

1. 信仰的爱的萌发

现实的爱的冲动和追寻的"发动机"是人的交往实践，而后者对生命提供的动力又是源源不断的。交往实践驱动的爱的经历——生命的成长性融合——的积累和深化，具有非凡的意义，当然并不是每一个生命都可以进入"非凡意义"的境界。来到世界上的每一个人，作为一个生命都是一个巨大的秘密，都是一个小"宇宙"。相爱的男女双方的爱——生命成长性融合——积累和深化到一定程度，会实现"宇宙"性通融。

起初由于交往实践不竭动力支持的两个小"宇宙"的通融，使双方在对生命奥秘惊奇、呵护、欣赏的体验中，萌发了爱的精神意蕴的追寻趋向。爱的这种精神意蕴包含了真、善、美的元素，即与生命融合规律性相联系的真，与生命呵护相联系的善和与生命欣赏相联系的美。

在爱的活动中，当这种精神意蕴开始居于高位，它可以统摄与爱相关的其他精神，可以指导和规范爱的活动，可以成为人爱意融融的精神家园的时候，信仰的爱也就萌发了。

2. 信仰的爱的升腾

由于交往实践持续的驱动，信仰的爱一经启程，其升腾也就难以止步了。基于两个生命成长性融合的爱而来的真善美的追求，会由个体生命而及群体生命，首先是作为生活共同体的家庭、社区，继而是众多生命赖以生存、生活的民族、国家，乃至整个人类。由整个人类生命成长性融合的爱而来的真善美的——具有超越性的——精神，犹如夜空中的一束手电光芒，照亮了心灵感知的光亮，也照亮了心灵感悟的黑暗。

信仰是什么？信仰是心灵的一种状态。

在心灵的无限虚空和时间流中，光亮与黑暗的融合，是一种大生命成长性融合，这种大爱，包含着与大生命融合规律性相联系的至真，与大生命呵护相联系的至善，与大生命欣赏相联系的至美。

这是人的爱的活动中至高的精神，它统领爱的一切精神，它是爱的活动的根本指导和规范，它是人的生命的爱的无限追求，是人的生命的爱的精神家园。

由现实的爱到信仰的爱，是爱的提升和超越过程，其间，个体之爱的信仰、家庭与社区之爱的信仰、民族与国家之爱的信仰，是三个重要的基础性阶梯。

二、个体之爱的信仰

（一）个体之爱的超越

现实的个体之爱或男女之爱世间很普遍，但是能真正进入信仰境界的却并不多见，当然，随着交往实践的发达，社会文明程度的进步，幸运者会愈来愈多。

而进入信仰境界，也就是步入个体之爱的幸福殿堂。男女之爱是理智和情感综合的有机体。男女之爱的萌发和成长，需要讲理，更需要讲情。当男女之爱进入信仰境界后，男女双方的心灵会获得一种超越性的感悟，形成一种共同的至上的追求，那是一种对基于生命融合的真、善、美的追求。这种追求，在追求人——男女双方——看来，具有至高的价值。

基于生命融合的真、善、美的追求，犹如一道光芒，照亮了现实之爱，照亮了爱情生活。由此，日常爱的生活一下子被看开了，看明了，看透了，因而人的理性和情感也更灵性了。在爱的生活的酸甜苦辣、风雨雷电中，必须讲理的，双方也更容易讲通了，认可了；没必要讲理而需要讲情的，双方也更容易交合了，融通了。

由于这种男女之爱、个体之爱信仰的至上价值的牵引，日常爱的生活价值得以提升。相爱之人有了终生的奔头，这种奔头不为日常的变故——身体的年轻与衰老、工作的进入和退出、生活范围的扩大与缩小、生活内容的丰富和单调——所扰动。因而，爱的日常生活总是兴致勃勃，总是有滋有味，总是有情有趣，尽管也会有矛盾、冲突、烦恼和失意，但都无碍于爱的生活的上扬主流。

（二）进入个体之爱信仰境界的根本途径

进入个体之爱信仰境界，靠什么呢？不靠大师指点迷津，也不靠对什么什么的皈依，而是靠自己。靠自己，就是靠自己身入其中的交往实践。

交往实践成长人和成长爱，同样，交往实践也提升爱。男女双方的交往实践，不等同于男女双方的交往。交往实践中的当事人，是由于"事"这一中介客体而被联系起来的。男女双方或缺乏中介客体从而只是各做各事，或缺少以事为中介的深度交往从而只是卿卿我我，都是很难成长和提升爱的。

不断加深和提升的交往实践，是相爱双方成长和提升爱，从而进入个体之爱信仰境界的根本途径。共同做事——由于社会分工，工作和生活上的共同做事会有程度不同的局限——以及相联系的深度交流，相爱双方会产生对对方生命本质力量的惊奇，会生发对对方宝贵生命的呵护，会萌发对对方自然和精神之美的欣赏。这种惊奇、呵护和欣赏积累的结果，是逐步生成一种与双方有关而又脱离双方的超越性的精神追求，这是一种生命融合性质的精神追求。

如此，就进入了个体之爱的信仰境界。当然，交往实践支撑的信仰境界，是不会停留于与个体之爱的隐隐约约的联系的，它还会成长。

三、家庭、社区之爱的信仰

（一）由生命性超越到生活性超越

从人类的文明史看，在交往实践基础上，人的日常生活轨迹是男女——夫妻——家庭——社区，相应的爱的轨迹为男女之爱——夫妻之爱——家庭之爱——社区之爱。虽然我们现实生活中人的生活次序，是先为人子女感受两代人家庭，再男女、夫妻组建小家庭，再大家庭，但依然与人类的生活轨迹相似，即只有亲身经历了男女、夫妻，才会深入地理解家庭和社区的意蕴。

我们可以体会，从男女个体之爱（包括夫妻之爱），到家庭、社区之爱，是爱指向爱的信仰行程的起点。

人的秘密，爱的秘密，都可以在交往实践中得到说明。交往实践支持着主客体之间的探秘，支持着以客体为中介的主体之间的探秘。交往实践中，个体之爱愈是推进生命融合——就愈是推崇生命融合的精神——也就愈试图超越两个体生命融合，追求更大空间的生命融合。

爱的信仰可以喻为由个体之爱为中心点的一层又一层愈来愈大的无限的球型波纹结构而成，具体看，个体之爱是中心点，个体之爱的信仰就是中心点外围的一球型波纹，而家庭、社区之爱的信仰就是再向外的一球型波纹。所以，从个体之爱的信仰，到家庭、社区之爱的信仰，是走向爱的信仰的起点。

（二）家庭、社区之爱的信仰的特点

家庭、社区之爱的信仰与家庭、社区之爱有所不同。家庭、社区之爱是现实之爱，类别明显之爱。譬如母爱和父爱是奉献包容之爱，子女对父母之

爱为依恋和回报之爱，兄弟姐妹之爱为亲同手足之爱；邻里之爱是守望相助之爱，社区之爱是共同生活之爱。

而家庭、社区之爱的信仰，却是超越之爱，形而上之爱，它追求的是一种精神。与家庭的紧密生活共同体和社区的次紧密生活共同体相联系，家庭、社区之爱的信仰具有自身的特点。

1. 中转性

个体之爱愈深化、愈超越，就愈使家庭社区之爱走向信仰境界。个体之爱信仰基于生命融合的真善美追求，是当事人深谙生命真谛，从而敬仰生命的超越价值，自然首先从生活共同体出发，追求家庭、社区之爱的至上精神。所以个体之爱愈深化，家庭社区之爱愈上升。虽然家庭、社区不同成员之间"爱有差等"，但绝不是人们解释的儒家的"爱之差等"，而是"差等的爱"。爱，是中心，是主线，是魂，这是源自于交往实践，来自于个体之爱信仰的生命融合精神的魂。

同时，个体之爱的信仰，尽管开始有了基于生命融合的真善美追求，但它总或隐或现地拖着一条"小爱"的尾巴。这种小爱具有一定的"自私性"。男女两个生命融合的精神追求，需要终生的时间、丰富的空间和一心一意的专注，这就有了一定的"自私性"从而脱离不了爱之"小"。

家庭、社区之爱的信仰虽然联系着的依然是生活范围的人群，但它一下子突破了"二人融合世界"的局限，追求家庭成员、邻里、社区众多生命融合的精神意蕴，开始走向更大范围的生命融合的精神追求。

所以，家庭、社区之爱的信仰，具有小爱走向大爱的中转性。

2. 提升性

从现实的家庭、社区之爱进入其信仰境界，有赖于一个基础两个通道。一个基础就是交往实践。共同做事、相互交往乃至深入持久的沟通，使当事人逐步深谙生命融合的真谛，从而萌发超越性的精神追求。一个通道是现实的家庭、社区之爱走向信仰境界。这个通道自然是交往实践开发出来的。另一个通道是个体之爱的信仰到家庭、社区之爱的信仰，这是信仰之间的前后连续，其最终基础当然还是交往实践。

当我们进入家庭、社区之爱的信仰的境界时，现实的家庭、社区之爱会持续地得到提升。由于现实中的家庭、社区之爱与生活、共同生活交织在一起，所以其行程是相当坎坷的。尽管至上精神不能解决所有现实问题，但是，它可以照亮家庭、社区之爱的现实问题和行程。当人们开始明了和接受家庭、社区之爱的信仰，知晓生命融合在这种精神境界里成长的至上价值，并追随其后的时候，家庭、社区之爱中的诸多困惑、两难，会出现全新的化解和转化的视域、角度和路径，会出现超乎寻常的爱心、决心和耐心。由此，家庭、社区之爱也得以提升。

四、民族、国家之爱的信仰

（一）从现实性超越到空灵性超越

1. 命运主宰之爱

如果说家庭、社区是生活共同体，那民族、国家就是命运共同体。人类社会发展到当前时代，民族、国家作为人类中竞争与合作的基本单元，承担着其成员基本生存、生活保护的重大责任，从而构成其成员的命运共同体。所以，人不能没有祖国。民族、国家不似家庭、社区影响其成员的日常生活，而是决定其成员的社会命运。

民族、国家之于成员，比之于家庭、社区之于成员，关系间接了，但主宰力强了。在家庭、社区之爱中，成员之间的爱以及成员与家庭、社区共同体的爱旗鼓相当。而到了民族、国家之爱，成员与民族、国家共同体之间的爱，强大于成员之间的爱。成员爱民族、爱国家，是一种仰视的爱，崇高的爱，是一种命运为其主宰从而甘愿为之奉献且充满豪情的爱。

2. 现实性超越

民族、国家之爱，是从成员与这个实在而又虚幻的——军队、监狱、权力机构等的实际存在，和不完全等同于此的共同体权威等虚幻存在——共同体的不断交往实践中生发的。由于交往实践的积累性进行，民族、国家之爱上升到信仰境界。

这种上升具有非凡的意义。它使现实的民族、国家之爱中就已存在的仰视性、超越性成长了，将现实的超越升华为现实性超越，从现实的民族、国家之爱超越为民族、国家之爱的信仰。这是一种个体生命与民族、国家大生命融合的真善美的精神追求。这种追求开启了大生命融合精神追求的行程。

3. 空灵性超越

民族、国家之爱的信仰境界的进入，意义远不止于其自身。民族、国家作为一个生命体，具有现实和虚幻两重性。与此相联系的爱的信仰也就具有现实性超越和空灵性超越的双重性。一方面，它是对现实的民族、国家之爱的现实性超越，另一方面，它又是指向更大的生命的超越。

如前述，信仰是心灵的一种状态。人的心灵是无限的，在交往实践支撑下的心灵世界中，个体生命既然开始了与民族、国家大生命融合的精神追求，也就不会止步于此。接下来，它会追求与整个人类，乃至整个宇宙大生命融合的精神。

因此，这里的超越已经指向了无限，指向了虚空，从而成为一种爱的空灵性超越。

（二）由痛苦的爱到幸福的爱

由个体的爱的信仰到家庭、社区之爱的信仰再到民族、国家之爱的信仰，是联系于现实的爱而又超乎现实的爱的成长过程，也是由痛苦的爱到幸福的爱的成长过程。

1. 入乎其中和出乎其外

不同于柏拉图的"理想的爱"，不同于老子的"出世的爱"，不同于宗教的"上帝的爱"，也有别于儒家的"修身的爱"，马克思交往实践基础上的爱，是入乎现实的爱之中，又出乎现实的爱之外的。

无论个体之爱的信仰，家庭、社区之爱的信仰，民族、国家之爱的信仰，还是超乎人类的大生命的爱的信仰——由于交往实践为不竭动力源，为基础性支撑——首先是"在世"或者"在场"的。信仰之光不是遮蔽而是照亮现实之爱。由于信仰，个体之爱、男女之爱、夫妻之爱，才会爱得深沉、长久和坚持不懈；家庭、社区之爱，才会爱得温馨、和谐与争而不散；民族、国家之爱，才会爱得忠诚、豪气和无怨无悔。

其次是"出世"或"离场"的。信仰之光不是局限而是引领现实之爱。还是由于信仰，爱中的生命得以超越自身生命的有限，而插上向无限飞翔的翅膀，人的生命的爱，这一由交往实践创造的奇迹，得以从光亮飞向黑暗，从而使黑暗也变成光亮。

如此，爱的入乎其中和出乎其外，使俗世的痛苦的爱转变为现实的幸福的爱。

2. 从"我需要"到"需要我"

现实的爱的开端，往往是"我需要"。这是在交往实践中，共同做事、相互交往、深度交流中，生成的从我出发的爱——人的生命的成长是从"认识你自己"开始的——还只是一种较低层次的爱。

随着交往实践的扩展和加深，开始感悟到对方需要我，家庭、社区需要我，民族、国家需要我，这样的爱，其层次明显开始提升了。而只有到了爱的信仰境界，那种生活融合的至真、至善、至美精神，需要我为之仰慕、为之奉献、为之创造时，爱的活动才真的进入了至高的境界。

而这种至上精神的"需要我"，又照亮和引领现实的爱中的"需要我"。当生命无论在现实还是在信仰中一直"被需要"时，它就变得无比强大了。

所以，人作为生命体，作为在交往实践中不断成长的生命体，在爱的信仰的光芒中行进的爱之路，会是一条幸福之路，尽管路依然坎坷。

第三章

社区透视

我们已经了解，影响我们日常生活幸福的内在因素，是爱和社区。当我们思索了爱的本真之后，接着来探索社区的奥秘，自然会在日常生活幸福的道路上继续前行。

我们试图在社会互动和微社会结构的视域，循着历史的足迹、沿着社会学家的心路走一程，在此基础上，展开我们的思索，透视社区的奥秘。

第一节　社区涵义的演变

我们发现，在社会学家前后相继的探寻中，社区本质的界定经历了从精神共同体到地域共同体的演变过程，而此也恰是对社区实际生活社会互动和微社会结构演变过程的理性回应。

一、精神共同体

（一）生存共同体的历史脚步

我们在历史中看到，人类群体定居生活的开始，也就是人类社区生活的发端。远古农牧业时代人类社区生活的形式是乡村村落。随着手工业和商业发展以及城市的出现，城市社区就开始与有着久远历史的乡村村落共存了。

作为近代划时代的事件，18 世纪发端于英国的工业革命及随之确立的资本主义生产关系，不仅改变着社会的经济乃至政治结构，而且在愈来愈广的地域直至全球范围，造就着更为典型的现代城市社区——人类新的生存共同体形式。在这样的共同体内，由于利益关系上升为人与人之间最主要的关系，在先前和同时代的乡村那种简单交互关系基础上，人与人之间亲密的情感纽带在这里已经断裂，在新的日益复杂的交互关系基础上，人与人之间、人与群体之间以及群体与群体之间新的生活和精神纽带开始发育、成长。显然，在社会生活演变过程中先后出现的两种明显不同的生存共同体，开始摆在当时的人们包括社会学家的面前。

（二）社会学家滕尼斯的回应

对前述社会日常生活历史性变化作出开创性回应的当数德国社会学家滕尼斯。1887 年，滕尼斯的著作《社区与社会——纯粹社会学的基本概念》应运而生。

在此著作中，滕尼斯建构起"社区——社会"的理论分析框架来诠释人类社会历史的变迁，其着眼欧洲社会工业化这种历史性变化，从宏观上将人类社会发展历史分为从社区到社会的两个阶段。他以乡村为实际对象，将"社区"界定为有亲密关系的共同体，即在共同的价值观和情感引导下，基于其组成人员的本能、习惯以及与精神有关的共同记忆而建立起来的团体。在这一共同体中，人们之间是守望相助、密切并且相对狭隘的生活关系。而以城市社区为对象的"社会"，则是工业化和资本主义的产物，表现为人们之间亲密感情流失，而以契约为联结机制、以感情中立和个人主义为基础建立起的团体，人际关系完全建立在理性意志之上。正如滕尼斯所言："在共同体里，尽管有种种的分离，仍然保持着结合；在社会里，尽管有种种的结合，仍然保持着分离。"[①] 因此，在滕尼斯看来，"社区"与"社会"是相对立的，它的本质是注重情感归属与传统认同的精神共同体。

（三）滕尼斯"探寻"的意义

我们可以确认，滕尼斯对社区本质的探寻，有着开创性的意义。首先，它为人们探索社区的历史性变迁开辟了新路。他将从乡村到城市两种在社会互动和微社会结构上有着巨大差异的生存共同体的变动，视为人类从"社区"到"社会"的必然历史过程，为后人探索社区的历史性变迁开辟了新路。

其次，为社区本质探寻开启了思路。社区本质的探寻动力是这种探寻的价值。依我们现在的感觉，正是在乡村生存共同体到城市生存共同体的历史性变动，以及城市生存共同体出现的问题、困惑中，滕尼斯以社会学家的特有眼光，发觉了人类生存共同体本质探寻及规律研究的巨大价值，进而将乡村和城市生存共同体分别概括为"社区"和"社会"。尽管以我们现在的眼光，滕尼斯所谓的"社会"亦是一种社区，但他的探索确实为其同时及后来人们对社区本质的探寻，提供了价值前提和前行开端。

---

① 参见（德）滕尼斯著：《共同体与社会》，林荣远译，商务印书馆 1999 年版。

二、地域共同体

（一）西方社会学界的探寻

如果说滕尼斯最早界定的"社区"概念是对传统农村生活形态的概括的话，"社区"涵义的第一次转变应该是社会学家将研究的焦点转向城市空间的时候。转变的标志性著作，当属英国社会学家麦基文 1917 年发表的《社区：一种社会学的研究》。他将社区本质视为人类在其中共同生活的区域，这个区域可大可小，村庄、小镇是社区，城市、国家乃至整个地球也可以被看做是一个社区。如此，对社区的界定由先前的"组织"论进入到了"区域"论。

我们看到，随着社区研究中心转移到美国，形成了专门的学科——社区社会学。以帕克为首的芝加哥学派以其区位学理论为基础，将"社区"本质界定为社会团体中人和社会制度的地理分布。帕克在讲到社区特征时提到：社区的特征之一是"占据了一块或多或少被明确限定了的地域上的人群汇集"。对社区地域性特征的研究从此被逐渐加强，社区的意义在一定程度上转变为城镇中的一个概念。[①] 与此同时，1929 年林德夫妇的城镇全貌研究《中镇》，抽象出了城市社区中应当有或者发展出的社区的内涵，亦即人们所生活的社区是一个区域网络，生活于其中的人们分享城市社区的空间和资源。

之后在对社区研究的过程中，学者们逐渐对社区内涵形成一种共识。从学者们对社区研究的诸多概念中，几乎都可以抽象出社区的基本特征：人口、地域、社会互动和共同的依附归属感。

显然，这些界定与滕尼斯提出的社区概念相比，内涵和外延都发生了很大的变化，社区概念指谓的社区，已经是功能多样、结构复杂、内涵丰富的地域性共同体了。

（二）中国社会学界的努力

中文的"社区"一词是辗转翻译而来的，它经历了从德文的 Gemein-schaft 到英文的 Community，然后到中文的"社区"的语言旅行过程。"社区"一词是在 20 世纪 30 年代经美国"转口"引进中国的。20 世纪 20 年代，即第一次世界大战以后，美国的社会学家把滕尼斯的社区（Gemeinschaft）译为英文的 Community，并很快成为美国社会学的主要概念。1933 年，费孝通等

---

① 参见 R.E·帕克等著：《城市社会学》，宋俊岭等译，华夏出版社 1987 年版。

燕京大学的青年学生，将英文单词 Community 翻译成"社区"一词，"社区"逐渐成为中国社会学的通用语。

在早期的社区研究中，社区被看做是大社会的缩影。吴文藻早在 1935 年就撰文《现代社区实地研究的意义和功用》，指出了社区包括的三个要素：（1）人民；（2）人民所居处的地域；（3）人民生活的方式或文化。费孝通也指出："以全盘社会结构的格式作为研究对象，这对象不能是概然性的，必须是具体的社区，因为联系着各个社会制度的是人们的生活，人们的生活有时空坐落，这就是社区。"① 从早期吴文藻和费孝通对社区的界定可以看出，中国早期的社区概念是融合了滕尼斯的情感意义和芝加哥学派的地域含义形成的。

新中国成立后，政府从 1951 年 11 月至 1953 年对高等教育进行改革，全国 20 个社会学系被取消，社区的研究也从此中断。从 1979 年社会学恢复重建至上个世纪 80 年代末，中国社会学界关于社区的研究依然体现的是中国早期社区研究的观点，在强调情感联系的同时亦注重其地域特征。

改革开放之后，随着现代化进程的加快，社区服务乃至社区建设逐渐兴起，带动了学术界关注并深入研究社区问题。国内学者对社区的界定尽管存在不少分歧，但一般都包括地理区域和共同生活关系这两个特征。如陆学艺等提出，社区是指"聚集在一定地域范围内的社会群体和社会组织根据一套规范和制度结合而成的社会实体，是一个地域性社会生活共同体"②。

（三）"地域共同体"探寻的启示

滕尼斯之后，中、西方对社区本质的探寻，可以说是八仙过海，各显其能，对社区本质的界定形形色色、五花八门，不下上百种，但对社区本质的界定，归结起来大体属于地域共同体。社区本质的这种探寻，引发我们以重要启示。

其一，"地域"只是生存共同体的功能承载平台。"地域共同体"概念指谓的是城市社区，与乡村不同，生存共同体所在的地域，并不是依自然环境的"宜居性"因循而成，而是作为产业、贸易等经济活动配套生活功能承载平台，人为规划而成的。

其二，社会互动和社会微结构的复杂化。作为"地域共同体"构成的不同主体之间的互动，较之于精神共同体内各主体之间的互动复杂得多，除了

---

① 费孝通. 乡土中国生育制度 [M]. 北京：北京大学出版社，1998：91.
② 陆学艺. 社会学 [M]. 北京：知识出版社，1996：210.

语言交流、身体感官交流，借助于其他媒介的交流大为增加。而且，家庭、楼宇、小区等社会微结构，较之乡村也明显复杂化。

其三，地域共同体孕育着冲突。地域共同体突出的是辅助经济活动的生活功能，共同体内各主体之间的互动，尽管成长着交换、合作，但是与利益自主、感情中立相伴随的，是冲突、竞争的孕育。

三、社区的本质性要素

在从精神共同体到地域共同体的社区本质的探寻中，社会学家自然要探索社区的本质性要素或特征。乔治·希拉里在综合比较 94 种社区概念时发现，地理区域、共同关系和社会互动是社区的三个基本特征。[①] 联合国 1955 年的《经由社区发展促进社会进步的报告》中提出的十项原则认可了这三个基本特征。除此之外，人的因素和功能的因素是公认的社区生活的本质性要素，综合起来人口要素、地域要素、功能要素、社会互动、共同关系等构成社区的五个不可或缺的本质性要素。

（一）人口要素

具有稳定的社会交往关系的一定数量、质量的人群即人口是构成社区的主体，人口是社区形成和存在不可或缺的因素。社区人口的职业、教育、性别、年龄、民族、流动状况等，以及在此基础上形成的人的不同的人文素养、社会地位和生活方式等主体差异是社区类型的重要标志。当然由于人口的结构、居民的意识、行为的习惯等等都与社会环境相关联，并随着社会环境的发展变化而变化，处于动态之中，因而人口要素在社区生活中的作用从来不是孤立的，必然与其他要素相结合。

（二）地域要素

地域是人口进行社会生活、从事各种社会活动的场所，是人们的基本生存空间，因此现实中的生活社区都是以一定的区位来划分的。地域要素实际上是在空间关系上，表征一个社区在特定地域中经济、社会等资源在分布中的地位。对于社区地域的范围很难确切规定，可能是一个自然区域，也可能是一个行政管辖区域。在中国，人们往往将社区的地域范围和行政区划联系起来，城市以街道为单位，农村则以乡镇为单位划分社区。当然以地域要素

---

① George A. Jr. Hillery. Definitions of Community: Areas of Agreas of Agrement [M]. Rural Sociology, 20, 1955: 118.

为中心的研究一般分成两大类：一类是自然的，一类是人文的。自然的地域要素对社区的影响有资源的性质、资源分布与变化的影响、社区的位置、气温、地势与地形、生态平衡及气候等。① 更多的地域要素为中心的分析则强调人文因素，从关注空间格局到关注格局中发展出来的，以各个不同群体的相互依存为基础的共生关系，进而探讨社区和社会的变迁。

（三）功能要素

人类之所以选择社区生活的聚居方式，是因为人们可以通过社区的合作得到若干的利益和保障，这个目的的实现就是功能的实现。② 于显洋从经验的角度把社区的功能分为一般功能和本质功能，一般功能包括经济功能、政治功能、教育功能、卫生功能、福利和服务功能、娱乐功能和宗教功能等七类；本质功能包括社会化功能、社会控制功能、社会参与功能、社会互助功能等四类。③ 认识社区功能对于社区发展极为重要，几乎每个国家和地区的社区发展计划都是建立在对社区功能的认识的基础之上的。目前学者们对社区功能的研究主要集中于功能需求、功能实现和功能替代，致力于一般规律的发现和具体问题的解释。

（四）社会互动

社区居民的社会互动过程也是社区特征的一个重要方面，它是人们对他人采取社会行动和对方作出反应性社会行动的过程。社区居民之间、居民与群体之间、群体与群体之间以各种形式进行着相互依赖性的社会交往活动，合作、竞争、冲突、强制、顺应等互动过程恰是社区本质的体现。

（五）共同关系

构成社区的任何要素都以彼此间的共同关系联系在一起，社区的变化就是不同要素的联系状态的变化。二十世纪以来，学者们一般从以文化要素为中心的共同关系、以权力要素为中心的共同关系、以社会体系为中心的共同关系等角度关注社区特征。以文化要素为中心的社区研究，强调文化认同和居民价值观念对社区空间布局和变迁的影响。但由于文化无法孤立地表达，文化要素要在对其他要素的描述中表达出来。以权力要素为中心的共同关系可归结为两类：一类强调社区的传统权力结构，依经济、社会地位而分，称

---

① 于显洋. 社区概论 [M]. 北京：中国人民大学出版社，2006（1）：29-185.
② 刘玉东. 二十世纪后社区理论综述——以构成要素位视角 [J]. 岭南学刊 2010（5）.
③ 于显洋. 社区概论 [M]. 北京：中国人民大学出版社，2006（1）：41-43.

之为精英论；一类强调社区的现代的权力结构，依对社区参与的状况而定，由各类团体所形成，称之为多元论。

在关注以社会体系为中心的共同关系学者们看来，社区即为集中于某一地方而又比较持久的互相交织的社会关系。社区的主要体系由家庭、政治、经济、教育、宗教、社会、卫生、福利及娱乐等副体系所合成。社区体系与正式的组织体系不同，因为社区内的各种组织与制度虽然相互依存，但彼此间并无直接的从属关系或支配力量，因而其内部是一种平行的互动。重协调合作是社区工作的基本原则。①

第二节　社区理论的变迁

随着社会现代化的进程，社区生活在日常生活幸福中的权重快速提升，社会学家和其他思想家，将研究的目光聚焦于社区活动规律。从探究的行程着眼，我们发现，中、西方经历着不同的路径。

一、多元化的西方社区理论

从滕尼斯以"社区—社会"理论主动回应社区生活重大变化肇始，西方社会学界主动回应、追随和预测日益复杂化的社区生活，尤其是城市社区生活，其关于社区的理论研究呈现多元化的趋向，但归纳起来可以发现，不外乎精神共同体和地域性社会两大视角

（一）"精神共同体"视阈下的社区理论

如前述，滕尼斯最早提出"社区"这一概念是赋予了其精神共同体的涵义的，在此研究路径下，学者们聚焦社区居民的归属感、成员共同情感和邻里关系探讨社区的命运，形成了颇具代表性的社区失落论、社区继存论和社区解放论等。

1. 社区失落论

以齐美尔和沃思为代表的社区失落论，在比较城市和农村生活的基础上指出，社区在城市社会失落的表现在于媒介与纽带的变化，以及随之而来的人际关系的变化。首先，在讲求高效率的城市社会，复杂社会组织的运转和高度理智的社会活动的顺利进行，都有赖于金钱这种新的媒介，这种媒介取

---

① EdwardO. Moe. Consulting with a Community System：A Case Study ［J］. Journal of Social Issues, 1959 (15).

代了农村社会即传统社区生活中的情感纽带。这种变化同时改变了农村生活特有的稳定、平缓，令居民心理负荷加大。

其次，人口高度集中的城市社会异质性明显增强，文化上的巨大差异淡化了农村社会人与人之间的人情味儿，城市人以短暂的、非人格化的次属关系取代了社区中原本亲密温馨的首属关系，彼此间的距离加大，不再互相信任依赖，竞争与冲突加剧，所有人际关系都浓缩、变异为金钱计算关系，社区因此而失落。

2. 社区继存论

社区继存论以刘易斯和甘斯为代表人物，他们都通过对城市移民的研究，得出现代城市中仍然有社区生活存在的结论。刘易斯是在研究了墨西哥市的墨西哥村民移民后发现，移居到城市的村民其原来的人际关系和生活方式，并没有因城市的影响而发生太大变化，这些生活于大城市的人，仍保留着他们社区式的互信互助的生活圈子，圈外的陌生世界没能将他们的精神世界和行为方式异化；甘斯随后在他的《城市村民》一书中对其所研究的波士顿西区意大利移民的生活进行了描述，对刘易斯的研究进行了肯定。进而，甘斯认为城市生活方式并非源起于社区失落论者所认为的人口高度密集和异质性，而是另有原因。

3. 社区解放论

社区解放论的代表人物是费舍尔、韦尔曼和雷顿。1975年，费舍尔在他的《城市性的亚文化理论》一文中指出，人心理上的孤独与疏离感，是因为他们在社会生活中所必需的，相互之间的关心和帮助得不到满足而产生的，人际关系中的这种相互依赖性，对每个人来说都是必不可少的；1977年，费舍尔在其出版的《社会网络与场所：城市环境中的社会关系》一书中，将这种相互依赖性系统表述为"社会网络"，并进一步阐释了社会网络的形成过程，及其对城市居民生活的作用。他指出居住在非临近地域的居民亦能够通过共同的价值观、共同的兴趣爱好等，形成属于自己的社会关系网络。而韦尔曼和雷顿则在总结以往城市社会学家社区研究的主要特点后提出，20世纪70年代之前的研究一直局限于对地域邻里关系的研究，将其作为社区研究的唯一基础，甚至认为因空间接近形成的群体关系的纽带是社区生活和人际关系的全部。因而，这种研究导向致使以往的研究，忽略了"社区"这一概念内涵中其他方面的属性和内容。

（二）"地域社会"视角下的社区理论

一般认为，1917 年英国社会学家麦基文的《社会》一书问世，标志着"社区区域"论时代的开始。帕克和伯吉斯等芝加哥学派的学者们所创立的人文区位学理论，则将社区的"地域社会"研究成熟化。人文区位学理论提出三大经典城市空间结构模型：1925 年伯吉斯的土地同心圆、1936 年霍伊特的扇形模型、1945 年哈里斯和乌尔曼的多核心模型。帕克和伯吉斯明确地表示从长远观点来看，地理因素和竞争过程决定了社区的边界划分及中心地的位置，伯吉斯形象地称之为同心圈。霍伊特在伯吉斯土地利用原理的基础上，进一步提出城市生长不是通过扩展同心圈而是沿着交通线从中心商务区（CBD）向外辐射。哈里斯和乌尔曼的多核心模型，没有强调竞争决定有效的土地利用的传统观点，而是致力于复杂的、无中心的城市结构和生长。这类分析方式因为关注城市的空间格局，以及格局中发展出来的以各个不同群体的相互依存为基础的共生关系，因而对观察城市的变迁以及进行社区设计有很大帮助。

20 世纪 70 年代，桑德斯在其《社区论》再版时增添了社会场域理论的内容。较之区位理论，场域理论更强调社区的社会要素而非自然要素，认为社区是一个社会行动与互动的场域，即交往的场地，各组成部分都对彼此发生影响。因社区为交往场地，那么社区里的人们都是作为个体的行动者出现的，社会场域也就是动态的，时刻处于变迁中。在此基础上，有的学者对社区提出了一种非疆域特殊见解，在很大程度上为后来的网络分析提供了基础。社会场域模式为解决社区问题、促进社区发展开辟了另一种有效视角。

二、中国社区理论的主要研究视角

我们注意到，与西方社会学界有所不同，伴随着改革开放以及社会转型，中国学界的社区理论研究处于"被动语态"，在城市社区服务和建设的实践面向上"被呼唤"，在西方社区理论研究潮流面向上"被拉入"。当然，相对西方社区理论发展，后起的中国社区理论研究，进步还是比较快的，近年来研究关注点主要集中在社区结构、社区功能以及关系整合。

（一）社区结构的研究

实际上，社区的结构是国家与社会关系的缩影，受宏观制度背景的影响和制约，探讨社区的地位及其结构可以从国家与社会的关系入手，近年来中国不少学者对此进行了尝试。

许多学者出于对社会转型时期"强国家—弱社会"格局的批判和反思，提倡运用多元主义的价值理念对社区建设进行目标定位，认为社区建设是国家与公民社会分野的契机。研究中主张街道政府的权力应该转为对社会负责，应该代表地方社区的利益，走向社区自治；认为正在形成和发展中的城市社区具有"非国家化特征"，是具有中国特色的民间社会。但越来越多的研究发现，转型社会中的国家与社会的关系实际并非如此简化，国家与社会之间并没有明确的分界，虽然社会的力量在逐渐增强，国家的作用仍然占据主导地位，因此，在中国应该提倡"合作主义"，即社区自治组织与政府合作，共同治理城市。

（二）社区功能的研究

随着经济体制转型的深入，单位制日渐衰落，原来由单位承揽的诸多社会功能逐渐从单位中剥离出来，回归社区，社区因此而成为国家控制和管理社会的组织载体，被厚望承担多种功能，循此，社区功能的研究亦成为社区研究的重要理论视角之一。

一些研究认为，社区功能的发挥需要一个培育的过程，需要国家与社会合作为其创造条件。从社区建设的角度看，目前社区最根本的功能是建立现代公民社会，从而社区管理模式需做出相应改变。

在对于公民社会培育中社区建设作用的探讨中，学者们多将公民社会作为一种建构模式，分析以社区为平台和载体发育公民社会的可能性及其现实形态，认为在社区建设背景下所构建的公民社会有别于西方，是一种典型的政府主导型的公民社会，具有官民二重性。在社区建设中存在的问题与公民社会发育的关系探讨中，学者们发现，社区建设中存在的主要问题，表现为国家权力与社区自治权力的衔接不顺，政府组织包揽社区公共事务过多，政府仍在社区事务的决策中起决定性作用。而这些问题之所以存在，不少学者认为是因为社区发展过程中国家与社会力量发展不均衡，公民社会发育不足，社区自治组织和社会中介组织尚不完全具备公民社会组织的特点，社区建设缺乏参与社区管理和社区决策的自下而上的动力机制。还有学者注意对作为公民社会萌芽的社区自治组织进行实证调查，考察公民社会组织在中国的实现形态。

关于社区管理模式的研究主要集中于社区治理的必然性，以及社区治理与公民社会之间的相互依存关系两个方面。徐中振认为，当代中国社会结构发生了最深刻的变动，由原先行政一体化的结构向着政府（公域）、市场

（私域）和社会（第三域）并存的结构体系转变，应该引入"社会治理"理念。① 俞可平认为，善治表示国家与社会或者政府与公民之间的良好合作。同样，公民社会的发育也需要社区治理为其创造制度空间和结构条件。社区治理结构的形成过程，是政府与社会分权的过程，也是一种新的公民参与网络形成的过程。社区治理的主要内容是通过社区居民的互惠行动，合作提供公共产品，超越集体行动的悖论，这也正是公民社会的本质所在。②

（三）社区内部关系整合研究

社区之所以备受居民和学者的关注，主要因为它是日常生活中，实现人际关系整合的重要方式和途径，而我们现实社区生活中，社区意识和社区归属感却严重缺失。因此，探讨社区内利益群体之间的关系，促进社区内部成员间关系的整合，已然成为国内学者们关注的焦点。

首先，社区阶层化。社区建设的目的是为社区成员创造彼此了解和认同的条件，进而促进社区关系的整合。随着社会结构的分化以及市场化的发展，住宅社区开始出现阶层化的趋势，社区的阶层化不失为一种有效的实现社区整合的途径。徐晓军认为，经济收入差距日益增大并成为社会分层的中轴，是阶层社区形成的基本条件，土地区位优劣决定的住宅价格多样化，使阶层型社区成为可能，住宅的商品化、市场化是阶层型社区形成的动力机制。另外，李强认为，当前中国的社会阶层结构出现了定型化的趋势，阶层之间的界限逐渐形成，具有阶层特征的生活方式和文化模式也逐渐形成，例如不同阶层选择优劣不同的住宅社区聚群而居，以求安全感、社交的便利和一种共同的文化氛围就是一个典型的表现。

其次，社会资本重建。社区建设不仅包括完善社区公共设施、美化社区环境等内容，更重要的是还有对社区情感和社区意识的培育，但是在社区建设中社区参与的缺乏以及社区意识的淡薄，已成为一个非常严重的问题。忽视社区精神内核的发育，社区建设不可避免地会遭遇到无法持续发展和缺乏动力源泉的困境。面对社区建设的这一困境，越来越多的学者开始关注社会资本对于促进社区情感的作用，社会资本这一理论范式逐渐成为研究如何实现社区发育、增强社区意识的具体的分析框架，包括探讨社会资本的创造对于社区内部人际关系整合的促进作用，以及将重建社会资本作为社区建设的

---

① 徐中振，徐珂. 走向社区治理 [J]. 上海行政学院学报，2004，(1)：66.
② 陈伟东. 社区治理与公民社会的发育 [J]. 华中师范大学学报，2003，(1)：27.

目标模式之一等。

第三节 社区的秘密与"单位制"社区

在中国语境下，参考学界的探索路径，从我们选择的社会互动与微结构视域着眼，我们可以发现和解析中国社区的秘密，进而解析中国式的"单位制"社区，为后续研究奠定基础。

一、社区的秘密

（一）探索社区秘密的两个维度

我们生活于其中的社区，尽管离我们很近，但"只缘身在此山中"，所以"不识庐山真面目"。我们有必要从两个不同的维度，来揭开社区的层层面纱。

1. 从社会发展趋势观照社区

从社会发展趋势观照社区，夏学銮先生的观点很有启发。他说，"用滕尼斯的'社区'和'社会'二元分析架构来分析当今世界范围内的社会发展趋势依然有效。如果说20世纪的人类，是从'社区'迈向'社会'即社区社会化发展趋势的话，那么21世纪的人类则是从'社会'回到'社区'即社会向社区化发展的趋势"①。确实，在社会发展的视野考察可以发现，藤尼斯的二元分析，既揭示了工业化、城市化、现代化带来的由农村"社区"到城市"社会"的发展趋势，也揭露出现代化造成的人与人心理疏远、陌生，心灵孤独的弊端，又昭示了解决这种弊端的方向和路径。可见，社会发展、人的发展是累积性的，由现代化而来的弊端的解决，需要在现代条件下汲取传统社会的营养。社会社区化，即用传统社会的社区精神、社区原则，来发展和建设现代城市社会或城市社区，找回人类失落的精神家园，既是从发达国家到发展中国家的现实，也是全球现代社会或城市社区的发展趋势。

在这种以人的日常生活为基本内涵的社会发展趋势中，我们清晰地看到，社区对于我们的意义是：回应工业化、城市化、现代化而来的日常情感、精神匮乏问题，回应"市场失灵"、"政府失灵"而来的社会问题，为解决社会冲突、化解人际关系矛盾、宽慰现代人的心灵孤独，提供不可或缺的"场域"和路径。

---

① 夏学銮. 中国社区建设的理论架构探讨 [J]. 北京大学学报，2002，(1).

2. 就社会功能性结构变化审视社区

学界的研究表明，在社会现代化发展过程中，社会呈现功能性结构分化，社区作为与市场、政府分立的"第三场域"发挥社会调理、润滑作用，而且社会功能性结构分化的最终趋向是，政府供给公共产品，市场供给私人产品，社区供给半公共产品。①

显然，社区的功能是政府和市场不能代替的，尽管可能经历复杂的成长过程，但就功能分化发展的趋势而言，社区愈来愈担负着半公共产品供给的功能。

所以，无论社区成员还是社区组织甚或社区整体，并不仅仅是相应产品和服务的享用者，而且还是社区服务的重要提供者。

（二）社区的秘密

社区的秘密是什么？在社会学意义上，大多学者从共同关系、社会互动、地理区域等要素来分析。我们由前述维度来推论，社会现代化发展过程中，作为聚居在一定地域范围内的人们所组成的社会生活共同体的社区，其秘密是实现两个"良性互动"：其一，社区内部不同主体之间良性互动，既自立、自主又互助互信，既享用，又奉献；其二，社区外部，依托市民社会，与政府、市场良性互动，既恪守生活和精神家园，又与政府、市场实现竞合。

从中国的实际状况看，城市社区的秘密在于培育三个生长点：

1. 建构一种特殊的社会功能性结构

我们可以了解，在社会现代化发展过程中，社区作为与市场、政府分立的"第三场域"发挥社会调理、润滑作用，这一点，中西方是共同的。但是，基于中国社会结构自身的演变轨迹，其城市社区不会也不应当直接成为如西方发达国家那样的与市场、政府分立的独立要素，而应当建构为与市场、政府逐步分立相对独立的过渡性要素。

同时，社会结构演化的一般轨迹通过中国特有的传统、习惯和待发展状况的渗透，也会呈现出独有的特征。由于臣民境遇的历史传统惯性，政治权威追随的近代传统影响，控制和依赖为特征的单位制作用等等，使大多居民作为社区半公共产品的需求者有余，而作为社区半公共产品部分提供者尤显不足。对于有形的诸如公共设施、生活环境、安全保障等，无形的诸如社区归属感、认同感、社区氛围、社区内外关系等半公共产品，居民以集体行动

---

① 陈伟东. 社区自治·自组织网络与制度设置 [M]. 北京：中国社会科学出版社，2004.

对该类产品提供的习惯和"能力",都还处于待培育、待发展阶段,而且应该直接提供相当部分半公共产品的社区种种社会组织的"发育"亦尚待时日。

因此,中国城市社区在相当时期难以完全承接企业和政府应该转移出来的半公共物品供给功能,我们可以将其建构为一种特殊的社会功能性结构,一种与市场、政府逐步分立且能够实现良性互动的实体要素。

2. 建设一种特殊的生活共同体

如果说西方发达国家社区主要呈现为居民间的紧密互动、协作系统,那么中国城市社区可以建设为地域结构、区位结构和人际互动体系统合,并逐步实现向人际互动系统为主过渡的生活共同体。之所以如此,除了受历史上行政区划的影响,因而社区成为兼有社会和地域的空间载体这一原因外,单位制的影响也不容忽视。中国城市社区除了半郊区社区和(高收入阶层)混居式社区外,相当部分是单位制社区,这种社区居民在相当时期内与单位关系仍较紧密,一些半公共产品还要靠单位提供,短时间内难以形成居民作为主体的相互之间良性互动的伙伴关系(后续内容会展开分析)。

3. 发挥"强政府"特殊的支持与管理功能

我们知道,现代社会市场、政府、市民社会三元分立互动,"小政府"、"大市场"、"大社会"是不可避免的,中国市场和市民社会的发展过程也是政府逐步让渡权力的过程。然而,在社区发展过程中,需要"小政府"而不是"弱政府",在中国,尤其需要一个"强政府"。

其主要原因在于,与市民社会发育滞后相联系,社区内外良性互动的发育,尤其在起始阶段主要依赖政府"自上而下"的"拉动"。西方发达国家的社区,是作为市民社会的组成部分,基于市民社会发育比较充分的基础,非政府组织和非营利组织的支持,在与政府的上下互动中发展起来的。

中国有所不同,虽然也已基本形成政府、市场和市民社会三元社会结构,但以非政府组织和非营利组织为代表的市民社会并未充分发育,因而作为市民社会组成部分的社区,由于缺乏超越社区的非营利组织的支持,缺乏社区内民间组织之意愿汇聚表达和权利主张功能发挥,导致社区发展、居民发展乃至内外互动的需求"推动力"先天不足。

因此,社区内外良性互动的发育特别需要政府有力的支持,需要政府对市民社会、市场、政府三元互动的强有力引导,需要政府对社区内居民、组织等不同主体多元互动的有效引导,需要政府对市民社会大环境营造的强有力支持，需要政府对社区资金、物资、政策的强有力支撑，需要政府对社区居民市民意识、能力以及民间组织发展的强有力培育。

其实，在中国，不仅在社区培育阶段需要"强政府"的引导和支持，即便将来社区强起来了，依然如此。这是因为现代社会发展，尤其中国城市社区制度变迁特有的"路径依赖"，在持续实现政府、市场，包括社区在内的市民社会的三元良性互动中，特别需要政府既充当好互动者的角色，又担当起强有力的引导者和支持者的责任。

二、单位制社区的由来及特征

20 世纪中期以来，中国的单位制社区，走出了与西方社区发展过程截然不同的路径。所以，在近现代社区理论的视域，聚焦社会互动，来探讨单位制社区起源、变化和未来走向，对于具体透视中国社区的秘密，是一件很有意义的事情。

（一）单位制社区的源起与内涵

我们清楚，单位制社区的产生源于中国的计划经济体制。在计划经济时期，中国城市中的单位是调控整个城市社会运转的中枢系统，这种中枢功能不仅体现在经济运行上，而且体现在城市社会的管理和城市居住空间的塑造上。在那个时期，政府无偿划拨土地，单位出资建房，然后分配给职工居住，只收取极低的房租，住房的管理和维修养护责任也由政府和单位承担。在建筑空间的选择上，本着"先生产后生活"、"最小化通勤距离"等原则，以单位为分配主体的城市住房在地理位置上通常紧挨本单位的生产空间且相对集中，这样一来，中国城市中就形成了基于不同性质单位的居住生活空间。在这一区域之内，单位为其成员提供生活设施和教育文化卫生等福利设施，承担城市中的大部分社会职能，食堂、诊所、幼儿园、澡堂、文化馆等一应俱全。由此形成了城市的基本空间单元——单位制社区。

长期以来，单位制社区一直是中国城市社区的主流形式，城市居民的居住地不是按地域划分，而是按单位划分，一个职工的工作单位就是他的身份象征，一个单位的职工和他的家属们大都住在由单位提供的住宅里，而且与外单位之间有高高的围墙分割，城市就是由许许多多这样的大宅院组成的，这样的大宅院俗称"家属院"。计划经济下的单位制社区内部功能相当齐全，单位职工不出社区，所有的需求都可以得到满足，如此形成了一个相对封闭自足的生存空间。

我们现在可以清楚看到，与计划经济体制相联系的单位制社区，呈现出简化的社会和日常生活结构和单向的功能发挥。在大的视野，既无市场，也未形成包括社区的市民社会，只有政府——单位——"家属院"一条线的"政府"一枝独秀，并未形成政府、市场、社会三元互动社会结构；在单位制社区（家属院）内，相应地是政府、单位对居民的管理、保障和反向的依赖，也未形成社区内多主体的互动，乃至居民作为主体与单位的互动。

（二）单位制社区的特征

1. 单向控制性

单位制社区是新中国成立后国家在整个社会实行单位制度的一个副产品，具有浓厚的行政化色彩，发挥明显的单向控制功能。大多数社会成员被分配到一个个具体的"单位组织"中，由这种单位组织给予他们社会行为的权利、身份和合法性，满足他们的各种需求，代表和维护他们的利益，进而控制他们的行为。

从具体操作来看，党和政府通过编制单位隶属关系网络，使每一个基层单位都隶属于自己的上级单位，使上级单位可以全面控制和支配下级单位，而上级单位又隶属于中央和省市行政部门。

党和政府借助严密的单位组织系统，将触角延伸到了全国的每一个角落和社会生活的每一个领域，整个社会实现了高度的整合。不同类别的单位之间通过行政纽带被贯通在一起，共同完成中央政府和地方政府的计划性指标。正是单位体制的存在孕育了单位制社区，而社区居民的集聚，很大程度并非完全出于居民的个人自愿。

2. 包办性和封闭性

单位制社区的存在和发展形成了我们平常所说的"单位办社会"、"社企不分"、"政社不分"的局面，单位的多元化功能取代了原本社区的功能。计划经济体制下，国家把一个个单位塑造成全能的体系，将很多本属国家和政府的公共职能分解到单位。任何一个单位不仅要承担生产、管理等职能，还要承担政府下派的各种指标和一些与生产经营不相关的职能，比如文化、教育、治安、动员、宣传等。这就造成了单位制度之下单位不仅提供基本福利保障，而且还提供社区应提供的各种生活福利设施，如幼儿园、中小学、职工大学、医院、商店、招待所、食堂、浴室、理发室等等。因此，单位不是一个纯粹的经济单位，而是一个集政治职能、经济职能和社会职能于一体的微型社会。

　　而单位内部的社会功能的完善，与单位外社会生活服务行业的贫乏形成了鲜明的对比。"小而全"的单位福利包揽了职工吃、喝、拉、撒、睡、生、老、病、死的全包式照顾，如此完备的功能使单位职工不出社区，所有的需求都可以得到满足。加之国家一系列硬性的制度规定，尤其是劳动人事制度对行政级别和单位人的身份所作的硬性划分，终身就业制度、城乡二元的户籍制度等使得单位人几乎没有自由流动的空间，流动的可能性很小，从而维持了单位制社区的封闭性。

　　3. 稳定性和保守性

　　在计划经济体制之下，单位不仅是其职工生存生活资源的来源，而且是他们合法社会身份和优势社会地位的载体，此外医疗、教育、住房也都依赖于单位组织。社会成员要生存下去，必须依附于某一具体的单位，一旦游离在单位社会之外，生存即面临威胁。因而，单位职工和单位之间有着强烈的人身依附关系。社会成员一旦进入单位，便会世代生活在单位制社区中，即使退休了，仍然属于单位退休员工，就连他们的子女，成人后大多数也在本单位工作。单位在分配资源的独特地位以及功能的多元化，使得单位成员对单位产生了依附及很强的价值认同。单位就是他的"家"，"家"不变，自然就没有随意离开的道理。单位员工与单位间的这种相互关系使单位制社区呈现出"超稳定性"。

　　单位制社区的全能服务功能，在令社区呈现"超稳定性"特征的同时，也不可避免地带来了它的保守性特征。一方面，"单位制"社区内的各种服务组织和团体，长期在单位供给和主导下运转，在受制约的同时也愈来愈强地依赖单位的资源供给和行政安排，缺乏独立开展社区服务、组织社区活动的能力。另一方面，由于计划经济时代单位制资源配给的垄断性、单位空间的封闭性和对单位人员流动的严格限制，单位不仅是职工获取资源的唯一场所，也是他们开展社会交往、积累社会资本的主要空间。

　　并且，长期在从摇篮到坟墓的社会福利保障体制下生存，使单位职工养成了对"企业办社会"模式的强烈依恋。这就使得职工群体既缺乏独立于单位的能力，也由于充分认同单位颇具实惠的全面福利体制而缺乏独立于单位的意识，阻碍了个人积极性的发挥和个体的社会化。

三、社会转型对单位制社区的冲击

（一）单位制度瓦解，单位制社区的制度根基不复存在

20世纪70年代末，计划经济体制的弊端已经凸显：在新的社会条件下，计划指令的制定已经无法解决信息不完全和不对称的问题，难以充分反映供应和需求的变化；资源配置在各行各业形成了条块分割的局面，不能有效地优化利用；对行业之间劳动者流动的行政限制以及平均主义产生的激励缺陷，使人力资源发掘和利用的水平低下。

改革势在必行。随着改革开放的不断推进，中国的所有制结构开始变化，社会主义市场经济体制的确立，取代了高度集中的计划经济体制，民营企业蓬勃兴起，国营企事业渐趋"非单位化"，城市住房改革拉开序幕。单位不再分房，人们也没有必要居住在单位制社区里，他们的选择面宽了，按照自己的经济实力与喜好从市场上购买住房，新型社区随之产生和发展，社会流动也越来越频繁，这些都使得"单位制"失去了生存的土壤，不得不走向崩溃瓦解的地步。

但因为在传统单位体制下各单位自身条件的不同，转型中分化方式也就不一样。有的在激烈的市场竞争中倒闭了，单位制社区也就消失了；有的按照国家政策的要求，将生产职能外的其他职能部分分离出去，单位制社区在一定程度上被肢解了；有的因特殊的政策原因或地域原因，在制度上被分离了，实际上单位制社区的概念依然存在。①

（二）原来的单位制社区在城市空间格局中被"底层化"

20世纪80年代，单位制社区随着单位体制的改革陷入尴尬的境地，开始步入解体之路，城市社区则因摆脱单位制的禁锢重获新生，不断成长成熟。在这一城市空间结构激烈重构的变迁过程中，许多单位制社区在城市社会中逐渐被边缘化、底层化，这主要体现在资源占有、治理状况和居民社会地位等方面。

首先，从单位制社区的资源占有情况来看，单位社区的地理位置优势已不复存在，计划经济时代坐落于城市中曾经充满活力的工业区，在今天的城市空间规划布局中，已落入了城市中相对落后的区域。在社区设施方面，单位化的福利保障体系的瓦解结束了过去那种自足的生活，至今仍没有出现足

---

① 谭文勇. 单位社区——回顾、思考与启示 [D]. 重庆：重庆大学，2006.

够的能够满足居民生活需要的现代福利设施，没有比较大的医院和学校，没有便利的交通网络，没有像样的公共活动区域，更没有象征着现代城市社区的人工自然景观。

其次，从社区治理和发展状况来看，体制转型的大背景下，单位已经早早地从房屋管理与社区维护等物业领域撤出，但尽管如此，由于种种历史遗留性问题，目前少有新的社会机构愿意出面接管该类社区物业，由此带来了一些单位社区管理的真空，以致垃圾乱堆乱放，冬天无法取暖，居民之间纠纷不断，居住环境和生活条件加速恶化。这也成为许多单位社区在单位制解体后面临的发展困境。

再次，从居民的社会地位来看，居住在单位制社区里的居民主要是没有住房改善机会的原单位职工，包括离退休的老职工，在企业改制过程中下岗失业的职工，以及依赖于父母的养老金维持生活的"啃老族"，他们虽仍在上班但工资收入很低且不稳定。这些人在住房问题上，不仅失去了改善的机会，而且面对城市高不可攀的房价，其现状与改善的预期间的距离越来越大，因此，只能选择继续居住在已经没落了的、环境日益恶化的单位社区。居住在社区的另一部分居民是在城市中艰难求生的外来人口和流动人口。他们无力购买或租住位置、设施都比较好的社区，只能选择原企业社区这种价格相对便宜而位置、环境和配套设施均不理想的住房。因此，整体来看，单位制社区居民社会地位偏低，在社会分层体系中居于底层。

显然，在体制改革的大潮中，单位制社区作为单位制的附属已然走向没落，正在从原来功能齐全的优势王国沦落为城市中新的"落后社区"，悄然退至了城市的边缘。

四、转型背景下单位制社区的走向及转型路径

不可否认的是，在中国社区变迁过程中占有重要历史地位的单位制社区，对我们研究、透视社区的秘密，推进社区的发展，具有不可替代的价值。

因而，运用我们对社区本质和成长规律的研究成果，引导单位制社区的再建和发展，乃至促进所有社区的建设和发展，是需要我们回答的现实和理论问题。

（一）从"单位制"社区的内部来看

1. 淡化居民的"单位意识"，培养和强化其"社区意识"

在单位制主导时期，单位是国家进行社会资源管理与分配的主体，单位

强大、完善的保障功能使当时的人们形成了深刻的"单位意识"。这种意识其实是一种非主体的依赖意识。

在经济体制转轨的过程中，单位制渐趋解体的结果之一，便是原来由其承担的社会职能被剥离出来，企业单位从过去国家的"行政单位"转变为专门从事生产经营活动的企业。这就意味着，单位职工被推出了传统再分配体制下的保护范围，对国家和单位的依赖被切断，从"单位人"变成了"社会人"。

那么，从单位中剥离出来的社会职能该由谁来承担？政府需要一个能够通过提供满足居民多种需要的服务机构，来担当起现代城市管理的重任，而居民希望有一个能代表居民利益、替居民说话办事的具有地域性的利益共同体来担起单位曾经为他们承担的职能。在这种情况下，政府和居民共同认定了社区的社会职能主体地位，居民随之从"单位人"转变为"社区人"。

但主观意识的转变速度在一定程度上滞后于身份的转变，很多居民在遇到困难时首先想到的仍然是单位，造成角色和身份在一定程度上的错位。因此，淡化居民的"单位意识"，培养并强化其"社区意识"，引导居民日常生活主体角色的自我认同，即成为"单位制"社区转型的观念前提。

2. 整合社区资源，改善社区环境

社区资源包括一切可用于社区服务的人力、物力、财力等物质资源和文化、社会关系网络等非物质资源。在现代社会发展过程中，社区资源的数量与质量已成为衡量社区建设与发展水平的重要维度，同时也是判断其所承担的社会职能可否有效完成的重要标准。

但随着转型速率的加快，传统"单位制"社区的资源无论是物质资源还是非物质资源都处于匮乏状态，在很大程度上加速了社区的衰落。而造成这一状况的原因，除了历史因素外，更多的是现实因素。单位制解体，单位不再充任社区资源提供者的角色后，替代性的资源提供者并没有如期发挥作用。针对此种情况，地方政府应从整体规划与发展的角度出发，调动相关部门和服务机构，对单位制社区的资源进行有意识的补充和建设，充当社区资源的提供者和管理者。

同时，对社区文化、社会关系网络等非物质资源丰富提供必要的支持，在资金、政策、社会资源凝聚等方面给予直接或间接性支持，促进这一类型社区环境的有效改善。

3. 培育居民的自我管理意识，形成自我管理机制

社区居民不仅是社区公共和半公共产品的享用者，也是社区相应产品的

提供者。由于历史原因，单位制社区居民已经习惯于充当"享用者"，对充当"提供者"还很陌生。因此，培育居民的自我管理意识，让社区居民体认社区半公共产品理所当然的提供者，更好地参与到社区重建和管理过程中，更好地参与到社区生活互动中，应是提升社区生活品质，提升居民日常生活幸福指数的切实可行的途径。

（二）从"单位制"社区的外部来看

首先要争取政府和行政部门的支持，因为在当前社会转型的过程中，地方政府和行政主管部门依然掌握着资源分配的权力，没有他们的支持，"单位制"社区无法实现顺利转型。为此，"单位制"社区要大力争取社区建设和社会保障资源的合理分配，遏制其被边缘化、底层化的速度。除此之外，还要尽量要求行政主管部门下放权力，放松对企业和社区的约束，提高它们自身的自主性。

其次，多元化的经济力量和非政府组织，也是"单位制"社区转型不可或缺的支持，需要其充分参与。它们能够提供大量的信息咨询、中介、培训等服务，使社区组织及成员熟悉市场规则，提高自我发展的能力；通过对社区成员的有效组织，提高他们对社区建设的热情和参与度；充当单位、政府、社区之间的联系纽带，以促进社会信任，缓解社会矛盾，维持社会稳定。因此，不仅应该促进、扶植多元经济力量和非政府组织的生长、发展，还应该拓展其活动空间，使其能够有效参与社区的转型和建设，进而促进社区与社会组织、政府、市场的社会互动。

回顾前面的讨论，我们可以深切地体悟：单位制社区，是我们社区生活历史上有特色的一页，是我们今天必须面对和解决的现实问题，又是我们探索和创造幸福社区生活宝贵的精神资源。

第四章

和谐社区的生命脉络

在探索日常生活幸福的路上，我们由爱的本真到社区秘密，社区是人类文明的过程和产物，经过历史的累积，和谐要素在社区的发育中逐渐成长，在当代社区生活乃至日常生活幸福中的价值凸现。我们可以逐次了解和谐社区的文明轨迹、特质和发育，进一步探索日常生活幸福基础性因素。

第一节　和谐社区的文明轨迹

我们可以发现，和谐、和谐社会与和谐社区，在人类文明发展的轨迹上是一脉相承、如影相随的。

一、东西方社会传统和谐思想流变

和谐是人类几千年来孜孜不倦追求的一种理想状态，人类的历史就是人们追求社会平等、和谐的历史。在不同历史时期，不同地域，人们对和谐的理解与探求方式是不一样的，和谐也因此成为一个历史的、动态的概念。

在中国古代典籍中，"和"被奉为自然界的基本法则，并被广泛地应用到家庭、国家、天下等方面，用于描述内部治理良好、上下协调一致的状态。[1] 早期的经典著作《周易》里说："乾道变化，各正性命，保合太和，乃利贞。"意思是，天道的大化流行，万物各得其正，保持完满的和谐，万物就能顺利发展。对"和"作进一步分析的是《中庸》：喜怒哀乐之未发，谓之中；发而皆中节，谓之和；中也者，天下之大平，和也者，天下之达道也；致中和，天地位焉，万物有焉。孔子提出和为贵、和而不同，认为"和"的本质在于统一和协调各种因素的差异，要实现和而不同，保持事物间的平衡。孟子提出"天时不如地利、地利不如人和"，认为内部各种要素协同共济，

---

① 林娅，孙文营. 中外和谐思想探微及其价值启示. 探求，2006，(1)：16 – 19.

才能产生优异的功能、良好的效应。《晋书》说："施之金石，则音韵和谐。"①

到了近代，太平天国的洪秀全把儒家大同思想与西方基督教义结合起来，试图建立一个"有饭同吃，有衣同穿，有田同耕，有钱同使；无处不保暖，无处不均匀"的理想的和谐世界。在改良主义思想家康有为看来，和谐社会则应是一个没有阶级，没有国家和家庭界限，绝对独立自由、没有人为束缚的"大同世界"。

西方文化虽然与中国传统文化迥异，但其和谐思想也是源远流长。古希腊的毕达哥拉斯最早把"和谐"看做一个哲学范畴，认为和谐是杂多的统一、不协调因素的协调。赫拉克里特在肯定和谐价值的基础上进一步提出"对立和谐观"，认为自然界是由于联合对立物造成了最初的和谐，而不是由于联合同类的东西产生和谐。从苏格拉底开始，和谐被引入政治和社会领域，苏格拉底的学生柏拉图在"公正即和谐"思想指导下，提出构建起一个由统治者、军人、农民不同等级组成的各司其责、各安其所的"理想国"。伏尔泰、卢梭则提出要建立社会秩序，实现社会的和谐发展，必须遵循公正、平等和自由三条基本原则。空想社会主义者傅立叶的理想社会制度——"和谐制度"主张消灭雇佣劳动制；欧文则身体力行，在美国的印第安纳州进行共产主义试验，成立新和谐公社，试图建立人与自然、工作与生活真正和谐的社会。

不难看出，东西方社会尽管历史发展进程和文化体系迥异，其和谐思想也不尽相同，但对和谐共同的追求以及和谐内涵的某些交集，使我们听到了和谐精神伴随人类文明前进的脚步声。

二、和谐社会思想的前行

（一）马克思给我们的启示

实际上，人类和谐社会思想与和谐精神是相伴而行的。无论是中国古代人们向往的"小康社会"、天下为公的"大同世界"，还是西方思想家所提出来的"理想国"、"乌托邦"等，都反映了人们对和谐社会的追求。近代西方一些哲学家、思想家也提出了许多关于社会和谐的有价值的思想观点，而真正把"和谐社会"思想探索推向理论高峰的当数马克思。

---

① 石倩. 城市和谐社区研究——以长沙市天剑社区为例 [D]. 长沙理工大学 2007：8.

如前述，马克思在历史上第一次揭示出人与社会的交往实践本质，说明人与社会，都是交往实践的过程和结果。与此相联系，在《1857－1858年经济学手稿》中，马克思形成了他关于三大社会阶段的经典论述："人的依赖关系（起初完全是自然发生的），是最初的社会形式，在这种形式下，人的生产能力只是在狭小的范围内和孤立的地点上发展着。以物的依赖性为基础的人的独立性，是第二大形式，在这种形式下，才形成普遍的社会物质交换、全面的关系、多方面的需要以及全面的能力的体系。建立在个人全面发展和他们共同的、社会的生产能力成为从属于他们的社会财富这一基础上的自由个性，是第三个阶段。"[①]

在我们看来，马克思的和谐社会思想至少给我们两大重要启示：其一，和谐社会是人类一种文明累积过程。在交往实践基础上，从"人的依赖"到"物的依赖"再到"自由个性"，人类文明经过长时期的历史性积累，到达"个人全面发展"、"自由个性"阶段，才可能达到人与自然、人与社会、人与人全面和谐的和谐社会美好状态。其二，和谐社会的实现是矛盾化解—生成—化解的历史过程。人们交往实践运行的过程，就是人与自然、人与人等诸多矛盾化解—生成—化解过程，而没有交往实践就没有人、没有社会、没有和谐社会的累积实现，因而和谐社会的建设、实现过程，即是人们交往实践中矛盾的化解—生成—化解过程。

（二）社会学家的界定

基于交往实践"原语境"来看，郑杭生教授于宏观社会学视角界定的"良性运行和协调发展的社会"的和谐社会内涵，不无道理。一个和谐社会的形成，有两个方面至为重要。一是源于社会各种制度安排的合理性、必然性以及人们对社会制度的优越性的认同，二是源于人们对社会治理者治理行为的道德性、公正性、民主性、合理性的认同。一种优越的合理的社会制度必然能够代表所处社会系统中的绝大多数人的利益，并能较好地平衡社会各方利益。[②] 我们可以体悟到，社会学家对和谐社会的这种形成性界定，无论是人们的制度性认同，还是治理行为认同，其实也就是认可和推进社会文明积累的过程，以及社会矛盾化解的过程。

---

① 《马克思恩格斯全集》（第30卷）[M]. P107－108. 北京：人民出版社，1995.
② 陈正良. 略论社会主义和谐社会的构建. 理论探讨，2005，（1）：17－19.

（三）社会主义和谐社会的探索

社会主义和谐社会的探索又有什么样的推进呢？中国共产党十六届四中全会的决定，将社会主义和谐社会表述为"形成全体人民各尽其能、各得其所而又和谐相处的社会"。党中央明确提出，我们要建设的社会主义和谐社会，应该是民主法制、公平正义、诚信友爱、充满活力、安定有序、人与自然和谐相处的社会。十六届六中全会则进一步提出构建社会主义和谐社会要按照这六方面的总要求，以解决人民群众最关心、最直接、最现实的利益问题为重点。

显然，社会主义和谐社会的探索和实践，突出了以人民为本、社会发展、物质和精神文明积累以及社会矛盾化解。

三、和谐社区的内涵与特质

和谐精神、和谐社会乃至社会主义和谐社会构成的和谐文明发展线索，在社会生活、社区生活空前丰富的当代，不可避免地会作为一种人文精神与价值理念延伸至和谐社区。

学界对于和谐社区的探索，尽管各不相同、观点各异，但吸取人类和谐文明的积累成果，大体上都将人的因素作为基本的要素，将社区居民的自由全面发展界定为和谐社区内涵的基本要素。由此，和谐社区的基本理念就是实现"以人为本"，实质就是在坚持以人为本的基础上，促进社区各构成要素自身的发展及相互之间关系的和谐，使社区达到人的自我身心统一以及人与人、人与自然、人与社会统一。在人和人的关系上，"以人为本"蕴含着社会公平原则，要求我们在社区管理中要整合社区资源，关注弱势群体，完善社区保障，促进社会公平。在人和自然的关系上，"以人为本"强调的是社区提供给居民安全舒适的生活环境，包括人化自然环境和文化环境，促进社区形态与自然生态环境的和谐。人与社会的统一则要求社区要促使居民在社区发展中提升自己，在参与和谐社区建设中实现自身的发展。

综上，和谐社区是一个能够化解各类矛盾，协调各种利益关系，充满活力，在良性互动中实现"以人为本"的地域共同体，其内涵体现了以下特质：

首先，人的和谐是和谐社区的核心。在社会转型时期，社区居民分化严重，社会分层的多样性后果带来了居民需求的差异性。为此，在重视不同群体的需求，满足不同群体的需要的同时，更要关注和保护弱势群体的利益，弱化不同群体之间的对抗，营造和谐的人际关系。

其次，环境和谐是和谐社区的基础。人的和谐需以环境和谐为基础。环境在这里既包括硬环境，即自然环境，主要是人化的自然环境，包括社区的地理位置、建筑风貌与规划等；也包括软环境，即文化环境，包括社区的风俗习惯、邻里关系、治安状况等。在社会转型时期，我们要从科学发展观的高度认识环境和谐问题，积极参与社区的环境和谐建设，切实改善社区软、硬环境。

再次，管理和谐是和谐社区的保证。社区管理体现在对硬件的管理和软件的管理两个方面。以往的社区管理偏重于硬件管理忽略软件管理，造成了社区的不和谐。因此，要保证社区和谐需大力推进软件建设，包括政府转变角色和功能，重新定位，发展居民自治，提升社区的自治能力等。

同时，注重多元主体在异质分层基础上的持续互动。党组织和政府组织是社区良治的领导和主导力量。社区党组织、政府组织的指向是居民、社区的根本利益、长远利益，其他主体的指向是居民、社区的具体利益、切近利益，因而社区党组织、政府组织与社区其他主体诸如社区组织、市场组织、非营利组织、居民等是异质的。因此，社区其他主体与党组织、政府组织必然也应当是实质平等、形式不平等，其间的和谐是通过异质性互动而不断形成的。党组织、政府组织通过与上级组织的联系，基于占有更大社会资源而为与其他主体的互动提供"框架"。而社区其他主体之间却是实质、形式均平等，他们之间追求和谐的互动是同质的。

第二节　转型社会中和谐社区的特质

我们日常生活中的和谐社区，是一个动态实体，其与传统社会有别，与当代发达国家也不尽相同，我们的和谐社区，是中国当代转型社会中的和谐社区，其有着我们不得不应对的形成性特质。

一、社会问题社区化

改革开放以来，伴随"单位制"瓦解，大量的单位人向社会人、社区人转变，居住在社区的"社会人"的生存需求、政治需求、社会需求、文化需求等各种需求都需要通过社区得到实现和满足。因此，社会问题社区化，是和谐社区构建必须应对的问题之一。

首先，由于社会转型带来的利益格局和社会阶层的变化，使一部分人成为改革的受益者，社会地位上升，而一部分人则在改革过程中利益受损，社会地位下降，甚至沦为弱势群体。社会地位的改变极易造成心理不平衡，引发社会不满，致使社会上出现信仰危机、诚信危机、自杀率逐年攀升等现象，成为不容忽视的不和谐因素。而这些问题萌芽，极易在日常生活的平台——社区滋长，成为和谐社区构建必须应对的因素。

其次，弱势群体比例增大且构成更趋复杂化，除了传统的"老、弱、病、残"群体外，利益分化过程中的利益受损群体——下岗失业群体和外来农民工群体等已成为弱势群体中的主力军。这一变化对社会保障和社会救助的需求明显增大，而政府当前无力满足多样化的保障和救助需求，加之各种专业化、专门化的社会服务机构和服务设施缺位，加大了社会不满情绪，成为社会稳定的另一潜在威胁，从而亦成为社区和谐障碍因子。

再次，社会转型的重要内容之一是社会体制的变革。随着"单位制"解体，新的体制确立，新旧体制衔接错位在所难免。譬如，在新体制下，政府与基层社会组织的关系尚未理顺，表现为政府角色错位，仍然以行政管理者和权威领导者的姿态出现；基层自治组织发育不健全，无论是城市的社区居委会还是农村的村委会都被看做是政府机构在基层的延伸。体制不顺畅无形中影响了公民的社会认同感、归属感和参与程度，导致基层内部矛盾激化，社会凝聚力降低。

这些问题虽然都反映在社会，但都容易发生在社区，社区成了各种社会问题的交汇点。社会问题社区化，使社会问题沉积社区，社区成为各利益主体博弈的场所。所以社会问题社区化，是转型期和谐社区构建不得不应对的特殊问题。

二、民主沟通、民主参与社区化

社会转型过程中，社区日益成为党和政府与居民沟通、反映社情民意的重要纽带。社区的日常生活性决定了它是群众的生活场所，与群众联系最直接，对群众最了解，是党和政府了解群众呼声的最前沿。因此，党和政府要把握新形势下群众工作的特点和规律，扩大基层民主，加强与群众的沟通和联系，必须通过社区这一窗口，民主沟通需社区化。

不仅如此，社区居民自治还是民主参与的最好形式。社区居民通过民主选举、民主决策、民主管理和民主监督参与对社区事务的直接管理，这不仅标志着居民对社区利益的分享，而且意味着对社区责任的承担。社区也成为居民从参与管理社区事务走向参与管理社会事务和国家事务的起点，民主参与亦需要社区化。

民主沟通、民主参与的社区化，意味着我们在社会转型期构建和谐社区，需要主动应对民主沟通、民主参与社区化过程中，与居民民主权力运用、社会和国家事务管理责任担当相联系的新问题。

三、社会工作社区化

社会工作社区化，是社会转型期和谐社区构建必须直面应对的又一重要问题。在计划体制之下，社区居民的构成单一，几乎都是同一单位的职工及其家属，社会资源由国家和政府通过单位来分配，居民们的各种需求也都是由单位来满足的。在这种情况下，社区的功能极其单薄，实质意义上的社区未能在我国发育起来。

随着经济转轨、社会转型的深入，大量的单位人转变成了社区人，流动人口开始大规模进入社区，社区人口不仅总量增加，而且构成越来越复杂。加之大量的社会管理、社会服务、社会保障的功能从政府和单位中剥离出来，回归到了社区。而由社区来承接如此多的功能，自然有力地提升了社区的社会职能，丰富了它的内容，拓宽了它的工作面，使它从微观的层面担当起了造就大社会的重任，社会工作自然而然随之社区化。

社会工作从单位化到社区化的演变，使社区成为基本的基层社会共同体，成为国家与社会的接口。社区居委会成为基本的基层社会组织，虽然现在社会活力增强，基层的各种经济组织、社会组织越来越多，但是，居民委员会的地位和作用，是任何经济组织和社会组织都取代不了的，国家离不开居民委员会，居民委员会离不开国家。

因此，社会工作社区化，成为和谐社区构建的题中之意。

四、和谐体验社区化

如前所述，社会转型过程中，社区成为居民生活的基本空间和社会的基本单元，成为各种社会群体的集聚点、整体社会的缩影。每个人都生活在特定的社区"小环境"中，对他们而言，社区就是整体社会的缩影，他们对自身所生活的特定社区的感受和评价即为他们对社会的认知。因此，从现实的、操作的层面来说，社区是认知和谐社会的重要窗口和客观尺度。社区互动是社会认知的基础，社区和谐则成为和谐社会的重要认知依据和检验标准，关于和谐社会的体验社区化了。

由此，树立和谐、互信、友善的社区风尚，培育和谐的社区人际互动关系和伦理机制，进而增强社区居民的安全感和凝聚力，提高人们的生活满意度，营造安全、有序、和谐的社区环境，以社区和谐带动社会和谐，成为和谐社区建设过程中又一必不可少的环节。

综上，社会转型过程中，作为社会主体的社区，其功能空前丰富和强化，因而和谐社区构建，不可避免地需要应对这种社区功能成长过程中的新情况、新问题。

第三节　和谐社区发育

西方社区的现存模式，是西方一个多世纪的社区发育历史积累的成果。而中国的社区模式具有中国特色的后发性和转型性。与此相关联，和谐社区发育，有其自身的文明累积成长轨迹，所以我们的和谐社区建设，尽管需要吸收西方社区建设的有益因素，但是，就基本路向而言，需要循其自身发育成长轨迹。

一、转型期和谐社区发育面临的问题

(一) 和谐社区发育主体不明确，职责模糊

和谐社区发育是一项系统工程，需要不同主体明确定位，功能互补，才能形成和谐社区发育的合力。但在社会转型过程中，社区发育的诸多主体仍然存在角色定位不准确，职责划分不清，职能越位、缺位、错位等现象。

1. 社区自治组织发展薄弱，社区行政化倾向严重

社区组织是和谐社区发育的重要主体之一，在和谐社区发育中发挥着不可替代的作用。社区自治组织不仅有助于基层政府管理职能的发挥，而且能够促进居民进行自我管理，是联系政府和社区居民的纽带。

中国的社区是从全能政府体系内部衍生出来的，计划体制之下，社区一直作为政府行政权力在基层的延伸机构而存在。因而，即使社会转型要求政府转变职能，《宪法》和《居民委员会组织法》也在原则上确定了社区自治组织的地位，但由于界定模糊，仍然给行政权力的惯性介入留下了缝隙。目前社区组织机制存在着社区管理主体的不明确、社区行政化管理与社区自治之间关系不清的问题。社区的居民委员会、业主委员会、社区中介组织和其他群众性团体等社区自治组织，其管理部门的设置和管理方式是按照行政部

门设置和行政管理方式进行的，行政化倾向严重。

政府各职能部门在强调工作重心下移的同时只是简单地将工作推给了社区，对相互之间的责任、权利并未做清楚的界定与划分，致使不堪重负的社区自治组织发育不健全，难以有效承担从政府和单位中剥离出来的社会功能，而社区党团组织、街道办事处、政府职能部门的派出机构等组织，在社区管理中充当着主导角色。

2. 社区建设主体间的关系未理顺，社区利益整合机制缺乏

在当前国家大力推进社区建设的过程中，政府、社区组织、社区居民等建设主体因共同利益所在，应当结合在一起，形成一个共同体，共同致力于和谐社区发育。但现实状况是，社区建设的各主体，虽在一定程度上存在利益联系却并未形成一股合力。原因在于在转型过程中社区利益整合机制缺乏，各主体之间缺乏应有的信任和默契。居民自治组织的主体地位和管理权限得不到充分体现，挫伤了居民参与和谐社区建设的积极性。由于政府与社区居民的关系未理顺，造成居民对社区认同感、归属感不强，主动参与度较低。在这种情况下，各主体的思想、行为与社区发展目标很难有效整合，社区一致行动能力较低。

（二）社区保障机制不够健全，公共产品供给不足

和谐社区发育需要居民安居乐业，而社区保障体系是其重要支柱。现实中有的地方社区保障机制不完善，在很大程度上影响着社区功能的发挥。

1. 社区工作经费来源单一，公共产品供给不足

和谐社会发育过程中，国家和各地方政府大力推进社区建设，对于社区建设经费投入都做了相应规定，并规定各部门下派社区的工作按照"费随事转"的原则进行，一定程度上缓解了居委会经费紧张的矛盾。但一些社区资金保障单纯依赖政府，来源渠道少，有的财政资金不能完全落实，有的农村社区的保障机制还没有建立，甚至还有的社会保障资金发放存在着不公平的现象。

同时，如前述，在社会现代化发展过程中，社会功能性结构分化的最终趋势是政府供给公共产品，市场供给私人产品，社区供给半公共产品。但是由于中国目前生产力还不发达，不规范、不完全市场依旧存在，市民社会发育不完善，社会自治能力缺乏，社会组织发展不充分等，加之政府对此的资源扶持和协调又不到位，致使有些领域社区无力或很少提供半公共产品。因此，日益增长的半公共产品的需求得不到满足。

2. 保障机制发展不平衡

健全的社区保障机制是包括以公共医疗、廉租住房、公共教育等为依托的多方面、多角度的保障制度；面向失业人员提供的职业指导、职业培训、职业介绍、社区就业和政策咨询等全方位服务的就业保障制度；面向老年人、残疾人等弱势群体身心健康的保障制度在内的多层次的保障体系。中国是一个区域差异相当大的国家，各地经济发展水平和社会发育程度各不相同。因此，各地方社区鉴于产业结构和社会政策等原因，在保障方面要么偏重社区最低生活保障，要么偏重就业保障，要么关注社区教育，造成保障机制发展不平衡，保障功能受到一定限制。

（三）社区沟通机制不够顺畅，对居民利益诉求反馈不够

民意畅通是促进居民社区参与、化解社区矛盾，建立融洽邻里关系，维护社区稳定的前提。顺畅的社区沟通机制则是社区民意畅通的保障。受计划体制影响，长期以来我国从意识形态和资源分配两个方面对社会实行"强控制"，意见表达途径的特点是正式渠道少、形式单一，并且大多建立在体制内，民间社会缺乏对矛盾和冲突进行疏导的制度安排。

由于缺乏制度化、正规化的机制，社区各利益主体间、社区干部和居民之间缺乏沟通，相互缺乏了解与信任，社区居民的利益诉求和舆论愿望不能及时得到反馈。居民在利益表达上则更倾向于采取激烈的非理性的方式，而权力部门和管理部门畏惧政绩考核中"一票否决制"的严重后果，急于以"封"和"堵"的方法解决问题，最后只能使矛盾和冲突升级。社区沟通机制有欠顺畅在很大程度上影响了社区居民参与的热情，不利于社区决策的民主化，进而影响和谐社区的发育。

（四）社区管理与服务水平与社区居民多元化的需求不相协调

社会转型过程中，社区类型变得多样化：新的商品房小区大量出现；原来的"单位制社区"衰落，成为城市低阶层社区；原城郊农民在城市化进程中由农民变为市民，和外来务工人员聚居"城中村"。同时，市政建设的快速发展使社区有可能在短时间内发生很大的改变。社区形态的多样化和复杂性令社区居民构成也更趋复杂。

并且，随着经济发展水平的提高，人们对社会福利的需求从物质层面向精神层面发展。老人、妇女、残疾人、青少年等不同群体对社区服务的需求内容不同，不同社会阶层对社区服务的需求层次不同。人们在需求内容和层次上的多元化，对社区服务项目的设计和执行呈现新的需求。然而目前，中国的大多

数社区缺乏应对复杂社区环境、开展社区工作的经验，缺少能够设计、实施、管理和评估社区服务项目的专业人才，因而不能很好地满足居民对社会福利的多元化需求。服务供给与需求之间的不协调已成为和谐社区发育的障碍之一。

二、转型期和谐社区发育的探索性建议

和谐社区发育是一种文明累积过程，需要我们怀着对文明生命性成长尊重的心态，主动参与这一过程，审慎选择，合理干预。

（一）明确社区建设的主体及其职能定位

1. 清楚界定社区建设主体的权责范围，加快自治组织发育

可以说，中国当前的和谐社区发育是一项体制和制度创新的工程，在这一系统的创新工程中，社区建设主体的职能定位和自治组织职能的充分发挥是重要的一环。

从中国现行法律规定来看，同为社区建设主体的基层政府和社区自治组织，其性质和分工是不同的。基层政府及其所属办事机构作为基层政权体系，主要从事政务和事务性管理；社区管理体制中最基本的组织要素——社区居委会是由国家统一设置的具有地域属性的法定组织，主办社区建设，同时兼有协助政府工作的法定义务。值得注意的是，社区居委会不是基层政府的派出的社区办事机构，而是代表社区居民依法行使自治权力的群众性自治组织。

现代社区生活中，居民的许多需要是政府无法包办的，也是行政性管理的旧有方式所不能解决的，需要通过非政府的社会组织，通过居民的自我教育、自我管理、自我服务的方式来解决。因此，政府部门要尊重社会发展运行的规律，敬畏和谐社区发育成长的客观轨迹，切实转变职能，对居民委员会只进行宏观上的指导、调控和监督，尽量减少对社区居民委员会的各种行政性摊派事务，使居民委员会的工作更多地服务于社区居民群众的实际需要，以培养和加强社区居民群众对居民委员会的认同。对于基层组织进行明确定位，更多地采用示范性、带动性和引导性手段，把其功能定位在社区的管理、服务、教育和参与上，充分发挥其建设主体的作用。

2. 理顺社区建设主体间的关系，培育社区利益整合机制

和谐社区发育要求我们转变社区管理方式，推进社区居民自治。目前，实现社区居民自治的障碍来源于政府和社区居民两个方面，其根本原因在于双方关系尚未理顺，各自利益尚需整合。

从政府方面来看，政府权力不愿意退出社区基层。虽然"小政府，大社

会"的文明轨迹已成为一种共识，但政府权力的退出仍是缓慢的。从社区居民方面来看，社区居民的自治意识淡薄，社区参与不足。因此，要从根本上改变这种状况，必须理顺政府、社区自治组织、社区居民之间的关系。

首先，政府要转变观念和工作作风，基层政府通过支持居民委员会等居民群众性自治组织的工作，来获得威信和合法性支持，以实现政府对基层社区的有效整合。其次，要加强居民议事、民主决策的制度创新，重视社区参与渠道的建设，尤其是要大力发展社区教育，加大社区参与的宣传力度，提高社区居民群众的素质，以增强社区居民群众社区参与意识和能力。

（二）健全社区保障机制，拓宽公共产品供给渠道

我们需要进一步落实"权随事走、费随事转"原则，赋予社区相应的权利，拨付必要的工作经费，保证权、责、利统一。同时加强社区保障的制度建设，政府在转变职能、逐步退出社区公共物品直接供给的同时，应充分发挥在资源掌控、国家权力等方面的优势，加大制度资源的供给力度，逐步实现从以前直接介入包办社区事务向政策扶持、法规调控、资源整合转变。逐步建立和完善相关法律法规，使社区保障机制的运作有法可依。设立各类社区组织的行业规则和职责规范，明确社区组织的内部结构和经费来源，对社区组织的行为进行法律监督和制约，规定其法律责任和义务，对违法行为进行限制、制裁。

政府作为和谐社区发育中社区保障资金的主要提供者来说，在财政资金还不能完全满足需求的情况下需要引入市场机制，拓宽资金来源渠道。比如，居委会可以在保证社区居民对公共设施公益性和福利性的需求之外，将剩余的能产生效益的部分公共设施进行市场化经营，所得收益可作为社区保障的补充性经费来源。社区还可以为企业打造优质的社区生产环境，使企业乐于投资于社区的建设和管理。这样不仅可以减少政府的财政投入，而且还可以为社区保障提供资金来源的补充渠道，保证社区保障功能的充分发挥。

资源配置的和谐是实现社区保障机制平衡发展的前提条件。社区资源配置的和谐，需处理好一些资源配置的关系。首先要处理好长期保障和近期保障的关系，保持社区保障资源分配、交换、消费等环节中合理使用和良性循环。其次要处理好物质保障与服务保障间的关系，做到物质保障与服务保障并重，统一协调全面发展的原则，从提高社区整体保障水平和保障效益的角度出发，科学配置人、财、物等资源。

（三）健全社区沟通机制，实现社区民意畅通

健全社区沟通机制，首先要健全居民信访渠道，保证政府和相关职能部门真正了解社情。其次要通过丰富多样的社区公共事务和社区活动来吸引不同需求和利益的成员参与活动，提高社区居民参与的热情，满足不同居民的物质生活和精神生活的需求。再次要扩大基层民主，推进决策的民主化，关系到社区居民切身利益的事，都要采取听证会、座谈会、社情民意热线等形式，广泛听取意见，实现社区民意畅通。

（四）提高社区管理与服务的专业化水平，满足居民多元化需求

提高社区管理与服务的专业化水平要求我们要以新理念、新组织、新方法来满足多层次社区居民的多元化需求。社会工作的价值理念是平等、关怀、尊重和服务对象利益的最大化。从这一价值伦理出发，社区工作要树立"以人为本"的服务意识，一切工作以居民的需求和利益为重。在社区事务的决策上，要广泛发动居民参与，进行民主协商，形成"自下而上"的工作程序。

新的社区工作方法，有赖于专业社区工作者组成的新的社区服务组织来践行。当前社区服务的从业人员受教育的水平偏低，同时缺乏有针对性的专业技能培训的现象依然严重，这种现状严重地制约着社区服务质量的提高。从2001年起，胡锦涛同志在杭州、大连、天津等城市视察社区工作时都一再指出：搞社区建设，关键要建设好两支队伍，一支社区工作者队伍，一支社区志愿者队伍。可见建设一支合格的社区工作者队伍已是当务之急。

社区工作者是专业人士，掌握开展社区工作的专业知识和技能，主要包括社区动员和组织的能力；对居民进行直接服务的能力；行政能力；进行服务项目策划、实施、管理和评估的能力等等。因此，由专业社区工作者组成社区服务组织，借鉴西方和港台地区社区管理的方法与服务理念，是提升社区管理与服务品质的现实途径。现在，一些社区推行"议行分设"制度，由居民推举的"社区议员"主要负责决策和监督工作，社区工作者主要负责具体的实施工作，不失为提高社区管理与服务水平的创新尝试。

第五章

爱的信仰与社区精神

我们可以体验，日常生活幸福须臾不可离开的爱和社区，是人类文明河流上的两艘生命之船，能把两艘船连接在一起的缆绳、纽带是信仰和精神。我们在文明之河上逐次展开，探索爱的信仰和社区精神的精神同构、缺位以至重构。

第一节　精神同构：爱的信仰与社区精神

我们发现，我们都能经验到的爱与社区，需要在精神上贯通，需要以共同的精神来激发其生机。

一、爱的信仰

（一）爱的信仰的内涵

爱的信仰，是爱之魂，是人类文明的结晶和成长环节。如前述，信仰是心灵的一种状态。那么，爱的信仰即爱的心灵的一种状态。

宗教性的爱的信仰，是如前述的"神爱"信仰，是"仰"而"信"。先要"仰"。什么是爱，神即是爱，上帝即是爱，神是至高无上的，神爱是至高的，我们只有"仰视"，由"仰"而"信"，所以，爱是毕生的信仰。

而人的交往实践基础上的爱的信仰，则是"信"而"仰"。在持续的交往实践中，于现实的生命成长性融合过程中，从现实的爱中体悟到爱的超越性的精神意蕴，这种无限的真、善、美的精神意蕴生发出"信"，进而感悟到此精神意蕴的至高、至上，从而自然而然"仰视"。所以，其经历的是由"信"而"仰"的心路历程。

这是一种大生命成长性融合的心灵状态，其包含着与大生命融合规律性相联系的至真，与大生命融合呵护相联系的至善，与大生命融合欣赏相联系的至美，是与大生命融合相联系的真、善、美的统一。

爱的信仰是爱的活动中至高的精神，她统领爱的一切精神；爱的信仰是爱的无限追求，她指向爱的永远；爱的信仰是爱的归宿，她结构爱的精神家园。

（二）爱的信仰的特征

1. 成长性

爱的信仰并不是像一些人所想的是一种结果，而是一种状态、态势，甚至是一种过程。当然不是一般的过程，而是一种成长性过程。

首先是由爱的现实向爱的信仰成长。爱的成长的动力源是什么呢？如前述，是人的交往实践。并不是所有爱的活动、爱的现实都可以成长为爱的信仰，是否持续进行交往实践是关键因素。交往实践的重要性质是突破现有、探索未有。由于交往实践不竭动力支持的爱的现实活动，使交往主体在对生命奥秘惊奇、呵护、欣赏的体验中，萌发出爱的精神意蕴的追寻趋向。爱的这种精神意蕴追寻，非同寻常，其开启了突破爱的现实的精神之旅。这种超越性的追寻，就可能成长为爱的真、善、美的"细胞"，即与生命融合规律性相联系的真，与生命呵护相联系的善和与生命欣赏相联系的美，从而进入爱的信仰的成长过程。

而且，从爱的现实到爱的信仰的成长本身也是一种过程。在爱的交往实践的常新动力推动下，爱的现实为爱的信仰的生长提供源源不断的滋养，而爱的信仰反过来为爱的现实发射源源不断的光芒。

其次是阶梯性成长。如前述，爱的信仰会经由个体之爱信仰，家庭、社区之爱信仰再到民族、国家之爱信仰的阶梯第次成长。个体之爱信仰中，男女双方的心灵就已经有了一种超越性的感悟，一种共同基于生命融合真、善、美的至上的追求。在人与人的交往实践中，这种超越性的至上追求的进一步丰富，自然超越自身，向家庭、社区之爱信仰升腾，进而向民族、国家之爱信仰上升，乃至升华至人类、宇宙大生命融合的境界。

2. 统一性

前述成长性是爱的信仰的形成性特征，而统一性则是爱的信仰的构成性特征。爱的信仰是爱的真、善、美的统一。作为生命成长性融合的爱有其规律性，而爱的信仰之真，踏上了对这种规律性的自觉把握之途；同样，作为生命成长性融合的爱有其生命呵护性，而爱的信仰之善，步入了对这种呵护性的主动践行之路；再者，作为生命成长性融合的爱有其生命欣赏性，而爱的信仰之美，走进了对这种欣赏性的天然流淌之程。

实际上，爱的信仰的真之途，发出理性之光；善之路发出道德之光；美之程发出审美之光。真、善、美"三光"合一、三位一体，统一结构为爱的信仰的至上超越精神。

二、社区精神

（一）现代社区精神的界定

何谓社区精神，我们到底该如何理解社区精神？

对此，不少学者是从其直接形成和具体构成的角度来探讨的。譬如，有学者认为，社区精神是指在一定的历史条件下，一定的社区成员在长期的社会实践过程中，在正确的价值观念体系的支配和滋养下，逐步形成和优化出来的一种社区意识。它是社区成员自觉认同的价值观念、理想、信仰、意志、作风、职业道德、行为规范的综合体现和集中反映。[①] 这里，界定突出了社区精神形成的实践基础、主体认同和内容构成，不无道理。

但是，这种界定存在的重要缺陷就是忽视了社区精神大的渊源。社区精神属精神范畴。同一文明传统下和体系中，社区精神有其共性，而相对不同文明传统和体系，社区精神会有很明显的区别。这有何根据呢？

历史、经验和理论分析给我们的观点提供了支持。譬如，我们大都了解，中华文明传统和现实社会精神氛围，与美国的文明传统和现实社会精神氛围差异明显，中国和美国的社区精神差别就很大。而且，精神是交往实践的结果，其特性之一就是同质熏染性。在一个大体同质的文明体系内，一种精神在交往实践基础上，可以经由传播、蔓延而熏染其体系内元素。

因此，在我们看来，社区精神是指在一定的文明传统和社会精神氛围下，一定的社区成员在长期的交往实践过程中，逐步形成的为社区成员认同的、发育和成长中的社区意识。

实际上，社区精神具体内容尽管复杂多样，但要旨确是一种矛盾统一体，即追求个体生活的自主性、独立性、私密性，和追求与社区其他成员生活成长性融合的矛盾统一体，这种矛盾统一体带来的是社区日常生活幸福指数的提升，人们在经历大量的、重复日常生活对此的验证中，会逐渐认同社区精神的这种要旨。

可以说，社区精神接续于文明传统和社会精神氛围中，酝酿、形成于社

---

① 奚从清. 论社区精神 [J]. 浙江大学学报：人文社会科学版，2002（3）：125.

区人们具体生活交往实践中，植根、发展于人的生活和交往方式演进中，它不仅包括了人们的思维方式、精神感悟等精神现象，也包括了对人的生命确证的生活和行为方式。

所以，对社区而言，社区精神是社区之魂；相对于社会精神氛围，社区精神是社会精神氛围的活化因子；着眼人类文明，社区精神又是人类文明的结晶和发育、成长环节。

（二）现代社区精神的特征

我们可以分析，现代社区精神的特征，是上述社区精神内涵的外显和确证。

1. 社区精神是一种时代精神

改革与发展是时代精神的主旋律，是现代中华文明的主流。时代精神的突出表现之一，是改革精神。当代中国改革是一场有计划的社会变迁，是一场涉及经济基础和上层建筑诸多领域的深刻革命，同时也是推动一切工作的动力。时代精神的突出表现之二是发展精神。"发展才是硬道理"①。现代社会经济的发展是一个动态的系统工程，主要表现在：（1）物质文明与精神文明的协调发展；（2）政治、经济与文化的协调发展；（3）人与社会的协调发展；（4）经济发展同人口、资源、环境的协调发展等。

社区是社会的细胞，所有这些都必然在社区中得到反映。因此，任何一种社区精神都必然深深地打上这种时代精神的烙印。若是离开了这种时代性，社区精神就会失去其存在的真正价值。而且，无论城市社区还是新农村社区，其本身就是时代的产物、社会改革与发展的产物，作为社区建设与发展的精神支柱，社区精神自然体现出对时代精神的趋向和追随。

2. 社区精神是一种创新精神

社区精神是社区成员交往实践的产物。交往实践中的不同主体，正是在不断解决面临的新问题中交往合作的，所以社区成员交往合作的过程，也是不断创新的过程，进而是创新精神不断生成和发挥作用的过程。

创新是一个民族进步的灵魂，是国家兴旺发达的不竭动力。同样，创新也是社区兴旺发达的不竭动力。譬如温州精神就充分体现了这种创新精神。党的十一届三中全会以来，温州人把党的改革开放政策同本地实际紧密结合，敢于冲破一切束缚生产力发展的旧观念、旧思想、旧框框，率先进行市场取

---

① 邓小平文选，第3卷［c］．北京：人民出版社，1993：P377.

向改革，率先发展家庭工业、个体私营经济和专业市场，率先发展股份合作经济，率先探索公有制的多种实现形式和途径，率先建立私营企业的地方性法规，率先形成在全国颇有影响的温州模式。现在，温州人又正在努力工作，率先提前基本实现现代化，把温州建设成为中国东南沿海的重要工业、商贸与港口城市，如此等等，无一不体现出温州人"敢为人先，特别能创业"的创新精神。

3. 社区精神是一种群体精神

社区成员生于斯，长于斯。随着社区成员交往实践的进行和时间的推移，他们自发的、分散的、不系统的价值观和价值取向，会逐渐过渡到比较自觉的、集中的、系统的价值观和价值取向。在党的改革开放和市场经济政策的指引下，特定的社区及其成员，会逐步地形成一种主导的价值观，即爱国、爱乡、理想、创业、富裕、文明、服务。正是这种先进的群体意识凝聚着社区人，譬如温州人、义乌人、张家港人的集体智慧，发挥着他们的无穷力量。这正是社区精神深厚的群众基础，也是社区精神不竭的力量源泉。

4. 社区精神是一种自治精神

社区的发育和发展，也是社区成员自治活动的发育和发展过程。其间生发的社区精神，自然会包含自治精神。

中国社区的实际活动，体现和验证着这种过程。居民自治是党领导下的社区居民依法自治，也就是要把我们党的意志、党的愿望、党的要求、党的方针政策通过法律的条文固定下来，落实到居民群众之中。我们要通过培育和发扬社区精神来达到这样一种境界，即在社区内实行民主选举、民主决策、民主管理、民主监督，逐步实现社区居民自我管理、自我教育、自我服务、自我监督。

5. 社区精神是一种传承精神

如前述，中国的社区精神也是中华文明的传承、结晶和发育环节。

当然，传承是一种创造性的继承。这种继承不仅来源于整个中华民族优秀的文化传统遗产，例如自强不息、吃苦耐劳、艰苦奋斗、淳朴务实、勇于进取等精神，而且也渊源于特定社区的优秀的传统文化遗产。

例如，义乌人多地少，人均不到六分耕地，自古就有"鸡毛换糖"的经商传统。生存的困难并没有把他们压垮，反而使他们磨炼出坚韧不拔的意志、忍辱负重的品格、锲而不舍的韧性、勇于拼搏的气概。义乌人向来崇尚读书，刻苦好学已成为一种世代相传的优良民风。还有，骆宾王、冯雪峰、吴晗等人所表现出来的威武不屈、刚正勇为的精神。这些都是形成义乌精神的深厚渊源。从这个意义上说，义乌精神是古城义乌数千载历史文化积淀而成的宝贵精神财富。

又如，在温州以南宋时期为代表的"永嘉学派"，批判了董仲舒重义轻利，特别是朱熹脱离事功空谈心性的倾向，主张"事功"、"经世致用"、"以利和义"，倡导"功利与仁义并存"的价值观，无疑成为了今日温州精神特质的基本内涵之一。

6. 社区精神是一种个性精神

社区精神一方面反映了中华民族优秀传统文化的共性，另一方面也反映了本社区优秀传统文化的个性，因此它是一种共性与个性相统一的精神。

但是，作为一种地域性的精神文化成果，社区精神的个性特征应当尤为鲜明、突出。实际情形也是如此。例如温州精神的个性特征，在激烈的市场竞争中日益显现出来。的确如此，在中国改革开放的进程中，没有哪一个城市像温州那样引起如此关注和争议，它不仅创造了著名的温州模式，也曾生产出大批假冒伪劣产品，以致在相当一个时期，温州企业家还难以走出浓重的阴影。但是，温州人还是值得信赖的，他们有自知之明，对以前的造假进行反思，1995年提出"质量立市"的口号，打响"温州牌"。最典型的例子，自毁信誉沦为假冒伪劣之乡的乐清市柳市镇，经过整顿秩序，终于成为低压电器之都。温州人正是凭着这种敢闯敢冒，"敢为人先，特别能创业"的个性精神特质，使得他们不断地释放自己的潜能，创造了人间的一个又一个奇迹。

三、爱的信仰与社区精神的同构

相信我们已经体会到，爱的信仰和社区精神，是人类文明在日常生活中结晶的两颗璀璨的明珠。我们来探索、分析和思考，这两颗明珠怎样在精神上同构？

（一）爱的信仰与社区精神同构的动因

自从有了人类，也就有了爱，爱是人类永恒的主题。而社区呢？美国文化人类学家 R·M 基辛曾指出，自从有了社区，"人类存在于地球上的99.9%的历史是以小型社区生活为特点的，而亲属、朋友及邻里的亲密关系又是小型社区社会生活的主体"①。在人类生活中如此重要的爱和社区，其得以维系、发育、发展的直接根源，是精神，即爱的信仰和社区精神。

同属于日常生活基本元素的爱和社区，其各自的精神，假如可以同构，自然存在可以同构的基础性因素，这些因素会是什么呢？

爱的信仰和社区精神有着共同的渊源。其一、精神文明传统。一定的精神文明传统体系，与相应的现代文明之间并不存在一道鸿沟，尽管期间可能有扭曲甚至"断裂"，但是，"现代"与"传统"是"流"与"流"的交汇接续，而不是"片段"与"片段"的硬性焊接。中国现代爱的信仰和社区精神，终归会是传统精神文明沿着一定的生命轨迹，自身而不是他者的现代转化。

其二、现代社会精神氛围。前已述及，爱的信仰和社区精神，就其形成而言，既是"传统流变"，也是"场的感应"。爱和社区的精神因素，不单单是当事人的个别的精神现象，同时也是整个社会"精神场"感应的某种变相。

其三，当事人们的交往实践。这是爱的信仰和社区精神产生、形成的基础和动力性渊源。"传统流变"和"场的感应"，并不能直接对爱的信仰和社区精神的产生和形成发挥作用。其需要通过当事人们的交往实践来产生影响。当事人们的交往实践，是当事人们必需的最直接的活动。在这种交往实践中，当事人们根据交往实践的目的、需求，对"传统流变"和"场的感应"选择、取舍、转化和运用。

作为动力性渊源，当事人们的交往实践不断应对和解决爱和社区事务中的种种问题，不断提升思索、感悟和处理爱和社区事务的水平，在这种矛盾不断解决、不断产生，又不断解决的过程中，爱的信仰和社区精神不断得以滋养和提升。

而爱的信仰和社区精神可以同构的基础因素或动因，在当事人们的交往实践中可以得到说明。尽管共同的精神文明传统、社会精神场或精神氛围等，都可以为这里的同构产生影响，但最根本的推动因素，还是存在于当事人们的交往实践中。

这是因为当事人们的交往实践，有一个根本性的特征，那就是交往共同体活动。无论男女双方的抑或家庭的成员之间的，甚至更多人之间的爱的交

---

① R·M基辛. 文化·社会·个人 [M]. 沈阳：辽宁人民出版社，1988：561.

往实践，还是社区成员之间的社区交往实践，都需要面对共同的客体中介，经由相关当事人的相互交往，通过多种多样的交流、沟通、切磋、协商、竞合等，来解决所面对的共同的实践问题。共同面对、共同协调、共同解决，这就是爱的信仰和社区精神同构的动因点。

（二）爱的信仰与社区精神的同构

既然爱的信仰和社区精神同构的动因点，是交往实践的交往共同体活动，那么，爱的信仰和社区精神同构的结构是什么呢？

交往共同体活动发育生长出来的精神，是包含各交往实践主体又超越各交往实践主体的。因此，爱的信仰和社区精神的精神同构的结构，与"公共精神"有关。

这里的公共精神，是独立自由的个体基于交往实践所具有的一种整体意识或整体观念。个体的这种主体意识和独立气质并非与公共精神所指代的整体意识相抵触，相反它是现代公共精神的前提和出发点。在交往日益成为世界性交往的现代，基于交往实践的个体的主体性和独立性，虽然有着个人价值和尊严的面貌，但其与公共精神中的整体意识具有内在联系。交往实践是一所大学校，它培育着相关主体的作为主体自由意识升华的公共精神。交往共同体活动教给各个主体的，是必须把自己认同于一个与他者联系在一起的共同整体，自我应与他者一起努力寻找和发现彼此之间的共同联系，并高度重视、维护和培育这种共同联系。

这里需要讨论同构了。同构，指的是一个"保持结构"的双射，以及由此形成的被射及的两个结构的准等价。即两个结构会有相似的属性和操作，对某个结构成立的思维和行为操作，在另一个结构上也基本成立。

我们发现，上述公共精神隐含着一种结构，这是一种可以使爱的信仰与社区精神同构的结构。这里我们将这种结构指谓为"个体乐性超越"结构。

"个体乐性超越"结构，即个体保持自己自主性和独立性的同时，又乐于超越自身、追求无限的精神结构。由上述分析可以了解，公共精神隐含着这种"个体乐性超越"结构。

"个体乐性超越"结构，可以作为一种特有的结构，使爱的信仰和社区精神被双射，从而使爱的信仰和社区精神同构。

我们可以发现，爱的信仰中包含着"个体乐性超越"结构。联系前述分析我们看到，在爱的精神追求中，个体既珍重自己宝贵的自然和精神生命，珍重自己生命的自主性和独立性，又乐于超越自身，追求与别的生命的成长性融合，甚至大生命的成长性融合。这种结构支持着爱的真、善、美的至上追求。

同样，社区精神中亦包含"个体乐性超越"结构。结合前述分析看，在社区精神存续和追求中，个体一方面持有和维护自己日常的物质和精神生活，珍惜自己生活的自主性和独立性，另一方面，又乐于超越自身生活，追求与别人生活的成长性融合。这种结构支撑着社区精神真、善、美的不懈追求。

重要的是，如果爱的信仰与社区精神通过"个体乐性超越"结构而同构，将使我们理解和处理爱的信仰和社区精神变得容易些，因为依据同构原理，如果某些思路和方法，可以成功地运用于爱的信仰领域，那么这些思路和方法也可以大体成功地运用于社区精神领域。我们会在后续讨论中进一步展开。

第二节　爱的信仰与社区精神的缺位

身处社会转型期，我们可以经验到，爱的信仰和社区精神的缺位，是我们追求日常生活幸福中不得不正视的现实问题。

一、社会转型期爱的信仰的迷失

不可否认，我们处于社会转型期的爱的日常生活中，爱的信仰迷失是一个比较普遍的现象。在我们的视角梳理这种现象，分析其产生的原因，是很必要的。

（一）爱的信仰的迷失

1. 重物轻人，实用主义思潮泛滥

爱的生活，与爱的信仰联系起来，才会成为成长性的生命活动，才会使心灵得以安顿。可是，当我们进入社会转型期，进入马克思所说的"物的依赖性"时代，我们许多人的爱却被"物"淹没了，不少人不顾及其他地爱上了"大款"、爱上了"富二代"、爱上了"官二代"等等。在这里，人被淡化了，而物被强化了，因为爱上的不是人，而是钱。但是，仅仅钱，能使人的心灵安顿吗？

因为我们所谓的爱没有信仰，心中没有崇尚，心中没有敬畏，当我们心中没有这种彼岸意识，实用主义思潮就会泛滥，从而只顾追求眼前的现实利益，追求当下的金钱的收获，而忽视了人与人生命成长性融合的感悟和追求，进而会与真正的日常生活幸福渐行渐远。

2. 追求短平快，享乐主义盛行

爱，本来是一种长过程，甚至是终生的过程，可是，在社会转型期，在这个社会活动节奏大大加快的时代，我们日常生活中的爱，其节奏也被大大"拉快"了。

爱被"异化"为短平快的快乐，享乐主义的追求和肉体的解放，成为社会转型期一个非常的普遍现象。爱的"快餐"，与因特网的文化、好莱坞的文化、麦当劳的文化，以及西方所传过来的短平快的享乐主义文化"相伴而舞"。

于是，"一夜情"、"性伙伴"、"试婚"、"闪婚"、"玩婚"、"形式婚"等等，统统被冠以爱的美名。爱，变味了，"快"，慢不下来，静不下来，"乐"，不想吃苦，不想担责，如此，这种短平快的享乐主义的爱的文化，带来的不仅是心灵的浮躁，而且是"祛魅"。它用享乐、快感来解构爱的生活当中一切形而上的东西，爱，没有了神圣，没有了崇高，没有了严肃，没有了至上追求，所有的都是虚无主义。

3. 以假乱真，不齿于欺诈

爱，本来该是先做人，做一个真正的人，然后真人交往、真心相见的生命活动，可是，进入社会转型期，爱的欺诈却非个别现象了。男女交友得慎之又慎，婚介牵线须小心陷阱，婚前财产要提前公证，夫妻感情则脆弱难稳。道家修到最高层就成"真人"，现在爱的生活中真人少了，"假人"多了。

爱的活动中，不齿于欺诈，一些人内心空虚，没有价值遵守，心中没了自我警戒的"警察"，没有了敬畏，也就远离了爱的信仰，当然也就无缘爱的幸福甚至生命的幸福。

（二）爱的信仰迷失的原因

1. 日常交往实践、社会互动受限

由前述知，人是在交往实践中成长、社会互动中生活的。人是什么样的？人的爱是什么样的？原因在于人的交往实践是什么样的，人的社会互动是什么样的。而交往实践按其活动基本内容划分，可以分为经济交往、政治交往、生活交往和精神交往。

进入社会转型期，随着市场经济的建立和运行，经济利益、经济交往日渐突出，利益原则逐渐盛行。这本属转型期正常社会现象，但接下来的情形则有所不同了。这里涉及两个重要社会情况。一是我们没有及时有效保持边界。这里的边界是指经济交往尤其利益原则运行的边界。利益原则当先的经济交往有着天然的僭越性，其在实际运行中，僭越于经济活动，扩张于社会活动、政治活动甚至精神活动。

二是精神领域信仰主导活动的弱化。现实生活中，虽然与核心价值观相联系的舆论宣传和教育活动的信仰主导在坚持着，但与人们日常生活密切相关的，诸如爱的信仰的媒体和教育活动主导却明显薄弱，某些层面甚至出现了真空。

由此，与人们日常生活直接相关的日常交往实践、社会互动空间，被经济交往及利益原则所充斥，而社会交往、精神交往不仅为利益原则所渗透，而且自身明显弱化、收缩。这种受到局限的日常交往实践、社会互动，很难为爱的信仰的生长、坚守提供实践基础和源泉。

2. 与传统文化根脉联通受阻

爱的信仰的实现形态是个体的，而生成却是民族的、大文化的。爱的信仰的存续，需要与民族文化山脉与民族文化河流联通，古今中外的历史事实已为此提供了佐证。

当下我们爱的信仰的迷失，一个重要原因就是与传统文化根脉联通受阻。一是与古代传统文化根脉联通受阻。中国有几千年古代文明，其蕴藏着宝贵而丰富的爱的信仰的文化资源，比如周易讲的乾坤之道，老子讲的道，以及孔子、孟子讲的道，其内含的对天地的敬畏，对自然的敬畏，对神灵的敬畏，对生命的敬畏，就是爱的信仰的宝贵文化资源，可惜我们与其联通不畅，对其营养并未很好吸收。

二是与近现代传统文化根脉联通受阻。中国近现代文化，尤其革命文化、红色文化，亦蕴藏着宝贵又丰富的爱的信仰的文化资源，譬如马克思主义、共产主义信仰，中国化马克思主义信仰，其内含对崇高目标的敬畏、对彼岸的敬畏，同样是爱的信仰的宝贵文化资源，只可惜，我们与其联通同样不畅，对其宝贵营养也未很好吸收。

3. 爱的引导和教化弱化

爱的信仰的生成并不是一种天然的过程，而是社会自觉引导和教化的过程和结果。爱的信仰的迷失，社会引导和教化不利亦是重要原因。

媒体和教育部门承担着引导大众的价值观和道德观功能，应起教化作用，但是，面临市场经济大潮，媒体和教育部门尤其媒体，未能及时适应社会转型带来的新变化，未能为产业化、利益化合理划界，尤其未能清醒审视国际文化竞争和意识形态斗争形势，致使对大众价值观和道德观引导和教化相对弱化。其中，尤其对包括爱的信仰在内的日常生活价值观引导，缺乏足够的重视和引领。

实际上，媒体为利益所驱动，迎合大众的浅层次需要，大量传播西方短平快文化，隐性宣扬消费主义、享乐主义，使其充斥人们精神文化空间，自觉不自觉地产生着负面效应，销蚀着大众包括爱的信仰在内的正的价值和道德追求，我们万万不可掉以轻心。

二、社会转型期现代社区精神的失落

（一）现代社区精神的失落

社会转型期，随着市场化、城镇化的不断推进，社会进步在给人们带来实惠和变革的同时，也使"人类共同体"关系日趋式微。在社会生活层面，人所拥有的种种需求有时被"实用性"的功利主义价值观所漠视，从而使有些人逐渐丧失自主性，变得孤立、冷漠，彼此之间缺乏认同感和亲切感。个人日常生活孤立化的城市生活方式，使得现代社会逐步丧失了传统社区所蕴含的某些有价值的东西，导致了社区精神的失落。

1. 社会分化加剧，初级群体原有功能不断发生转移

初级群体功能转移以人们难以预料的方式和速度实现着。譬如在传统社会，儿童的社会化主要是在家庭这个初级群体中完成的，而现在，儿童的社会化则更多的是在各级各类学校得以进行的；传统社会，老年人年老体衰时主要是在家庭养老，而现代社会，很多老年人都走进了养老院，即在次级群体中生活。

这种变化，致使原有社区文化传统难以延续，社区精神的发育缺乏足够的条件。

2. 初级关系日趋松懈

社会转型期，随着社会流动的加速、大众传媒的发展、价值观念的转变以及家庭规模的缩小，人们之间的交往日趋带有短暂性、间接性和功利性等特点。而以富于社会性和情感性色彩为重要特征的初级群体，不仅数量日趋减少，而且质量也在逐渐下降，有些初级群体已经"名存实亡"。例如，传统社会中的村落和邻居，都曾是重要的初级群体，而现在一些农村中的村落已有解体的趋势，城市中的"邻居"也往往成了纯粹地理上的概念。如此，传统社区精神日渐式微。

3. 次级群体的迅猛发展

社会转型期次级群体迅猛发展。科层制作为现代次级群体的典型代表，渗透于社会、经济生活的各个领域。人们无时无刻不在与现代社会的种种科层组织打交道，而科层制的非人格化、不近人情、因循守旧，则容易导致现代人人际关系的疏远、淡漠以及人的主体性地位的丧失。正如费舍尔所说，人际关系中的相互依赖性得不到满足，是产生个人心理上的孤独与彼此之间疏离感的最深层的原因。可见，初级群体的日渐衰落、次级群体的迅猛发展导致人们对初级关系的新需求。与此同时，初级群体也必须转变其结构和功能来适应社会的发展，而社区作为现代人生活的基本单位，应以其特有的区域性、灵活性和亲和力，来弥补初级群体衰落所带来的种种不良后果。

（二）现代社区精神失落的原因

1. 城市社区人口的高异质性

城市居民社会流动的频繁，城市社区人口构成的高异质性，导致难以达成社区认同。无论是社会关系空间还是地理空间的流动，都会引起居所的搬迁：职业更换、单位变动、身份地位改变、经济条件改善、家庭分化重组、旧城改造等等，都会使社区人口不断流动。当居所成为人们"暂住的客舍"、社区成为"过往的通道"时，要想他们产生对社区的认同感和归属感是非常困难的。

当代城市已经是高度异质化（异质化的人口和异质的文化）的社会，在社区这个松散的生活空间里，聚居着来自五湖四海没有血缘、业缘关系的个体，不同的文化背景、不同的价值取向、不同的经济状况、不同的生活方式，使人与人变得陌生，会产生一种不安全感，从而使社区的人际维系力越来越衰弱，人性感受、人性色彩更趋淡薄。城市人个性日益突出，自由却不自在，独立却又孤独，失去了归属感。

2. 个人利益的张扬

社会转型期由于社会的进步，社会日益开放，社会环境越来越宽松，人的个性得以张扬；由于生产力的巨大发展和物质财富的迅速增长，个人利益也容易得到满足。以工业化、城市化为特征的现代文明在带来物质追求欲望不断提高、不断满足的同时，削弱了个体对社区的依赖和对整体和集体利益的认同，从而片面追求物质享受，导致极端个人主义、享乐主义泛滥，造成人际关系的疏离感，个人从群体中"剥离"出来，致使"心灵的漂泊"。

随着社会转型，城市居民的社会关系由社区型变为主要是社团型和契约型，人们逐渐以效率、利益作为人际交往的基本准则，功利主义取代了传统的道德原则，而诚信社会却尚未形成，还没有建立起普遍的信任机制。纯粹的契约、交换关系导致社区人际关系的改变。人们处理事情，不再看重个人感情，亲朋、邻里之间也照样计算效率和利益。社会上兴起的婚前财产公证、夫妻分立账户、家庭成员间相互雇佣等现象都是功利主义的表现。功利主义下的契约是靠法律保障的，不像传统社会那样靠道德来维护。这种变化提高了个人的福利保障，人们不再为道义承担风险，从总体上看对社会发展是有好处的。但由此不免陷入"理性化"的泥潭，从而变得人情冷漠、计较得失，人们难免会发出世风日下的慨叹。

3. 城市居民住宅独立化、封闭化

社会转型期，伴随着城镇化，城市居民住宅由过去开放式的院落结构，变为公寓、别墅独门独户的封闭式格局。居住空间的高层化、单元化、独立化、封闭化，给邻里之间的互动带来不便，导致人际关系的陌生化和孤立化。

在传统社区里，一个村落，一座大杂院，街坊邻居经常走门串户你来我往，分享美食，谈天说地，互相关心，互相帮助，充满温情，好像一个大家庭。城市现代化改变了传统社区的人文生态，酿成现代社会的一个奇特现象：一方面发达的通讯、传媒使天涯若比邻，另一方面人际关系的疏离又使比邻若天涯。家庭服务社会化、社会服务专业化是社会的进步，但同时也取代了家庭成员间的感情服务和感情共享，又阻隔了那些非专业的志愿服务，消解了社区互助的传统精神。在传统社区人人参与、人人分享，提供服务的人也是服务的受益人，"老吾老以及人之老，幼吾幼以及人之幼"的精神遍及社区群体。而今，即使是家里老人生活自理乏力甚至卧病不起，后辈能请家政服务人员照顾就算能尽孝心的了。所以一曲《常回家看看》，竟能让亿万为人父母者热泪盈眶。

社会的急剧变化和快节奏的社会生活，市场经济无情竞争的严酷现实，求职的艰辛，下岗的威胁，升学的精神压力和经济的重负，人际沟通的障碍，各种社会问题和城市社会病带来的困惑等等，都使人们感受到巨大的心理压力，人与人之间相互戒备甚至对立，社会失去了往日的温馨。社区精神的文化价值精髓被销蚀，现代人越来越远离了本质意义的"社区"。

第三节　爱的信仰与社区精神的重构

精神因素是爱和社区生活幸福追求中的灵魂。爱的信仰迷失、社区精神失落的现实状况，需要我们致力于爱的信仰和社区精神的重构。下面我们依次探索爱的信仰和社区精神重构的基点、要素和路径。

一、爱的信仰和社区精神重构的基点

（一）信仰自醒

爱的信仰和社区精神的失落，其核心问题是人的内心空虚，没有价值遵守。当我们在爱的活动和社区生活中没有了信仰，心中没有了敬畏，没有了彼岸意识，从而只顾追求当下的现实利益，追求当下的金钱的收获，追求当下的短平快的快乐，忽视了对他人的关怀和社会的良善，忽视了至上价值的向往和追求时，我们其实已经与日常生活幸福擦肩而过，相去甚远了。

对于信仰与幸福包括日常生活幸福的关系，我们需要具有足够清醒的认知。在幸福的追求中，我们常常忽视信仰这种形而上的精神追求，而重视形而下的物质欲求以及享乐，并且以发达国家的所谓享乐主义为参照。

其实，在精神领域，短平快的享乐文化，在发达国家甚至一些发展中国家也是被边缘化的。比如消费主义的思潮，麦当劳等短平快文化的思潮是从美国刮起的，但是在美国它其实是被边缘化的，对美国文化根基的动摇是微不足道的，因为美国的民众现在80%以上信仰基督教，有一个基本的坚守。比如说日本，它在明治维新这一关键时期，将它的神道教立为国教，既表现出来对西方开放的这一面，但同时也有它自己的价值和信仰的坚守。甚至印度，在现代化中也把它的宗教信仰放在最重要的位置。

因此，对信仰之于幸福的根本价值形成清醒的认知和把握，是爱的信仰和社区精神重构的首要基点。

（二）交往互动

如前述，人在交往实践中生成发展，日常生活在社会互动中顺利结构和运行。因此，打破当下人们交往互动的局限，扩展和深化人们的交往实践和社会互动，就成为爱的信仰和社区精神重构的又一基点。

首先，需要扩展社会和精神交往互动。如前述，社会转型期，在市场经济的大潮中，人们的经济交往互动容易形成蔓延之势，利益考量常常僭越自身所属领域，渗透于我们的社会交往互动和精神交往互动中，社会和精神交往互动往往被挤压。我们需要有意识、有目的地扩展社会和精神交往互动，充实和丰富我们交往的心理、精神内含。由此，为爱的信仰和社区精神重构，提供丰富的交往实践和社会互动基础。

其次，需要深化精神交往互动的形而上内含。形而上的精神是相应的精神交往互动的过程和产物。宗教信仰活动中，人静心冥思，与至上的神实施精神交往互动，这给我们的启发之一，就是形而上的交往互动是有价值的，我们也需要这种深入内心的精神交往互动。我们需要常常静心冥思，与"至上"、与"彼岸"精神交往互动，进入至真、至善、至美的追求、体悟过程，为爱的信仰和社区精神重构，提供深化的交往实践和社会互动基础。

（三）精神同构

如前述，可以使爱的信仰和社区精神同构的结构，是"个体乐性超越"结构，即个体保持自己自主性和独立性的同时，又乐于超越自身、追求无限的精神结构。依据同构原理，某些思路和方法，可以大体同样成功地运用于爱的信仰领域和社区精神领域。

由此，我们可以运用同构原理，探寻大体相同的要素和路径，来重构爱的信仰和社区精神。

二、爱的信仰和社区精神重构的要素

（一）爱心至上

爱心至上，是爱的信仰和社区精神重构的首要因素。爱心，即爱的真、善、美之心，也就是认同大生命成长性融合之心，呵护大生命成长性融合之心，欣赏大生命成长性融合之心。爱心至上，是对大生命成长性融合无限意蕴的敬畏、趋向和遵守。

爱的信仰和社区精神重构，首先需要以爱心至上为首要目标因素进行重构。爱心至上，作为爱的信仰和社区精神之魂，可以统摄爱和社区活动，引领爱中人和社区成员步入现代"两面神"日常生活。

这里的"两面神"，是两种精神追求的统一。一种是爱心的张扬性超越。当事人坚信，两人之间的爱的追求，家庭成员之间的爱的追求，这种小生命成长性融合的追求，是超越"自私"的，超越小范围生命的，其趋向是向更大范围的生命，向社区之爱、社会之爱、民族国家之爱、人类之爱直至宇宙大生命成长性融合之爱张扬的；另一种是爱心的内敛性超越。当事人坚信，宇宙大生命成长性融合之爱，是超越"无私"的，是超越大范围生命的，她内敛于人类之爱、民族国家之爱、社会之爱、社区之爱、家庭之爱直至两人之间的爱。

爱心的张扬性超越和内敛性超越是统一的。张扬是内敛性的张扬，内敛是张扬性的内敛，两者互为条件、互相渗透，是一而二、二而一的关系，是一体两面和两面一体。

（二）自愿参与

自愿参与，是当事人对爱的活动和社区活动自愿参与的意愿。

自愿参与的依据之一，是人对自己成长的自觉。如前述，人，是在交往实践中成长的，在社会互动中成长的。当人对此有了清醒的认识，有了理性的自觉，就不愿成为被动者，而是愿意成为主动参与者，就会有主动参与爱的活动、主动参与社区活动的强烈意愿。

依据之二，是爱心至上的驱使。当一个人有了爱心至上的信仰，就会坚持将爱心投射至别的生命，就会主动参与爱的活动、社区活动。

在爱的活动和社区活动中的自愿参与，其实是一种大生命意识。当事人有了这种意识，就会自觉将爱的对方、家庭成员、社区成员纳入自己的生命范围，将参与其中，视之为自己的生命活动的必要构成之一。

（三）乐于奉献

乐于奉献，是指着眼爱的活动与社区活动，乐于将自己的理性、情感、聪明才智奉献其中的强烈追求。

一个人，当深谙人的交往实践和社会互动特质时，就会对在成就他人、成就生活共同体中成就自己的人生真谛，有深刻的感悟，从而将奉献视为人生成长的大乐。

爱，是奉献而不是索取。爱心至上的信仰，会指引人在奉献于爱的活动、社区活动中，享受人生之大乐。

综上，爱心至上为自愿参与、乐于奉献提供灵魂，自愿参与、乐于奉献使爱心至上得以展现，三者相互联系，构成爱的信仰和社区精神重构的核心要素。

三、爱的信仰和社区精神重构的路径

（一）接续传统

我们这里的所谓精神重构，并不是将原有的精神彻底否定、推倒重来，而是"返本开新"。因为面向构成一个社会的众多成员的精神重构、新精神确立，实际是在构筑一座文化大山，开辟一条文化河流，而这，就必须以一座更大的文化大山作为靠山，以一条更长的河流作为母河。

所以，我们爱的信仰和社区精神的重构，需要接续中华传统文化大山与传统文化母河，实现"返本开新"，即在传统文化资源的基础上，结合时代新的要求，重构爱的信仰和社区精神。

1. 接续古代传统文化返本开新

中华文明古代传统中的"道"——"天人合一"——"内圣外王"，是宝贵的精神资源。周易的"乾坤之道"，老子的道，孔子、孟子的道，内含着"敬畏"意蕴，对天地、自然、神灵、生命的敬畏。联系自周易而来的"天人合一"的良心与天道的统一，则内含着人对天、自然、大生命的爱心至上的意蕴。至于孔孟的"内圣外王"，在人格修炼与社会担当中，蕴含着基于大爱之心的参与和奉献的意义。

与这种精神资源接续，使其成为现代爱的信仰和社区精神重构的宝贵滋养，可实现古代文明之花，结出现代文明之果。

2. 接续近现代传统文化返本开新

如前述，中国近现代文化，尤其革命文化、红色文化，同样是爱的信仰和社区精神重构宝贵的精神资源。其马克思主义、共产主义信仰中，蕴含的是对崇高目标的敬畏，以及主动参与和乐于奉献精神，将其转化、吸收于爱的信仰和社区精神重构中，同样会结出新的文明之果。

3. 接续当下传统文化返本开新

当下主流文化，同样是传统文化的构成部分，而且是最新的构成部分。中国特色社会主义、社会主义先进文化，当然是爱的信仰和社区精神重构宝贵的精神资源。其共同理想、共同奋斗中，蕴含的大爱信仰、自觉参与和乐于奉献思想，将其日常化、生活化于爱的信仰和社区精神重构中，当然会结出日常生活幸福之果。

爱的信仰与社区精神的现代重构，不仅不意味着"西化"，反而需要"传统化"。接续传统，接续古代、近现代和当下文化传统，使民族、国家精神生活与我们的日常生活贯通，就可能重构出"有中国特色"的爱的信仰与社区精神。

（二）营造氛围

新的精神，不仅是大的文化传统绵延、新生的过程和结果，而且还是当下精神氛围熏陶和孕育的过程和结果。所以，经由教育部门、媒体乃至大众其中尤其是媒体营造适宜的、良好的精神氛围，来熏陶、孕育进而推进爱的信仰和社区精神的重构，是有一条必不可少的路径。

我们需要政府部门、教育部门、媒体乃至大众其中尤其政府部门和媒体，对爱的信仰与社区精神重大社会价值形成清醒的认识。如果以文化的社会层面为标准，文化可以划分为国家文化和日常文化（或民间文化）。如果国家文化是山尖，那么，日常文化就是山身和山脚。以爱的信仰与社区精神为重要内容的日常文化，在整个文化中的分量和价值，我们对其应有清醒的认识。

美国前总统布什 2002 年 2 月在清华大学演讲时说："美国最为自豪的不是经济的繁荣，不是军事的强盛，而是社区精神的深入人心。"① 实际上，以爱的信仰与社区精神为重要内容的日常文化，同样是国际竞争的重要文化软实力。

我们的政府部门、教育部门、媒体乃至大众其中尤其是政府部门和媒体，对此同样应有"文化自省"、"文化自觉"、"文化自强"，在全社会持续地营造引导、鼓励、张扬爱心至上、主动参与、乐于奉献的精神氛围。

（三）制度保障

爱的信仰和社区精神的重构，不仅需要社会舆论给予引导、鼓励和张扬，而且需要一定的发育空间以及社会资源的支持。因此，制度保障同样是不可缺少的重要路径。

首先是国家和相关部门逐步设立相应的法律规章，对爱的信仰和社区精神的存续、发育和成长机制，进行保障性、扶持性规约。

其次，地方政府设立一定的项目，通过税收、社会募集等渠道，对发育、成长爱的信仰和社区精神的社会行动，给予方向引导和资金支持。

（四）大众行动

爱的信仰和社区精神重构，归根到底是一种大众精神培育，需要在全社会生成"我行我乐"的社会舆论和大众共识同感。

因此，大众行动，是爱的信仰和社区精神重构的基本的、普遍的路径。

"从我做起"、"从现在做起"，我付爱心我快乐，我参与我快乐，我奉献我快乐，从"实利主义"中超脱一些，从"消费主义"中脱离一些，从"享乐主义"中远离一些，从"世俗主义"中跨越一些，在适当的超越中追求意义和价值的坚守，在爱心、参与、奉献中享受快乐，增进幸福，其实就是我们面前的一条宽广的路。

---

① 韩可胜. 参与、奉献、和谐——美国社区精神及缘由初探. 浦东开发，2009，(1).

第六章

社区和谐的多元竞合

我们可以经验到，社区和谐是日常生活幸福的重要因素。而社区和谐是社区主体多元竞合的动态过程和结果，其间，多元主体乃至社区整体，都在趋向和谐的竞合中得到了成长和享受了幸福。我们尝试沿着主体——架构——逻辑的路径，逐次展开我们的讨论。

第一节　多元主体

我们知道，当下社区建设实践中依然保留着浓厚的传统单向度色彩，政府采用自上而下的权力运作方式，依靠强制性的行政手段，在社区建设中充当全权代理角色。在这一缺乏社区居民和社区组织有效参与的单向度过程中，突出的负面影响是社区精神的培育受到阻碍。而社区精神是社区和谐的灵魂，因此，我们应从社区精神的特殊视角，来审视社区的多元主体，为后续讨论奠定基础。

一、社区精神主体之一——社区居民

（一）传统社区精神的由来与现代社区精神的失落

史料提醒我们，人类最早的社区是伴随着原始农业的出现而产生的，当原始的农业经济使流动性减少，社会生活群体与地域的结合变得紧密，最早的社区形式——原始村落随之产生。农耕时代的社区是以亲密的情感为纽带联系起来的初级群体，人们在生产和生活中的关系是自然形成的，相互协作、相互照顾的互动模式催生了以理解信任、包容关怀、互助礼让为精髓的传统社区精神。居民之间出入相友、守望相助、价值观念一致的生活特征正是这种传统社区精神的体现。

进入现代社会，在工业化和城市化的冲击下，社区居民间的关系发生了明显变化。首先，社会分层和社会流动大大加大了居民的异质程度，在社区

这个松散的生活空间里，聚居着来自不同地域、从事不同职业、具有不同文化背景、持有不同价值观念、习惯不同生活模式的人，人与人之间的差异产生了距离感和不安全感，情感纽带松弛甚至趋于断裂。其次，现代社会中人与人之间的竞争加剧，个体在物质追求欲望不断提高的同时降低了整体利益的认同，社区人际关系由情感型转变为契约型、交换型，人们在社区生活中从相互戒备甚至发展为相互对立，社区精神的精髓被销蚀，现代社区中社区精神失落。

（二）社区精神的个性特征

社区精神从本质上看是社区成员自觉认同的价值观念、理想信仰、道德伦理、行为规范等的综合体现和集中反映。因此，社区精神的首要特征之一便是其个性特征，它是特定社区成员共同对社区文化的凝练，是一种地域性的精神文化成果，社区文化正是在社区这种个性的张扬中突显自身的特质。例如我们所熟悉的华西村，华西人在共同的建设实践中创造了举世瞩目的"华西精神"，独有的"华西精神"又引领华西人取得更辉煌的经济成就，获得了更广泛的社会关注。石家庄人一直在努力践行的"西柏坡精神"，在帮助石家庄创造迅速发展的辉煌业绩的同时，也进一步传承和发展了燕赵文化，赋予了燕赵文化新的时代意义。

（三）社区精神的群体特征

社区精神是群体智慧的结晶，群体性特征亦是其主要特征之一。在长期的社区生活与实践互动中，社区成员生于斯，长于斯。随着时间的推移和互动的频繁化，社区成员们自发的、分散的、反映个体意愿的价值观和价值取向逐渐被社区内其他成员所熟悉，相互间的熟悉促成进一步的磨合、理解，进而其中的精髓被大家提炼、接受，过渡到比较自觉的、集中的、系统的价值观和价值取向，成为社区良性互动的基础和准则。从这一意义上讲，社区精神同时又是一种群体精神，是特定的社区及其成员逐步地形成的一种主导的价值观。

（四）社区精神是群体与个性精神的融合

社区精神的个性特征与群体特征并不矛盾，恰恰是二者的融合。如前所述，社区精神是在整合社区个体尤其是居民，富于个性特征的价值观和行为模式的基础上升华而成的，是从社区成员尤其是居民个性而来，从群众中来，而这也正是社区精神具有广泛的社区认同以及深厚的群众基础的原因，是社区精神不竭力量的源泉。

综上，无论从传统社区精神的由来和现代社区精神的失落来看，还是从社区精神寓个性和共性于一体的特征来看，社区精神的每一点变化都同社区居民息息相关，社区居民社区精神主体的地位不容忽视。

二、社区精神主体之二——权力机构

社区精神不仅仅是一种地域性的精神文化，同时也具有鲜明的时代特色。当今时代是改革与发展的时代，是社会激烈转型的时代。改革与发展的时代精神要求现代社区要在发展中实现和谐，实现社区中人与人、人与环境、人与社会的和谐。反之，社区精神需要体现时代精神，服务于时代精神。在改革与发展的时代，社区精神应体现民主与自治的精神，社区通过民主和自治的方式来实现居民自我管理、自我服务，人们可以不必按传统单位的行动逻辑行事，亦可不必完全拘泥于现代的"市场法则"，而在社区内实行民主选举、民主决策、民主管理、民主监督，逐步实现社区居民自我管理、自我教育、自我服务、自我监督。通过这种现代社区精神的培育和发扬可实现民主和自治，达到友爱、互助、和谐的社区人文境界。

而这种充分体现时代精神的社区精神，将另一个问题摆在了我们面前：政府和相关行政职能部门即社区权力机构，在培育这种社区精神的过程中处于什么样的地位？应该起什么样的作用？它是否为社区精神的主体之一？回答是肯定的。社区精神所体现的民主与自治是在党和政府领导下的社区居民依法自治，党和政府的愿望、要求、方针政策等要通过法律的形式固定下来，落实到居民自治之中，对居民自治进行宏观的指导和约束，保证自治的方向和秩序。因此，社区权力机构在现代社区精神的培育中仍起着至关重要的作用，是社区精神的另一主体。

社区权力机构，是社区发展方向的调控主体与公共资源供给主体。在社会转型不断深入，转型速率不断加快的今天，人们对社区自治乃社区和谐建设的现实途径的观点已形成一种共识。但这并不意味着社区权力机构主体地位的退出，它仍然是社区公共资源供给的重要主体和社区发展方向的调控主体。

众所周知，在过去长达二十几年的城市社区管理历史中，政府一直是社区公共资源的完全供给者，包括资金、制度法规、物质与人力资源都是由权力机构统一配给。随着社区自治的发展，政府逐渐退出各项社区事务的管理，但由于当前我国社会力量发育不够，社区各类资源相对短缺，政府仍然是社区资源供给的主要承担者，如果政府的各类供给和支持完全退出，社区管理将会陷入困境，社区精神的培育也将落空。因此，政府应将对社区的宏观与微观调控分解于资源供给之中，在付出资源支持的同时，推动社区的制度和法规建设乃至社区精神建设，引导社区朝着合理化的方向发展。

三、社区精神主体之三——社区组织

社区组织是指自下而上形成的，产生于社区并服务于社区的民间非营利组织，是经济社会发展到一定阶段的产物，也是社区服务深入发展的必然要求。社区组织是社区精神发展的最终归宿和动力所在，同为社区精神主体之一。作为社区文化的深层次内容和社区的无形资产，社区精神的发育和重塑最终体现为社区组织的发展与组织能力的提升，反之社区组织的发展亦离不开现代社区精神的有效导引，社区组织在不断发展的同时渗透和提升着无形中形成的社区内在精神。

（一）从社区组织与社区成员的认同感、归属感的关系来看

所谓认同感和归属感是指社区成员对于所居住社区的一种"我们的"意识，一种强烈的"家"的感觉，这样的意识和感觉是维系社区与社区成员以及社区成员间关系的最基本的纽带。

在当前我国的社区中，尤其是城市社区中，社区居民间人际关系冷漠，社会资本匮乏，关系网络松散，居民对社区事务漠不关心，参与不足是极富普遍性的问题。究其根源就在于社区成员对社区缺乏认同感和归属感，居民共同意识没有真正形成。试想，长此以往下去的话，社区成员对自己所工作、生活的社区缺乏起码的认同感和归属感，自然会导致社区成员间的交流、互动受到阻碍，甚至会引发矛盾和冲突；社区整体利益被置之不顾，社区秩序混乱。如此状况之下社区精神这一社区成员内心层面的集体意识，及社区价值观的集合如何能够发育起来？反之，如果社区成员对自己所工作、生活的社区普遍存在着较高的认同感和归属感，人们就会表现出对社区活动的积极参与、对社区整体利益的关注，形成滕尼斯在《社区与社会》中所描述的亲密无间、相互信任、守望相助、休戚与共、同甘共苦、默认一致、服从权威并且基于共同信仰和共同风俗之上的人际关系，找回失落的现代社区精神，也才能够得以促进社区和谐。

社区成员对社区的认同感和归属感是现代社区精神培育的关键。社区成员对社区的认同感和归属感又何以能够形成、提高？一个社区成员对自己所

居住社区的认同感和归属感的高低取决于其需求能够在多大程度上在社区得到满足。社区成员基本需求的满足又取决于社区中各类组织的建设、完善及有效运转程度。因为随着社会现代化程度的提高和社会分工的不断发展，人们生活中诸多问题靠自己的力量是无法解决的，必须依靠组织才能解决。

以居委会和业主委员会为主的居民自治组织在当前基层社区管理中发挥着重要的协调作用。其不仅能够在顺利组织、协调基层人力资源的过程中增进社区互动频率，增强社区凝聚力，而且能够及时发现、化解社区矛盾，发挥着居民理性代言人与上传下达枢纽的双重作用。以满足社区成员各种不同的需求，改善和提高居民生活质量，帮助弱势群体解决困惑为宗旨的社区服务组织的发育和有效运转程度，直接关系到社区居民对社区的认同、归属程度。因为它在满足社区居民生活的不同需求，提高居民的生活质量的同时，自然也提高了居民的社区意识和归属感，进而增强了社区居民的参与度。

（二）从社区组织与社区伦理、社区规范的关系来看

普遍信任的伦理机制和良好的社区规范是现代社区精神必不可少的内容，同时也是我们在现代文明冲击下回归社区，重构现代社区精神所面临的难题之一。普遍信任伦理机制存在与否，在很大程度上影响着社区集体行动的能力和社区活动的效率。一个普遍信任感较强的社区环境，会促进社区居民对社区管理的积极参与，并能够通过整合社区人际关系，提高社区人力资本和物质资本的利用效率，进而提高社区管理与服务的效率。而一个社区中普遍信任的形成取决于一种平等交换、互利互惠规范的培育。即在社会微观人际互动关系中，受惠于他人者有责任进行回报。这种相互回报关系一旦形成规范，个人便能够不计较眼前的得失而为他人或群体的利益做出贡献。平等交换、互利互惠的规范将促使那些经历重复互惠的人之间的信任水平提高，从而更容易形成社区内的自愿合作和集体行动。

关键问题在于，这样一种规范的形成需以社区成员间致密的社会关系网络为前提。因为社会关系本身就是作为共同体的社区必不可少的基础，社区成员要在不断的交往、沟通中相互熟悉，形成并加强群体成员的身份意识。大家在这一关系网络中频繁互动，分享、交换各种资源，相互理解，形成共识，随着交往双方感情的培育增强相互间的信任和依赖。人们从这种关系网络中可以获得归属感、理解、同情、情感支持、经济支持、劳力支持、决策咨询等等。它在人们的日常工作和生活中发挥着相当重要的作用。因此，互动频繁、致密度高的社会关系网络是普遍信任形成和维持的基础。

然而，在物质文明高度发达，功利主义充斥的现代社会中，这样一种社区居民广泛参与、致密度相当高的社区关系网络如何形成？这种关系网络的最终形成依然离不开社区组织。

如社区公益服务组织，其半官方半民间组织的特殊性质使其在就业、保障、救济、帮困等环节为居民提供生活、精神和文化等全方位的服务，在整合社区资源的同时亦整合了人际关系，提高了人际关系网络的密度。社区居民自主组成的多种多样的兴趣娱乐自助组织或志愿团体的建立和发展，则为社区成员提供了沟通的媒介和互惠交换规范形成的环境，为社区普遍信任的产生提供了平台和条件。居民兴趣组织在组织建设上具有平等性，但是内部也往往有核心的成员和组织者。因此，兴趣组织在满足成员共同兴趣交流的同时，会自发形成社区成员之间的人际关系网络，这种人际关系网络可以把社区个体集中起来形成社区集体，凝聚社区力量，建立有序的协作联系，形成社区特有的组织资源。[①] 居民们也正是在各种不同的社区组织中，通过丰富多彩的社区活动而相互熟悉、加深相互间的了解，改进集体行动的策略，从而形成互信互惠的社区规范和普遍信任。

以社区物业管理公司为主的社区经济组织在社区居民的互动中也起着非常重要的作用。因为这些组织具有较为丰富的经济来源，正在全方位介入社区日常管理，深深"嵌入"到社区生活过程中，与居民的日常生活息息相关。物业管理组织为有偿服务组织，为达到盈利目的，一些物业组织为拉近与居民的距离，积极开展社区服务活动，并为社区各类团体活动提供场地、设备甚至经费等，因此在实际的社区生活中，物业公司已经日渐成为社区规范和普遍信任伦理机制培育的重要载体。

第二节　多元参与体系的基本架构

社区和谐所要求的居民的公共情感和多元主体间的平等合作关系的形成与维系，要靠社区参与来实现。社区参与是指社区主体包括社区组织、权力机构和居民依照宪法和法律的有关规定，通过一定的组织或渠道，参与社区政治、经济、文化和社会生活，影响社区公共权力运行，维护自身权益，增进社区福利的过程。多元主体的社区参与是有效整合社区资源，增强居民公共意识和情感，提高居民群体生活能力和社会化程度，维系多元主体平等合

---

① 董云虎. 当代国际法上的主权与人权 [J]. 法学译丛，1992 (10).

作关系的生命线，是现代社区和谐推进的现实途径。

一、社区治理的多元参与

（一）社区治理多元参与是社区和谐推进的要求

当下，公众参与社会管理是构建社会主义和谐社会的内在要求。我们知道，我们所要建设的社会主义和谐社会，应该是民主法治、公平正义、诚信友爱、充满活力、安定有序、人与自然和谐相处的社会。和谐社会的建设必须在党的领导下全社会共同建设，广大人民群众是建设的主体，要团结一切可以团结的力量，调动一切积极因素，形成促进和谐人人有责、和谐社会人人共享的生动局面。公众只有广泛参与社会管理，才能真正体现自己的主体地位并有效维护自身权益，实现自身利益最大化。公众参与下的社会管理机制也能更好地实现管理的科学性、民主性，保证社会的有序运转。而社区是社会的基本单元，社区和谐是社会和谐的前提和基础，社区多元主体在社区治理过程中的积极参与，自然成为社区走向和谐的保障之一。

（二）社区治理多元参与是西方国家的经验启示

发达国家社区建设的经验表明，当一个国家在经济实力、民主化程度与人民素质达到一定水平之后，在社区生活品质的再提升，以及和谐社区精神的进一步发育中，社区参与机制的建立是非常必要的。美国和加拿大在这方面都积累了丰富的实践经验。例如，在美国和加拿大，政府在公共事务管理中只负责规划和宏观调控，具体事务都交由社区组织或民间团体来做，他们在政府的组织、协调下独立地开展社区内各种有偿、低偿或无偿服务工作，以自己的服务争取政府、社会各界和居民群众的支持或无偿服务工作。由于这些组织和团体直接为居民服务，直接与居民打交道，因此它们对社区居民的需求最为了解，所提供的服务也更贴近居民的需求。同时，居民又可以通过这些组织了解政府的政策和信息，而这些组织又把居民的需求传递给政府，从而影响政府社区发展政策和规划的制定，达到政府与居民之间的沟通和良性互动。

（三）社区治理多元参与的平等合作结构

社区治理的多元参与在实质上是一种平等的合作。因此，多元主体之间的权力划分也应体现一种平等关系。社区的多元主体包括政府、居民、自治组织和非营利组织等，其在参与社区公共事务的决策中，形成积极、和谐、高效的信任合作关系，才能实现公共利益最大化的社区管理目标。社区治理结构，因此由原来传统社区治理的垂直科层制结构，转变为横向网状扁平结构。科层制结构下的社区主体之间的关系，是服从与被服从的关系，无论是政府与社区组织之间，还是基层政府与居民之间都是上下级关系，靠行政命令维系这种自上而下的单向运行关系。多元参与的横向网状扁平结构中，大量非营利的社区组织作为沟通和联系的中介，将社区的各个主体联结在一起，基层政府与社区组织，政府与居民之间的关系都转变为平等的双向互动关系。多元参与的社区治理满足了居民的民主需求，改变了社区组织的行政依附地位，真正实现着多元主体间的平等互惠的分权关系，收获着多元共赢的竞合收益。

二、社区服务的多元参与

（一）社区服务的多元参与是社会转型的必然要求

我们了解，在传统计划体制之下，社区服务是完全由政府包揽的。因此难免社区居民和政府双方都感觉不满意。从政府一方来看，因包揽了全部的社区服务内容而造成职能错位，形成了我国特有的"政社不分"、"社企不分"现象，在沉重的负担之下政府行政效率低下，专门职能不突出；从社区居民一方来看，因为政府所提供的服务是自上而下的，上下之间缺乏沟通的桥梁而造成信息不对称，部分居民迫切需求的服务项目政府没有提供，另有一部分政府提供的服务项目却没有需求，供需之间的不匹配自然会引起居民的不满。

之所以出现这种状况的根本原因就在于社区服务多元主体的缺位。社区服务是社区居民共同的事业，社区服务的主体是包括政府在内的所有社区主体，而非单独的政府。社会转型的目标之一就是要革除上述弊端，实现"小政府，大社会"的发展目标。因此，社会转型必然要求社区服务主体的多元化，没有多元主体的参与只能是民政服务。

（二）社区服务多元参与是社区治理多元参与的前提

在长期科层制管理体制和"官本位"思想的影响之下，我们习惯了被行政赋权，从而忽略了这样一个事实：社区公共事务的治理权限，来自社区居民的授权而非行政的授权。要获得居民授权，成为社区治理多元主体中的合法一员，需首先担负起为社区居民服务的职责。社区居民服务职责的划分依据各专门主体职能的体现，社区主体利用其职能效应来获得社区居民合法授权的支持，进而获得其服务行为和社区公共事务决策参与行为的合法性，重构社区公共事务的治理结构，维系社区秩序，维护社区居民的福利。

（三）社区服务多元参与要求充分发挥非营利组织作用，坚持社区服务社会化

发达国家社区发展的历史表明，社区主体之一的非营利组织在提高社区凝聚力，促进社区多元主体参与奉献和谐方面，起到了极其重要的作用。首先，非营利组织的非营利特性，决定了它的主要功能在于社区服务和管理，其基本宗旨是满足社区公民的各种需要。在多元参与的横向网状结构中，非营利组织扮演着把居民和社区群体，与社会联系在一起的中介和催化剂角色。因此，非营利组织可以及时了解居民新的需求，并根据新的需求拓展服务项目，它们的服务活动充分反映了居民的服务需求，不但引导和激发了居民参与社区事务的兴趣，而且对政府的政策和行为也产生了积极影响。

其次，它联结社会和社区的桥梁地位赋予了丰富的社会资源：在财力资源方面，它能够拓宽社区服务资金来源，在美国和加拿大，社区服务的资金除60%左右来自政府资助外，其余全靠非营利组织自己筹集；在社会资源和影响力方面，非营利组织因为广泛参与社会福利、慈善、文化、体育、宗教、环保等众多领域的活动，在政府政策不能涵盖的领域发挥作用，调节了国家与公民之间的关系，在很大程度上缓解了社会矛盾，不仅能够减轻政府的行政压力，而且还能够帮助政府提高行政效能。非营利组织以其专业化的人才队伍，为社区提供专业性的服务，又提高了社区和谐推进的效率。因此，在我国社区服务的多元参与中，要借鉴西方国家的有益经验，突出非营利组织的地位，充分发挥其功能。

坚持社区公共服务的社会化也是实现社区服务多元参与的必要环节。所谓公共服务社会化，就是整合社会力量参与和改善社区服务的方式。即在以政府为主导的基础上，强调各种社会主体共同参与社区服务的供给，以多元化的供给主体和多元化的供给方式来满足社区居民的要求。社区服务社会化是以社区居民的需求为导向的，不仅在满足和保障不同人群的需求尤其是弱势群体的需求方面起着举足轻重的作用，而且推动了社区自身能力建设，有效推进了和谐社区的进程。

三、社区制度建设的多元参与

（一）当前社区制度建设中的"制度剩余"和"制度真空"

和谐社区建设是一项全新的系统工程，尤其是和谐社区的制度建设仍处于探索阶段，不可避免地出现了一些问题，主要表现为社区治理中的"制度剩余"和"制度真空"同时并存。

中国的社区发展和西方最大的不同就在于社区体制的建构。社区体制是指社区内部各种力量担当的角色及其相互关系，其核心是政府与社会的定位。我国的社区体制被很多学者这样描述："从社区的区划到社区居委会的成立和居委会成员的工资补贴都被纳入到了国家体制。对于社区来说，其对应的概念则是国家这个'上级'或'领导'，就社会职能而言，它主要是要'服从'和'服务'于国家需要的。……居民也就自然而然……与国家和社区都呈上下隶属关系。"① 因此，中国的社区建设严格来讲是"社区政府建设"，"社区将城市中几乎所有的社会成员纳入到与国家直接相联系的组织体系当中，使城市社会高度组织化。而居民作为名义上的社区生活的主体，却一直处于被动的地位，并未真的参与到社区生活中去"②。相比而言，北美地区的社区体制则表现为社区管理和决策的广泛参与，强调社区居民的自我依赖、自我完善、自我发展能力。

中国社区体制的特征体现在社区制度建设方面，中国社区的制度供给很大程度上取决于国家制度引导，致使政府对社区的制度供给出现"制度剩余"。"制度剩余"不仅表现为政府和各职能部门，对社区建设颁布的规范性文件和政策措施过多，社区居委会以全部的时间和精力来应对尚且难以完成任务，出现"上面千条线，下面一根针"的工作局面，而且表现为大量的条例和规章重复、交叉。"制度剩余"一方面导致政府独自承担多样化的社区事务管理，管理成本加大，另一方面导致社区力量社区参与意识弱化，对政府的消极依赖性增强。

在社区制度供给出现剩余的同时，社区制度建设中仍存在真空地带。一

---

① 杨宜音，张曙光．理想社区的社会表征：北京市居民的社区观念研究 [J]．中国农业大学学报，2008 (1)．

② 陈宁．共同体的幻想——对近年来社区建设与社区研究的反思 [J]．长春理工大学学报，2006 (3)．

是现行社区制度的规定笼统、模糊，缺乏具体的操作性和针对性法规政策。例如在居民参与、社区安全、社区保障等具体操作层面缺乏规范化的操作规程，工作随意性大。二是有些正式制度规定与现实脱节，成为社区发展中的不和谐因素。如《城市街道办事处组织条例》和居委会《组织法》等法规的部分条款已明显滞后，成为社区良性运行的制度障碍。三是与社区运行有关的配套制度不健全，如在社区现有的制度规定中，没有鼓励和保证社区非营利组织参与社区建设和社区治理的条款，亦没有明确它们在社区建设和社区管理中的权利和义务。"制度真空"的存在为政府行政权力介入留下了法律空间，成为社区多元参与的一大障碍。

（二）社区制度建设多元参与的基础——居民自主性权力的获得

社区制度的生成应遵循哈耶克的自发秩序建构规则，制度的建构主体与目的主体理应一致，这就决定了社区制度建设的多元参与。在这一多元参与过程中，政府的作用在于督导，而不能过多干预其他主体的合法参与活动。因为社区制度的产生和实施，关系到每个社区居民的切身利益，理应由居民自主安排和决定，居民对于社区制度建构是有着自主性权力的，居民只有真正拥有了这种自主性权力，社区制度建设才能实现多元参与，居民也才能作为众多主体中的一元参与社区和谐竞合。居民自主性权力的获得，包括组织机构和治理规则的自主设计、制度文化的自主建构等方面。

首先，社区的组织机构应主要由社区居民的自治组织——社区居委会代表居民进行自主设计。社区居委会自身的职能主要在于组织居民开展各种自我管理、自我服务、自我监督、自我教育活动；社区服务则主要通过引入市场机制，发展社区服务组织和志愿者组织来承担，同时居委会承担监督职能。其次，社区治理规则应在国家法律法规的基础上由居民自主制定，对社区的所有事务实行自主管理。再次，社区文化对于社区制度生成有着极其重要的影响，居民对此也拥有自主建构权，在建构社区制度文化的过程中渗透民主、参与、自主的价值观念，形成社区良好的制度文化氛围。

第三节　社区和谐"集体行动的逻辑"

社区和谐的关键在于各要素之间的相互依赖、相互转化、协调统一的有机联系。社会转型期诸多影响社区和谐的问题所在，来源于爱的失落。正如马克思所言："在现代，物的关系对个人的统治、偶然性对个性的压抑，已具有最尖锐最普遍的形式，这样就给现有的个人提出了十分明确的任务。"①而"我们生而为人，这并不足以使我们成为人；我们活着，这并不说明我们进入了人生；要进入人生，必须凭自己的自由意志去设计人生。人生没有现成的模式和模范，每个人的角色必须自己去创造"②。因此，社区和谐"集体行动的逻辑"，就是多元主体共同致力于社区爱的精神发育。

一、社区居民：领略爱的真谛，人人参与爱的奉献

（一）对爱的曲解令爱在社区流失

在当今这个剧烈变迁的时代，我们几乎每天都能感受到周围的变化，而且变化的速率越来越快。在有限的生存空间内，以我们有限的精力和时间去应对瞬息万变的外部世界，令我们每个人都疲惫不堪，疲惫的心灵渴望爱的慰藉。社区是我们基本的生活场所，对爱的渴求自然而然地指向了社区，指向了社区居民。但现代社区的情况却与爱的初衷背道而驰，越是现代化程度高的社区，越是缺乏爱的温暖，邻里之间友情冷漠，家庭之中亲情淡薄，婚姻家庭的不稳固标示着爱的变质。

其原因何在？我们在求索爱的同时未能把握爱的真谛。爱的真谛是什么？如前述，爱的真谛，是生命的成长性融合过程，是主动参与、主动交往、主动付出的过程，是如弗洛姆所言的积极的"给予"，而不是消极的"接受"。③人与人之间的爱应该建立在相互关心、相互尊重、相互了解的基础上，是一种相互的责任。但我们更多的是把自己摆在受爱者的位置，是对被关心、被尊重的追求。我们往往即使真爱某一个人，在潜意识里也表现为对别人的占有和控制，实际上是对爱的本质的一种曲解。

（二）把握爱的真谛，参与爱的奉献

要建设和谐社区，发育社区之爱精神，每个社区居民都要去理解爱的真谛，变消极的"接受"为积极的"给予"。人是交往实践的主体，是在交往实践的过程中，将爱的意识转化为一种自觉行为，在付以爱心的交往做事中，形成爱的精神。因此，社区居民爱的精神的培育需借助多层次、多渠道的有效方法和途径，引导社区居民积极参与社区事务，才能使广大社区成员在交

---

① 马克思，恩格斯．马克思恩格斯全集（第三卷）［M］．北京：人民出版社，1960：515.
② 邓晓芒．灵魂之舞——论中西人格的差异性［M］．北京：东方出版社，1995：252－253.
③ 任燕红．爱的求索——弗洛姆爱的哲学思想研究［D］．西南大学，2006：25.

往互动中，真正理解爱的真谛，并将爱的信仰植根于心里。

首先，社区须为社区居民创造更多的交流和参与的机会，清除社区居民意愿表达的制度障碍。进一步增加居民代表大会召开、举报、上访等居民参与社区工作的机会；建立经常性的、规范化的政务、财务、信息公开制度，使社区建设的宗旨、内容深入人心，扩大居民的知情范围，为其进行社区参与创造条件；给予居民合法有效进行社区工作监督的保障，通过广泛的宣传发动，强化社区居民"社区是我家，建设为大家"，以及"我为人人，人人为我"的意识，增强社区居民深入参与社区事务的主动性和积极性；还可适当建立一些居民社区参与的激励机制。对热心参与社区事务，并能带动周围更多人参与的社区居民给予精神鼓励，对参与意识不强但又有一定想法的居民，可给予适当的物质鼓励。

其次，充分满足社区居民的利益需求。居民的社区参与意愿是建立在共同利益需求的基础上的。每个社区居民都是具有独立利益需求的个体，促使其进行社区参与的前提，是他个体需要的基本满足。通过提供实实在在的服务，让居民群众切身感受到社区在他们生活中的重要地位，用现实利益把居民同社区紧紧连在一起，否则"事不关己，高高挂起"，居民参与的热情会大大降低。但在当前社区解决居民日常生活问题力量不足的情况下，需要动员、整合其他社会力量的参与，实现社区服务多元化。另外，挖掘社区活动与居民利益和兴趣的相关性，并使居民在参与中真实感受到这种关联性，才能形成社区参与的良性循环。

再次，还可借助社区网络平台，拓宽居民参与渠道。进入现代社会，我们更多地感受到的，是网络在很大程度上侵蚀了人与人之间的爱，甚至有人将现代社区中爱的失落归咎于网络。可是从另一个角度来看，网络传递信息的便捷性也可以增进居民之间的相互了解，拓宽居民社区参与的渠道。我们可通过建设涵盖物业管理系统、社区管理系统等的社区基础网络平台，向社区居民提供社区资源信息，以居民关心的热点、难点问题为主题建立社区论坛，给予居民通过网络系统进行居民之间、居民与居委会和物业委员会等社区组织之间交流的机会，不仅拓宽了居民社区参与的渠道，而且有效拓展了交流的范围，使居民能够在网络虚拟的环境中传递爱，享受爱。

二、基层政府：把握爱的方向，营造爱的环境

如前述，爱的信仰和社区精神重构的首要因素是爱心至上。爱心至上，

其实是一种大爱信仰、大爱指向。沿此方向，在以大爱为前提的致力于社区和谐的集体行动逻辑中，其主体之一——基层政府应该以一种什么样的身份和方式去培育社区爱的精神呢？

（一）转变理念，合理定位

中国几千年的封建历史对国民思想产生了深刻影响。大部分百姓在长期的服从状态下形成了一种对国家、政府的制度安排强烈认同的定势，只要是政府的意愿，他们都会不加思考地去不折不扣地执行。而百姓这种"臣服"心理下的惯性行为反过来又强化了整个社会的"官本位"思想，使很多领导干部角色错位，将自己置于高高在上的位置，将自己手中的权力看做是向群众施舍、援助的工具，在理念上将自己定位于"管制者"角色，而非"服务者"角色。表现在基层政府与社区的关系上，表现为政府对社区居民公共事务的参与和社区自治持不信任甚至排斥的态度，习惯于包揽社区事务，管制社区居民。

这种理解很显然偏离了爱的方向，不利于社区爱的精神的发育。为此，政府必须转变观念，对自身进行合理定位，理清与社区居民、社区组织的关系。首先要摈弃对社区居民参与社区自治的不信任态度，改变政府无限权力的观念，积极引导、促进、扶助社区居民进行社区参与；其次，树立"以人为本"、"以社区居民需求为本"的观念，将自身合理定位于服务者角色，改变政府与居民之间的对立关系，把满足社区居民的生活和发展需求作为政府工作的出发点和归宿，从而正确把握爱的方向，以爱为指导营造充满爱的和谐社区环境。

（二）转变职能，服务为本

理念是行为的先导，基层政府要在爱的理念指导下，以爱的行为培育社区之爱精神，则需转变职能以服务为根本打造服务型政府。首先，政府应及时从传统的对所有社区事务的管理中转到社区服务上来。政府角色既然是社区服务者，政府与社区之间就应该是合作与监督的关系。政府组织应着力对全局性的社区公共事务和公益事业进行组织和管理，包括制定社区公共服务政策和规划、提供社区服务资金和设施资助等，局部性的社区事务交由社区组织来管理。政府与社区组织之间也从过去的命令与服从、控制与被控制的关系转变为明确各自职责基础上的合作关系。

其次，服务型政府要求政府明确与社会的边界。政府应全面收缩渗透到社区的行政控制权，但政府作为公共权力行使者依然负有创造并分配公共利益、维护公共秩序的责任。对此，政府应以公共政策规划社区发展总体目标，运用政策工具提供社区发展资金，并通过法律规范监督社区自治主体行为，维护社区秩序，在爱的精神指引下承担裁判者角色。政府与社区职能界限的明确，规范了社区与政府的合作秩序，形成了相互之间的良性互动，促进了社区之爱精神的发育。

（三）整合社会力量，共同进行"爱的给予"

在当前社会组织还没有充分发育起来，社会力量还不够强大的情况下，政府还难以从社区管理中退出，基层社区治理模式的转换只能逐步推进，政府要在这一过程中实现职能的有序转换，需首先充分培育并整合社会力量，社区中介组织的作用尤其不容忽视。社区中介组织是指除党的基层组织和街道办事处外的所有社区组织，包括社区居委会、社会团体和其他发展中的社区自治组织。政府要为社区中介组织的发展提供资金和政策的支持，为社区中介组织的发展提供良好的环境。只有社区中介组织充分承担起相应的社会责任，才能把政府从繁杂的社区事务中解放出来，真正实现其合理的职能定位。

西方国家和香港政府是采用政府向中介组织购买公共服务，并实行政府与中介组织共同管理社会事务的政策等办法，来培养社区中介组织，促其发育并发挥其管理作用的。整合社区中介组织等社会力量，在共同"给予"的基础上共同建构社区之爱精神的发育模式，已成为社会转型过程中基层政府的重要职责之一。

三、社区中介组织：坚守爱的信念，服务社区居民

如前所述，社区自治是我国社区的未来发展模式，社区中介组织应成为不再依附于政府，独立承担本社区范围内的大小事务，享有充分自治权的主体。因此，社区中介组织是和谐社区建设的中坚力量，是社区之爱精神培育的重要主体，中介组织需要坚守爱的信念，以爱心服务社区居民才能推进和谐社区建设的步伐，尽早实现社区和谐。

首先，社区居委会要重新定位，逐步弱化其行政色彩，强化其服务功能，从半行政半自治组织回归真正的自治组织。作为生活共同体的社区是建立在相互认同基础之上，以爱为纽带联结在一起的自组织系统，社区居委会是居民表达利益诉求的载体，应本着"以民为本、为民服务、人人参与"的原则，代表居民合理分配公共权力和公共利益。在包括社区居委会、社区各种营利和非营利组织以及社区居民在内的社区自治系统中，居委会是处于社区权力核心地位的，但这并不意味着居委会与其他组织之间是上下级隶属关系，

它们之间是平行的合作关系，对社区公共事务的决策要时时处处体现共同参与原则，对于涉及居民切身利益的重大事项，必须事先广泛征求社区居民意见，根据大多数人的意见作出决定。

其次，充分发挥中介组织的中介作用。在目前中国社会转型的过程中，非政府组织的力量还非常弱小，社区参与的空间和能力都极其有限。社区中介组织作为未来社区管理和建设的中坚力量正在不断走向成熟，过去由政府完全包揽的社区事务正在逐步转归中介组织，其政府和居民之间桥梁和纽带的地位愈加突出。因此，居民可以通过中介组织参与到更多的社区事务中来，并可通过中介组织与政府进行沟通、对话，参与社区重大决策，促进居民、社区自治组织和政府之间的良性互动，催化社区之爱精神的发育。

第七章

社区和谐的多重博弈

我们可以理解，社区和谐不仅是社区自身的目标，而且也是社会进步的目标因素，因此，社区和谐会要求社区在实现内部竞合的同时，实现社会相关要素的整合。在公共领域同时存在政府、市场和社会三种力量，已是社会学家们的基本共识，基于此，实现社区、政府、市场之间的互动、博弈以至均衡发展，成为社区和谐机制的重要组成部分。我们可沿循博弈的基点、多元互动、资源整合线索展开讨论。

第一节 博弈基点：爱的信仰

与传统社会比较，现代社会是异质社会，不仅人的异质性凸显，而且其他社会力量亦有突出的异质方面。显然，社区和谐这一同质性突出的目标的实现，需要异质力量以一定的同质精神展开相互之间的博弈。由此，以社区和谐为目标指向的社区、政府、市场的博弈、整合，需要投入同质的精神因素——爱的信仰作为基点。

一、爱的信仰在社区

由于爱的信仰的缺乏，现代社区出现了物质与精神相互背离的现象：社区设施越来越全面，现代化程度越来越高，人际关系却越来越淡漠，人际沟通与交流越来越少。缺少了共同参与、共同价值与意识的社区，正在愈来愈远离居民生活共同体的本质。据此，培育社区居民爱的信仰，形成社区爱的精神，建立社区新的秩序，保证社区功能的实现，是增进社区和谐乃至人们日常生活幸福的必然要求。

（一）人性的异化呼唤社区爱的信仰

人是社区和社会的主体，社区和谐、社会和谐源于人际关系的和谐，而人际关系和谐的前提条件就是爱的存在。但是在现代社区中，高度发达的物质文明在极大满足居民物质需求的同时，却带来了人际沟通交流的障碍，越来越远离爱的精神家园。比如现代通讯工具的飞速发展，使人们之间的交流方式越来越多，越来越便捷，人们接收的信息也愈加丰富，但人和人之间亲密的情感联系，却在现代传媒技术的冲击下松弛，甚至趋于断裂。很多人沉迷于网络的虚拟世界而远离现实生活，真实情感让位于虚拟感情，这种和其他人分离，和社会分离的状况使他们游离于群体和社会之外，陷入一种世俗挣扎之中。这也就不难理解为什么现代人在物质极大丰富的同时，生活满意度和幸福感却呈下降趋势，心理健康状况也在走向恶化，与此相联系，疾病、犯罪、资源环境破坏等问题越来越突出，社区和谐受到破坏。

爱的信仰缺失导致现代文明下人性的异化。人，缺乏了爱心至上的精神追求，没有了内心的价值坚守，心中没有了敬畏，没有了爱心付出的社会责任的担当，缺少了良善、美好的意愿因素，模糊了道德底线，从而使竞争、博弈陷入不信任、算计、更不信任的恶性循环。因此，在社区倡导并有计划地培育爱的信仰，在社区和谐的多元博弈中尤为重要。

（二）社区公民精神的回归需要爱的信仰

当下，中国社区居民对社区和谐是有着强烈欲望的，也具备建构和谐社区的能力。但长期封建社会的历史使居民作为"臣民"的意识根深蒂固，"公民"意识发育迟缓。虽然改革开放以来，党和国家一直在推进民主建设，但长期的压力型行政体制和单一的行政管理理念，使得政府与公民之间是一种完全的掌控与被掌控局面。

因此，和谐社区的建设迫切需要培育社区居民的公民意识，使其在和政府、市场的博弈过程中拥有自主、平等的对话权，真正以权力主体的地位参与博弈。然而，公民意识无法简单移植，更不可能一下子拥有，要让一种观念深入人心，需要在适宜的环境里进行培育。那么，让爱的信仰在社区普遍生成，则是社区居民公民意识培育必不可少的土壤。只有社区充满了爱，充满了爱的信仰，才可能使居民作为公民，在爱的至上追求和敬畏下，以爱心行使和维护自己的权益，以爱心自由、平等参与社区内外的竞争、博弈，在各自发展中实现共赢。

二、爱的信仰在政府

（一）新的公共服务模式召唤爱的信仰

政府一直是传统公共管理的单一主体。在前工业时代，政府是可以凭借权力，支配一切、控制一切的特权阶层，民众则只是被剥夺了独立意志和主

权的统治者的工具。这种远离爱的真谛的专制统治模式随着商品经济的发展
而走到了终点。商品经济的发展确立了人的独立主体地位，弱化了政府在公
共管理中的统治色彩，突出了其公共事务管理职能，公共管理进入官僚制行
政阶段。

但过于强调权力地位的官僚制仍然存在曲解民意，漠视公众多样化、个
性化需求的倾向，政府在实质上容易成为对公众进行支配的工具。工具理性
盛行，爱的信仰缺失，社会陷入前所未有的生存危机，对建立在爱的基础上
的新的社会管理模式的呼唤成为社会的普遍诉求。为此，西方发达国家自20
世纪七八十年代以来掀起政府改革运动，试图以一种全新的政府定位来超越
官僚制，新的公共服务理念和服务行政模式应运而生。公共服务理念以公众
至上、服务至上为核心，以公民满意为最终目标。

新公共服务理念关注公民愿望、要求和利益，重视公民参与和公共责任
等要求，使政府回归到它的本源——政府是人民的代理人，它存在的根本目
的就在于为公民服务，满足公民不断增长的需要。更为重要的是，主张多元
参与和合作共治的多元价值理念，为公共管理模式的发展注入了新的动力，
它使得公共管理由传统的"政府——市场"二元互动，走向了"政府——市
场——社会"三元乃至多元互动的公共管理模式，它标志着全新的服务型公
共管理模式正在形成。

但政府服务本位的回归如果不建立在爱的信仰之上则会成为无本之木、
无源之水，致使服务行政模式无异于空中楼阁。因为爱的信仰是一种至上价
值的内心坚守，是一种积极的活动，所有爱的形式都包含了关心、责任、尊
重和了解。如果我心中有爱，我就会关心，我会主动地关心别人的成长和幸
福，并非是个旁观者；我有责任心，我就会对所爱的人的需要做出反应，不
仅仅是对他说出来的，更多的是对他不能说或者没有说的；我尊重他，首先
是客观看待他，不因为自己的意愿曲解他；我了解他，是我已经透过他的外
表看到了他存在的核心，我从自己存在的核心，从我存在的中心，而不是边
缘与他紧密相连。只有在这种积极的爱的实践中政府的公共服务理念才可能
建构起来，新的公共服务型管理模式才可能形成。

（二）政府行政价值取向和公共伦理价值取向的契合需求爱的信仰

新的服务型公共管理模式，只有实现政府行政价值取向和公共伦理价值
取向的契合，才能适应时代发展的需求，为和谐社会的构建贡献力量。公共
性、服务性与合作共治性是服务型公共管理模式的根本特征，其中，公共性

又是其根本要义之所在。

这就要求具体履行公共管理职能的公共管理者——政府必须以公共利益为价值取向，并且将这种价值理念贯彻在公共管理的日常实践中。而公共伦理是对政府行政行为进行评判的价值基础，也需以公共利益为取向，对政府行为进行评价时，以其是否有益于公共利益的实现作为其正当性的依据。行政价值与公共伦理价值二者的契合同样离不开爱、爱的信仰。

"政府人"心中有了爱的信仰，有了爱的至真、至善、至美的追求，对爱的精神、爱的灵魂心存敬畏，自愿将对彼岸的追求付诸此岸的行动，才会对自身合理定位，在积极的爱的实践中去"给予"，从而实现行政价值取向和公共伦理价值取向的真正契合，也为政府、社区、市场的合理博弈，提供精神滋养。

三、爱的信仰在市场

（一）市场化取向的公共管理理念需要爱的信仰统领

中国的社会转型是从经济体制的转轨开始的，经济体制转轨结束了中国的计划经济时代，市场经济体制得以确立。同时，个人利益随着市场经济的发展得以凸显，公民个人主体意识和自我价值实现的需求增强，个人利益和公共利益出现了一定程度的分离。市场经济的发展催生了市场化趋向的公共管理理念，要求重新定位政府职能，明确政府在公共管理中的掌舵者地位。在具体实践层面，借鉴企业管理模式和经验，运用现代管理技术，通过公共服务民营化等方式使政府管理市场化，将市场竞争机制引入公共部门。

其突出特点为以经济效益为主要价值取向，秉行价值中立的观念，强调管理技术、程序与规则。然而过于强调市场与效率的同时，却容易忽视被管理者作为独立个体的情感需求，以及组织成员的主观能动性，在庞大官僚机器保障下的自上而下的权威等级秩序，站在工具理性的立场上，极易形成一种单向度的思维模式，严重阻碍个人伦理道德的自主性，剥夺个人的丰富内心情感，使进入其中的人，只能有效率地执行别人的意志而无法发挥主观能动性。不仅被管理者的情感被忽略，主观能动性被压抑，管理者也愈发缺乏热情，道德水平下降，政府腐败行为愈易发生。

这种市场化取向的公共管理理念，亟须爱的信仰来统领。工具理性、效率的合理性，是不能靠工具理性与效率来自保的。它的边界、底线，需要爱的信仰作为内心价值坚守，作为真美善的精神之光，来持续厘清和照亮。

（二）市场化问题的破解要求爱的信仰提供精神内核

人们在市场化与全球化过程中发出"我是谁，我找谁，我信谁"的绝望呐喊。由于市场化利益优先，利益高于一切而带来的问题，逐渐为人们所认识、所警觉。对于此问题的破解，尽管可以有诸多解决方案，但爱的信仰的精神内核引领，确是我们不能忽视的。

利益原则，其实也是一种有限原则。它为市场运行提供动力，但又难以保证市场的有效、合理运行。市场主体追逐利益，要合理，需要道德底线的遵守；要不乏味，需要内心价值的坚守。而爱的信仰的普遍保有，可以使市场主体的市场竞争兼有一定的"心安理得"。

而市场并不能在社会中完全"自立"，它需要与政府、社会（社区）"三足"鼎立，在博弈中共存、共荣。在此过程中，爱的信仰可以成为贯通三者的精神内核，为其提供共同的精神追求、价值坚守，划定大家均可接受的道德底线，注入各方都不排斥的润滑剂。

第二节 三元互动：社区、政府与市场博弈路径

以社区和谐为指向，爱的信仰为基点，实现社区、政府和市场的三元良性互动，需要选择合理的博弈路径。

一、公共事务管理的三种机制：政府、市场、公民社会

（一）"看得见的手"——政府

在公共事务管理的三种机制中，政府被称为"看得见的手"。因其所具有的统治地位和政治权威，政府在过去漫长的人类历史中，一直是公共资源的单一管理者，凭借自身对社会公共事务管理资源的合法性垄断地位，以社会公共利益的最主要代表者身份，对社会资源进行权威性的分配；同时以国家权力主体的身份，组织公共物品和公共服务的生产和提供，满足公民的公共需求，实现社会公共利益的实现，全权履行公共事务的管理职能。

（二）"看不见的手"——市场

与政府相对应，公共事务管理的另一种机制——市场被誉为"看不见的手"。这只"看不见的手"，通过两方面的作用实现对公共事务的管理。首先，市场通过供求关系引起产品，以及要素市场价格的变动来影响和引导资源的流动，实现资源在社会各部门、地区、行为主体之间的优化配置和组合。

其次，在经济主体间为了经济利益而进行的竞争中，市场以优胜劣汰的

法则来决定经济利益在主体间的分配，使行为主体的活动与市场竞争状况直接联系起来，从而实现对公共资源的合理配置和市场运行的调节。

（三）"第三只手"——公民社会

随着现代多中心治理理论的问世和发展，公民社会继政府和市场之后，以一种独立的公共事务管理机制形式，出现在公众视野中，被称为"第三只手"。公民社会是指以现代社区为代表的，由自由的公民和社会组织机构自愿组成的社会，包括各种团体、协会以及非政府组织等。

社区所代表的公民社会，是社会公共利益的代表者和公共利益实现的促进者，具有将拥有共同利益需求的个体公民联结起来，把分散个体组成相互依赖的群体的功能。在现代社会的发展与和谐社会构建过程中，公民社会组织正在成为公共事务管理中一支独立而且强有力的力量，在公共事务管理的诸多领域愈来愈发挥不可替代的作用，远远超越了以往拾遗补缺的角色定位。

二、政府、市场、公民社会在公共事务管理中的失效

政府以拥有对公共资源进行配置的强制力作为后盾，市场可凭借市场机制实施对资源配置、组合的影响，以社区为代表的公民社会，是公民以自组织形式，实现其公共需求自我满足的有效保障机制。三种制度安排各自以其独特的行动资源，以及行动逻辑在现代公共管理领域发挥作用。与此同时，三种制度安排也在现代公共事务管理的实践中，显现出了作为独立管理主体的局限性。

（一）市场失灵

在我国从计划经济向市场经济转轨的过程中，几乎每个人都能切身体会到，市场经济的"不完善信息"和"不完善竞争"，给我们的生活带来的影响：物价困惑下的"抢购风潮"，股市风云变幻中的大喜大悲，社会资本与人力资本PK中的心理失衡……如此等等无一不在向我们昭示"市场失灵"的存在。

市场机制运行的理想状态是完全竞争和完全信息，但现实状况是市场机制由于本身存在内在的缺陷和不足，在面对复杂多变的市场形势时会出现盲动、滞后、无序等问题，由此不仅会导致资源无法进行优化配置和组合，而且会带来资源的巨大浪费和不公平分配。显然，单一市场机制下的公共管理是无法实现资源的合理配置和社会的有序运转的。

（二）政府失效

"市场可能失败的论调广泛地被认为是为政治和政府干预作辩护的证据。"① 而且传统理论认为市场失灵界定了政府活动的范围，因为在"看不见的手"无法触及的领域，自然要靠政府这只"看得见的手"来干预。换言之，市场失灵的领域就是政府干预的职责范围。但政府干预的效能也是有限的，市场解决不好的问题，政府也不一定都能解决好。政府干预过多最终将导致"政府失效"的出现。

政府作为拥有绝对强制权的国家机构，在理论上被预设为具有完全理性与无私精神的管理主体，因而在实践中被赋予了公共产品和公共责任的垄断权。但在现实生活中，政府和其他经济主体一样，是具有自利性并追求自身利益最大化的独立理性主体，不受限制的权力垄断很容易导致权力寻租，出现权责失衡。同时，现代政府科层制的行政组织模式，带来了组织僵化、刻板的问题，以一个规制过度、僵化刻板的组织机构，去应对越来越复杂多变的社会公共问题，自然会力不从心，频频失效。

（三）社区自治的失序

社会实践的大量事实表明，市场不是完美无缺的，政府干预亦不是万能的，实现社会的有序运转，进而构建和谐社会，需借助市场和政府之外的第三种力量，第三部门，即以社区为代表的公民社会。而公民社会也确实以其专业性、灵活性以及对特殊社会需求的敏感性等优势，在教育、慈善、环境保护、消除贫困、权利保障、社会服务等领域表现出了巨大的生命力，在一定程度上缓解了政府的压力，维护了社会公共秩序的稳定。

但是，公民社会也有其自身的局限性，由此，社会失序现象也难免产生。公民社会是自发形成的，成员的组织能力和资源相对匮乏，致使大多数公民社会组织，代表的只是某个特定群体的利益，这种狭隘性自然令其公共性受到影响。公民社会组织资源匮乏，也造成其在公共资源分配的竞争中，要求助于政府及其他组织，并因此而受制于人，难以维护自身的自治。除此之外，公民社会组织的自治性质令其缺乏外在强制力，集体行动能力受到限制。

① 詹姆斯·布坎南. 自由、市场和国家 [M]. 北京: 北京经济学院出版, 1988: 3.

三、公共治理与社区和谐的基础——政府、市场与社区的三元互动

我们看到，政府、社区和市场单独作为公共事务管理的机制，都不可避免地出现失灵的现象，由此制约了它们各自比较优势作用的发挥。从功能论角度来看，一个处于良性运行和协调发展状态的和谐社会，应该是政权、民权和社权三种权力均衡，三种权力主体——政府、市场和社区相互协调，优势互补，形成一种合作型的互动关系。

（一）政府与市场间的合作

长期计划经济的历史曾使我们一度产生认识上的误区，即市场的发展和其作用的充分发挥，会冲击政府公共管理的权威地位，不利于社会秩序的维护；而政府行政权力在公共领域的干预范围越广，对公共资源的垄断程度越高，市场的发育则越不完全，两者处于一种相互对立的关系。

其实，发挥政府的主导作用并不意味着排斥市场机制。相反，政府与市场的充分互动与合作，还能够促进很多社会公共问题的有效解决，促进社区的和谐。在传统的由政府垄断的公共服务中引入市场机制，充分发挥市场的优势和竞争力量，给予多中心供给公共服务以制度保障，有利于形成竞争压力，克服政府单一治理的不足，提高对社区日常生活需求的敏感性，提高公共管理与服务的效率。

在具体做法上可尝试由政府组织公共物品的供给，市场将私人投资引入公共领域，引入社区，并对私人投资的配置起基础性作用；政府组织则通过制度设计、环境营造、风险防范等层面的运作，为市场机制在公共物品领域的有效运作，包括在社区的有效运作，创造外部条件，在双方的协调互动下，谋求公共利益最大化实现的同时，促进社区和谐。

（二）政府与社区的合作

政府与社区的合作空间很大。首先，社会组织在现实的公共事务管理中，充当着政府的行政助手角色。一方面在公共产品与服务的生产和提供方面，社会组织以其志愿性的特点，更容易获得民间人力、资金、技术等资源支持，提高公共服务的效率；同时社会组织较之政府部门更贴近公共服务的对象——公民，与他们的沟通和联系更多，能够弥补政府在提供公共产品和服务时因信息不对称而造成的资源浪费。

另一方面，在公共政策的制定和实施过程中，社会组织以其与服务对象

联系紧密、熟悉了解的特点，充当政府与公民沟通的桥梁，在提高公共政策的实效性方面提供有益的咨询，进而提高政府的管理水平，改善其管理效果。

其次，政府是社会组织实现自治的强大后盾和有力保障。因为政府拥有在公共资源调动和配置中的特有优势，在自治层面公民社会组织解决不好或无法解决的社会公共问题，往往需要政府的参与解决。不仅如此，政府还可凭借资源优势，采取各种措施增强社会组织的力量，例如提供资金和政策方面的支持，调动其参与公共事务管理的积极性，提高其参与公共事务管理的能力。这就意味着公民社会组织发挥其自组织功能离不开政府的扶助，政府始终是公共利益的最终维护者。由此相互合作、优势互补，形成持续促进社区和谐的长效机制。

（三）市场机制与社区的互补合作

社区的共同体性质决定了其对公共利益的关注和维护，以及在公共参与中表现出来的自治、合作、信任、奉献等特征，而市场是以私人团体利益的实现为其目的的。两者截然不同的宗旨和行动逻辑，在面对社会公共问题时却可以以互补形式进行合作，共同发挥它们在公共事务治理中的主体作用。

市场机制与公民社会的互补合作，首先体现在以现代社区为代表的公民社会可以有效弥补市场经济自身的局限和不足，约束和监督市场机制的运行，解决市场失灵带来的一些社会公共问题。因此，从这一角度来看，成熟的公民社会是市场机制良性运行的社会基础之一。

而从社区的角度看，在共同的公共参与中借助市场主体与竞争机制的支持，社区行动的能力也将大大增强。实践中，许多社区组织致力于推动私人企业的社会责任承担，与私人企业间密切配合与协作，减少、缓解了市场交易外部性问题的发生，客观上增进了社会的公共利益。而且，市场机制与公民社会的充分互动能够促进二者的融合，形成综合二者特征的新型组织形式——社会企业。因此，宗旨和行动逻辑差异很大的市场与公民社会之间除了监督与被监督、约束与被约束的关系，还能在功能互补的基础上形成密切的协同合作关系，而这一关系的形成恰恰是社区外部环境乃至整个社会和谐有序的重要条件。

综合上述分析不难看出，政府、市场与社区公共治理中的作用均不容忽视，而且，为了实现公共领域的和谐状态，促进社区和谐的持续实现，建立起三者之间良性互动的网络治理机制，已成为一种必然趋势，只有充分发挥它们各自的优势，实现三者的良性互动，才能在互动中开辟解决社会公共问题、增进社会公共利益的有效途径，也才能够更好地推进和谐社区、和谐社会的建设。

第三节 资源整合：地方社会管理创新建言

我们可以经验到，在社区和谐生活的构建中，地方政府担当着特别重要的社会责任，地方社会管理创新，需要地方政府实现从理念到施政的系列创新。

一、地方社会管理创新的必要性

（一）西方国家社区治理的基本经验

综观各国典型的社区治理模式可以发现，各个国家的经济形态、社会状况以及社区发展的历史差异都很大，社区治理的结构体系、政府及其他治理主体，在结构体系中的职能定位也有很大差别，但我们仍然能够从这些完全不同的治理模式中，找到它们的共性特征。

其中，最为明显的就是各个主体间的关系与相互作用方式：在社区治理的多元主体中，政府主要承担宏观控制、政策制定、财政扶持以及对其他主体的监督、支持等功能。社区工作的具体实施主要由各类自治组织和中介组织来完成。各个治理主体在社区公共事务管理的持续互动过程中，结成合作伙伴关系。政府虽在治理中主要起指导作用，不参与具体事务，但政府每一项政策的出台，都是在取得区域内居民、各种组织、各种团体的认可后，多方合作，方才共同实施。

（二）中国社区治理存在的主要问题

从中国目前的现实情况来看，尽管近几年在社区治理，尤其是城市社区治理方面取得了一定成就，也积累了许多值得推广的经验，但是在社区公共治理中，仍然存在着不少矛盾和问题，而造成这些问题的根本原因之一，就在于政府的行为失范，出现了政府管理职能的"错位"和"缺位"。

首先，政府管理观念滞后导致政府一定程度的角色"错位"。在长期计划体制的影响下，有些政府部门习惯于计划体制下的行政化管理方式，不自觉地继续用非法制化、非社会化和非市场化的手段包揽社区管理的全部职能，本该属于市场组织和社会组织的职能，未能从政府剥离出来，导致了"政社分开"原则贯彻不力，政府与社区和市场的关系无法理顺，出现了角色"错位"。

其次，政府在许多方面的职能"缺位"，导致社区公共治理参与机制发育不健全。在当前中国社会转型的过程中，社会主义市场经济体制还不成熟，非政府组织资源相对匮乏，需要政府的大力扶持。但政府并没有在政策上、资源上和宣传上，给予足够的指导与支持，也没有为其提供制度化的生存与发展环境。而政府对于中介组织培育的不到位，也大大影响了社区的发展与和谐社区建设的进程。

借鉴西方国家的上述经验，在构建和谐社会的背景下，社区、政府、市场三元互动，实现社区资源的有效整合是我们实现公共治理，走向社区和谐的理性选择。审视中国的现实状况，政府在社区治理过程中的行为失范，使我们的治理呈现陷入资源碎片化泥淖的倾向。因此，地方政府需及时转换职能，重构多元社区治理主体间的关系，创新地方社会管理模式。

二、地方社会管理创新预期

（一）切实维护公民社会的主体权威

社区居民的主体权威是社区治理中，多元权力互动的基础与根本。现代社区治理所要求的治理主体的多元化，居民参与的平等化，以及制度建构的自主化，都要建立在对居民主体性权威的有效维护之上，均以服务社区居民为根本。因此，居民利益的代表组织——以社区居委会为代表的社区居民的服务性自治组织，自然而然地承担了社区自治的主体权威维护的职责。

为此，必须明确社区自治组织的职能范围，将其从行政性政府职能的替身，以及居民权益代表的双重职能中解放出来，回归其社区自治主体权威维护载体的本位，从而使更多的社区居民，有意识地直接参与社会公共事务管理，同时对政府行为进行监督，行使其社区治理主体的权力。

（二）扶持社区自治，引导、扶助社会力量参与社区治理

社区自治力量的发育、成熟及其在社区治理中主体作用的发挥，是和谐社区建设的基础和根本，而其形成和发展的过程离不开政府的扶持。为此，政府要通过公共事业建设，开拓社区自治赖以形成的社区公共领域；通过居民公共意识、民主意识的培养，加强社区主体建设；扩大社区参与的主体范围，保障居民自治权利的实现；从社区长远发展的角度，完善社区自治组织体系和机制建设，推进社区自治持续发展。

社会力量是社区治理、社区建设的重要依靠力量，也是政府的主要合作伙伴。因此，在社区合作治理中，政府要通过法律、规章、政策等方面的制

度创新，推动社会力量参与社区管理，参与地方社会的公共管理，充分尊重其主体地位。

首先，政府要充分给予社会力量参与治理的权力。这就需要政府转变"万能政府"的观念，适当下放治理权力，实行以政企、政事、政社分开为核心，进行政治体制改革和政府职能转变，通过引入市场竞争原则，实现市场主体的互动参与，进而实现以居民需求为导向的公共管理和公共服务，使社区治理模式从传统的"大政府、小社会"的模式，向"小政府、大社会"的多元互动治理结构转变。

在此过程中，政府应尤其关注当前社区治理的积极参与者，他们多为对当前政治问题理解更透彻、对社会发展趋向把握更准确的社会精英，在他们的带动下不仅能够增强公民对政府行为的理解、反馈政府需要的信息，更重要的是可利用自身能力与资源，对政府提出有效意见与建议。因此，政府应从参与途径和资源等方面对其进行进一步支持，与之形成良性互动。

其次，政府要主动寻求社会力量的支持，整合社区治理资源。中国的社区建设起步晚，当前社区共同治理机制发育还不够健全，很多潜在的社区治理社会力量，未能参与到社区建设与治理中来，在一定程度上阻碍了和谐社区建设的进程。为此，政府应主动寻求并有意识培养潜在社会力量的支持，以有效整合社区建设的资源。

政府在寻求潜在社会力量支持时，应从主动发掘和培育规范两个方面入手。潜在的社会力量分个体和群体两种类型。对于个体的潜在力量，因其处于无组织状态，容易游离于政府视线之外，可采取密切关注的方式，注意观察其隐性的相关公众，通过宣传、民意调查、关键公众接触、听证会等方式观察逐渐显露的利益代表，并在治理过程中持续跟踪。而对于群体性的潜在力量，则需要政府减少管制以降低第三部门的行政依附性，并提供更直接更多元的参与平台，充分发掘和利用其在公共生活中的能动作用，来促使其参与到社区建设与管理中来。

值得注意的是，多数潜在的社会力量对于政策、制度的认知程度不高，而且缺乏相应的参与资源，在社区公共事务决策的参与中往往采用非制度化的手段，很容易对社区治理产生反作用。当前大量的群体性事件，就是由于潜在社会力量在无奈之下，以非制度化途径表达利益诉求、维护群体利益所引发的。因此，政府在主动寻求潜在社会力量的同时，还需对其着力培育，以听证制度、信访制度、网络反馈制度等渠道，增进其对规范参与的理解，并确保其拥有参与社区治理的规范性平台。

（三）加强社区管理服务体系建设，提高公共管理水平

在当前社会转型的特殊时期，社会福利与服务的提供，正在由单一的政府提供模式向着社会化、多元化模式转变。然而，社会转型所带来的一系列问题，向社区管理与服务体系提出了严峻挑战：单位制解体，从单位剥离出来的一系列社会服务功能直接回归社区；城市化进程迅速推进，社会流动加快，大量流动人口转移到城市社区，社区人口构成复杂化直接导致了社区服务需求的多样化；人口刚性政策造成"未富先老"，家庭养老难以为继，社会养老职能同时指向社区……然而，中国现有的社区服务体系建设滞后，人力资源、物质资源薄弱，服务功能单一，无力应对这一系列新的挑战。为此，必须加强社区管理与服务体系建设，整合各种资源，健全新型社区管理和服务体制。

（四）完善公共治理制度，实现社区治理资源整合制度化

当前，搭建公民自主参与的制度平台，是提高社区资源整合的基础和前提。因为社区治理发展的必然要求，是扩大社区参与和权力下放，促使政府与社区其他治理主体建立合作关系，创造共建共赢的格局。政府的角色也从规制者转变为服务者和监督者，治理方式从行政强制变为服务协调。

新的社区合作治理机制的形成与运转，需以制度规范作为保障。政府的职责和任务就在于，建设规范的制度体系以拓宽居民自主参与的渠道，调动更多居民参与社区治理的积极性，以制度化方式开展居民对公共服务的监控，通过制度平台建设促进社区民主，纠正政府的行为失范，全面提升治理效果。

在普遍性制度建设方面，当前最紧要的是要建立面向基层社会的公共财政制度、公共服务制度、社区治理制度等。在社区地方性制度建设方面，要根据国家普遍性制度和社区现实状况，完善社区决策制度、社区公共事务公开与监督制度、资源动员和使用制度、社区福利制度等。

第八章

爱的信仰与社区和谐的社会保障

我们会体认，爱和社区生活幸福的实现，需要民间社会和国家层面多种社会力量的支持、救济和协助。而无论社区保障还是社会保障，都需要爱的精神支撑。我们可在个人之爱、家庭社区之爱、国家之爱，以及个人、非政府组织、国家两条线索交织的视角，来展开讨论。

第一节　个人责任：个人之爱的延伸

我们从社区保障的理论分析入手，展开居民履行个人责任，提供志愿服务的考证和探索。

一、社区保障的理论分析

社区作为社会的基本构成单位，作为为社区居民提供保障服务的重要平台，在满足人们日益多样化的生活需要和全面发展，维护社会的稳定与有序运转，构建和谐社区、和谐社会方面，发挥着越来越重要的作用，有学者将社区保障称为社会的第二安全网（相对于社会保障第一安全网而言）。①

社区保障的概念，是随着社区发育和社会对社区功能的期待应运而生的。总体来看，学界一般从广义、狭义两个角度界定社区保障的概念。广义的社区保障就是指"社区承担或实施的社会保障工作，它以国家的社会保障制度为基础，以社区作为社会保障制度的基本落脚点，以社区居民作为社会保障的对象，以保障居民的基本生活权利和需求为根本任务"。② 或者界定为"根据一个国家或地区的福利政策和居民的实际生活标准，以社区为单位，通过社区组织和社区居民的共同参与，为满足社区成员的物质文化生活，围绕各

---

① 冯光娣. 保障社会化与我国社区社会保障制度［J］. 浙江金融，2005，(9).
② 徐永祥. 社区发展论［M］. 上海：华东理工大学出版社，2000：204.

项社会福利事业和社区居民及特殊居民而开展的保障活动"。① 而狭义上的"社区保障"主要指"社区组织通过优化社区资源为社区居民提供的各项保障业务和服务，充分动员社区力量，利用社区资源，为社区成员提供福利性、公益性服务和便民生活服务的过程"。②

无论从广义的角度还是从狭义的角度来看，社区保障在本质上都是一种正义的举措，充满了人性和人文关怀的精神，体现了以爱的精神为维系力的文化传统。如果没有爱，人文关怀则无从谈起。爱与爱的信仰在社区里起到了精神引领和黏合剂的作用，为社区保障体系的形成与完善提供了基础，而社区相应服务保障的完善又会进一步促进爱的精神与信仰在社区的发育。

二、居民参与在社区保障中的地位与作用

社区如何更好地发挥其作为保障主体的职能？国际经验显示，社区居民以志愿服务的形式参与社区保障事务的作用不容忽视。在欧美、日本、新加坡等国家，政府大力倡导居民的社区志愿服务，但不对其进行直接介入，令其以原本的自主性和灵活性，成为政府功能缺陷的有益补充，进而逐渐还原社会保障事务的社会属性。

（一）社区志愿服务：居民参与社区保障的现实途径与有效形式

"志愿"在本意上不乏自由、自愿的意思。从学界对"志愿者"的界定来看，各国学者的定义几乎都涵盖了以下含义：（1）其服务属个人行为；（2）其行为完全是出于自愿；（3）其活动具有社会价值；（4）其活动是有组织的；（5）其服务动机完全是利他的。③ 国内学者则多从精神文明建设的角度，以无偿性、助人为乐为基本特征对这一概念进行界定。其中以丁元竹的界定最具代表性："志愿精神（volunteerism）是指一种自愿的、不为报酬和收入而参与推动人类发展（humandevelopment）、促进社会进步和完善社区工作的精神……志愿者是指那些具有志愿精神，能够主动承担社会责任而不关心报酬的人，或者说不为报酬而主动承担社会责任的人。"④ 社区居民以志愿者身份参与社区救济与服务则被称之为"社区志愿服务"。显然，这种志愿

① 钟小滨等. 社会整合时期社区社会保障体系的构建 [J]. 西北大学学报哲学社会科学版，2007（4）.
② 陈雅丽. 社区服务研究：理论争辩与经验探讨 [J]. 理论与改革，2006（6）.
③ 赵冰. 北京市社区志愿服务的管理研究 [D]. 中国地质大学硕士学位论文，2006：6.
④ 丁元竹，江汛清. 志愿活动研究：类型、评价与管理 [M]. 天津人民出版社，2001：2-3.

服务是居民建立在爱的基础之上的不计报酬的奉献行为，社区居民通过这种奉献行为实施对社区群体及个人的服务与保障。

在传统社会保障体系中，对社区弱势群体的帮扶主要靠政府增加财政投入、健全法制、改革保障制度来实现。但是这些制度措施的具体落实离不开社会力量的支持，尤其是社区志愿服务的支持。因为完整意义上的社会保障，不仅仅包括物质保障，还包括服务保障，而社区志愿服务恰恰是能够将两者结合起来的有效形式。比如对于社区孤寡老人和残疾人群体而言，他们既是需要物质保障的低收入群体，又是需要服务保障的生活自理能力差的群体，政府制度措施方面的努力，不能从根本上改变其被排斥、被边缘化的弱势状态。社区志愿服务以其特有的自愿性、无偿性特征，在给他们带来物质和服务帮助的同时，也能促使他们融入社区，融入社会，增强他们对社区的认同和依赖。

（二）社区志愿服务在社区保障中的作用

从国际经验来看，很多国家都认识到了社区志愿服务是居民参与社区保障的现实渠道和有效形式，志愿服务也因此日渐成为各个国家社会保障体系的重要组成部分，在激活、动员、整合社区居民中蕴藏的资源与能量，建设和谐社区方面发挥着不可替代的作用。具体来讲，社区志愿服务在社区保障中的作用主要体现在完善保障体系、创造经济效益、保障社区安全等方面。

1. 完善社会保障体系

在市场经济条件下，志愿服务能够有效衔接社会保障体系中，国家管理领域和市场领域之间的断裂，完善社会保障体系。在国家管理领域，政府决策目标定位于公民的普遍权利保证，因而由其提供公共产品；在市场领域，利益最大化为经济部门的根本原则，因而产出私人产品。介于公共产品和私人产品之间的集体产品（同于前述的半公共产品），因政府无力关注，经济部门又考虑到利益微薄不愿去提供，于是出现了一定的"剩余空间"，或称为"内在缺陷"。集体产品是社区居民所迫切需求的，第三部门提供的志愿服务正好能够填补这个空白空间，弥补社会保障体系的缺陷。①

NGO作为联结政府与市场的中介组织，在提供政府无力提供，市场又不愿提供的集体产品方面，能够发挥重要作用。然而在当前社会转型的过程中，

① ［美］E·萨瓦斯. 民营化与公私部门的伙伴关系［M］. 北京：中国人民大学出版社，2002：27.

人们对 NGO 的认识还不到位，致使在现实中 NGO 缺乏独立性，仍处于政府的附属地位，其功能没能得以有力发挥。志愿者个人自发的志愿服务，能够有效解决这一问题。多元化的无偿志愿服务方式，在满足居民对集体产品个性化需要的同时，也争取到了更广泛的居民认同，为 NGO 的发展奠定了更深厚的社会基础。

2. 创造社会经济效益

志愿服务还能够产生巨大的社会经济效益，具有现金保障的可替代性。志愿服务参与社区保障，能够有效缓解政府财政投入不足的状况。因为志愿服务本身就具有现金价值，不仅能够满足社区居民对服务产品的需求，而且能够创造巨大的社会经济效益。在美国，大约有一半左右的成年人参加志愿服务活动，平均每人每星期提供志愿服务 30 小时，这些志愿服务创造的价值，平均每年多达 20 亿美元，其中相当一部分志愿服务属于社区志愿服务；在以色列全部人口中，20% 以上的人参加志愿活动，平均每人每月提供服务16 小时，大部分属于社区志愿服务；在韩国，大约 14% 的居民参与志愿服务，每年提供服务时间总计达 4 亿多小时，社区志愿服务占很大的比重。[①]

3. 协调利益、化解矛盾

志愿服务具有协调利益、化解矛盾的功能，能够促使社区保障功能的切实发挥。从计划经济体制向市场经济体制的转轨，使社会利益格局发生分化，绝大多数人成为改革的受益者，但仍有一定数量的人被排斥在外，成为弱势群体。保障弱势群体的基本生活，让他们享受到改革发展的成果，不仅是政府工作的范畴，也是社区志愿服务的主要工作内容。通过志愿服务，能够在很大程度上协调各利益群体的关系，补充社区保障体系反映弱势群体诉求、满足其服务需求的保障功能，缓解由于社会群体分化所带来的冲突与矛盾。

三、转型期社区志愿服务的居民参与现状

我国的社区志愿服务起步晚，发展的时间短，且主要集中于城市社区。在这个不长的发展阶段中，社区居民的志愿服务取得了一定成效，尤其是在弥补社区公共服务供给不足、整合社区资源、协调社区利益、维护社区安全方面发挥了不可替代的作用。但从整体来看，社区居民以志愿服务的方式参与社区保障事务仍存在很多问题，主要体现在志愿者结构、总体参与率、参

---

① 唐忠新. 社区服务思路与方法 [M]. 机械工业出版社，2004：172.

与途径与志愿服务的覆盖面等方面。

（一）社区居民对志愿服务认识不足

社区居民对志愿服务认识不够，致使社区志愿服务的项目领域有限。应该说，志愿服务的基础——志愿精神，是一个以奉献精神为基础的整体系统，除奉献以外，它还含有互助、友爱、推动人类发展和社会进步以及出于信仰的含义。当前有相当一部分社区居民甚至社区志愿者本人对此认识不够，对于志愿精神的理解仅仅停留在奉献层面，也因此自然而然地未将志愿服务视为爱心至上的责任担当，而将其看做是一种慈善行为，是志愿者对弱势群体的一种单方面施与。

这就造成当前社区志愿服务的领域有限，服务项目单一的状况。梁莹、王飞2008年在南京市进行的调查表明：有18.1%的居民参与过维护社区卫生及治安环境服务，15.9%的居民参与过服务社区老人、儿童、残疾人活动，20.3%的居民参与过邻里互助活动，20%的居民参与过捐赠活动。而参与过指导开展社区文体活动，提供技术服务、科普及政策教育的居民比例则相对较低。[1] 不仅如此，对志愿精神理解的偏差，还严重制约了居民在志愿服务方面的创新意识和团队合作能力，致使很多志愿服务项目开始时"一哄而起"，却又很快走向反面，不得不"一哄而散"，难以发挥真正的效能。

（二）社区志愿者结构失衡

社区志愿者结构失衡，居民对社区保障的总体参与率不高。国内许多调查资料显示，尽管近年来居民参与社区志愿服务的积极性有所提高，但现实的参与率仍然偏低，而且参与人群的结构不平衡。从收入和文化程度来看，表现为收入高的、文化程度高的人群参与的少，收入较少、文化程度较低的弱势群体参与的人数多，中心城区的居民的参与率，比城乡结合部的居民参与率要高。[2] 从年龄结构来看，社区志愿服务参与者多为青少年，中年人参与的比例极低。对杭州市志愿者的不完全调查统计表明，杭州的志愿者主要以团员青年为主，全市注册志愿者中有三分之一是学生。[3] 显然，随着社区志愿服务领域的不断拓宽，志愿服务内容的不断丰富，当前居民的参与水平

① 梁莹，王飞. 居民社区志愿服务参与中的参与式民主 [J]. 求实，2010，(3).
② 彭惠青. 城市社区居民参与研究——以武汉市两社区的实地考察为例 [D]. 华中师范大学博士学位论文，2009.
③ 课题组. 加强杭州社区志愿者队伍建设的若干建议 [J]. 杭州信息，2009，(27).

和志愿者结构已远远不能适应要求，亟待建立居民广泛参与的社会性志愿服务体系。

（三）社区居民参与志愿服务途径狭窄

社区居民参与志愿服务的途径狭窄，服务内容单调。中国的社区志愿服务不同于西方，是自上而下的产物，社区志愿者组织很多由行政人员组成，在涉及具体事务决策时，往往无法触及社区普通居民或弱势群体的真正需求。社区居民参与志愿服务的积极性高，但总体参与率偏低的一个很重要原因就在于此。在现实的社区志愿活动中，居民自身的能力有限，能够依赖的合作伙伴不外乎是基层政府行政人员和居委会成员，而在当前政府不断调整职能定位、改革治理结构的过程中，居委会的自治职能不突出，仍然有明显的政府依附性质又是不争的事实。这就意味着居民参与社区志愿服务的途径，只能是依靠政府，志愿服务内容片面依附政府计划项目，单调僵硬，以参与上一级政府下达的行政任务偏多，技术含量高的志愿服务明显参与不足，远远落后于社区保障的现实需求。

四、社区志愿服务居民参与的培育

中国是一个有着优秀文化传统的国家，人与人之间爱的信仰的存在是中华民族优秀文化传统的一部分，亦是现代文明的基础。加速社区志愿服务的发展，对于培育社区居民爱的信仰，及其建立在爱的信仰基础之上的自主参与的公共精神、合作互惠的道德品质，充分发扬中华民族优秀的文化传统，进而完善社区保障体系，都有着极其重要的意义。但是，由于体制的原因和传统观念的作用，社区居民参与社区志愿服务，尚未得到广泛认可，志愿服务实践中存在的诸多问题尚需探索解决。

（一）提高社区居民的社区参与意识，拓宽志愿服务的项目领域

乔治·弗雷德里克森认为，公共行政的公共理论的构成要件有四个：宪法、品德崇高的公民、对集体的和非集体的公共的认同以及乐善好施与爱心。而后三个要件，无疑与居民的志愿精神是密不可分的。[①] 培育社区居民的志愿精神，使广大社区居民真正认识到，支持、参与志愿服务与公益活动是每一个居民的义务，提高他们的参与意愿，对于社区保障体系的完善、和谐社

---

① ［美］乔治·弗雷德里克森. 公共行政的精神［M］. 张成福等译. 北京：中国人民大学出版社，2003：27.

区建设都有着极其重要的作用。

新加坡的经验显示，社区志愿服务涵盖了社区事务的方方面面，从居民的生活琐事到社区宏观事务管理与决策，无一不渗透了居民的志愿服务，社区志愿服务，也因此而受到越来越多社区居民的肯定和欢迎。因此，要培育社区居民的志愿精神，提高其志愿服务的参与意愿，需首先在社区大力提倡和发展志愿服务，扩大志愿服务的领域范围，加强社区居民对志愿服务的全面认识和深入了解，扩大社区志愿服务的社会影响。其次，要营造良好的舆论环境和社区氛围，让社区志愿服务"人人可为，人人能为"的观念深入人心，切实发挥志愿精神的作用。

（二）壮大志愿者队伍，提高居民社区志愿服务的总体参与率

志愿精神是以自由、自愿为其核心的。因此，壮大志愿者队伍要依靠技术性手段，将越来越多的社区居民吸引到志愿者队伍中来，即招募志愿者。"志愿者招募的关键是把志愿者的需求与志愿组织的需求有机结合起来，通过志愿者的参与实现志愿组织和志愿项目的目标，同时在这个过程中实现志愿者的个人目标，并发挥其最大潜能。"① 落实到具体措施方面，我们可借助创新志愿服务方法和志愿参与的激励机制，来实现志愿者的个人目标、志愿组织目标、志愿项目目标的有机结合。

首先，开发志愿服务的新方法能够有效吸引社区居民的参与。社区居民自身的兴趣是志愿服务参与的原动力，而社区志愿服务组织在招募志愿者的过程中，如果能够事先了解有参与意愿的社区居民的兴趣与特长，在志愿服务项目设计和志愿活动组织的过程中有针对性地进行协调，满足居民的个性化需求，则能够使社区居民在参与志愿服务的同时，享受到服务他人的快乐和自我价值实现的满足，激发他们参与志愿服务的热情，进而提高社区志愿服务的总体参与率。为此，我们可在社区试行居民兴趣、特长登记制，即社区居民将自己的兴趣、特长以及居民自己的需要，在社区志愿组织登记备案，以便于志愿组织进行协调，实现社区居民、中介组织、政府等社区多元主体在志愿服务参与中的良性互动。

其次，激励机制的恰当使用，也能够在很大程度上促使居民参与到社区志愿服务中来。志愿服务源于爱的信仰和奉献精神，但单纯依靠爱的信仰和奉献精神又难于令志愿服务维持长久的生命力。因为志愿者同样是有着各种

---

① 丁元竹，江汛清. 志愿活动研究：类型、评价与管理 [M]. 2001：215.

需求的个体，忽略他们自身的个性化需求，自然会令他们的爱心和激情消退。因此，探索、建立有效的激励机制，给予志愿者服务回报，维持他们的热情不失为提高社区志愿服务参与率的有效方式。

对于居民参与社区志愿服务的激励，我们可以从外部和内部两个方面着手。外部激励可以借助加强对志愿者在社会政策、法律环境方面的支持，培育社区志愿文化，增强居民对志愿服务的认同感，建立和完善志愿者服务的回报机制和荣誉机制等途径来实现。内部激励则可通过制定科学、合理的绩效评估考核体系和推进志愿者进行自我激励来实现。

（三）开拓多样化的居民志愿服务参与渠道，丰富志愿服务的内容

志愿精神的根本要义还在于公民自由行动的条件，要确保社区居民积极广泛地进行志愿服务参与，应该为其提供多样、畅通的参与渠道。但当前社区志愿服务的行政化倾向，在一定程度上干涉了社区志愿者、志愿组织的行动自由，侵害了社区精神的要义，同时也限制了社区居民参与志愿服务的渠道和范围。有学者认为，加拿大社区服务的基本特征可概括为："下放权力，明确政府、非营利组织以及个人的责任，将政府责任与市场化运作相结合，发挥各个服务主体的积极性，实行合作治理。"① 因此，要拓宽居民参与社区志愿服务的渠道，丰富社区志愿服务的内容，首先要从根本上解决问题，弱化社区志愿服务的行政化倾向，大力培育社区志愿组织，加快其发展。

现代社会经济的迅速发展在大大提高社区居民生活水平的同时，也对社区志愿服务提出了更高要求，现有志愿服务项目远远不能适应社区居民的需求。为此，我们要不仅仅关注针对特殊群体的志愿服务项目，还要吸引大量专业人员，参与社区志愿服务组织，在人力资源开发的基础上创新社区志愿服务的项目，丰富志愿服务的内容。

第二节 非政府组织功能：家庭、社区之爱的救济

事实表明，非政府组织大体上是应社区发展需求而产生的。而在家庭、社区之爱的救济下，非政府组织的社区保障功能方得以充分发挥。

---

① 毛丹，彭兵. 加拿大：非制度性社区服务的类型 [J]. 宁波大学学报（人文科学版），2008 (4).

一、非政府组织与社区的渊源

非政府组织与社区的渊源由来已久，可追溯到非政府组织的产生。在美国，非政府组织的产生就源于社区发展的需求，它的根本宗旨就在于满足社区居民的需要。20世纪70年代以来，非政府组织以其在社会保障方面的独特优势，在西方国家的社区保障中发挥了不可替代的作用，非政府组织作为独立主体参与社区保障、承担社区保障的职能，不仅反映了社区发展的客观需求，亦是满足社区居民日趋多元化的保障需求的必然选择。

中国的社会保障体系建于20世纪50年代，是与当时的计划经济制度相配套的"单位保障"模式。在这一模式中，单位所代表的政府是单一的保障主体，其所提供的保障项目与内容是面向全体社会成员的，不可避免地带有普遍性倾向。同时，社会保障制度作为一项基本的社会经济制度，运作于科层制的管理体系之中，很难对社会发展和新的社会需求迅速做出回应，社会保障体制的改革势在必行。

非政府组织作为政府和市场之外的第三方力量，有着提供保障服务的诸多优势。首先，它的非政府性使其摆脱了科层管理的僵化性，能够迅速对社会发展和居民需求做出反应，及时满足居民日益提高的多元化、个性化需求；其次，它的非营利性和组织成员的志愿性，又保证了其保障活动和服务行为的公平公正性，更好地体现了社会保障体制维护社会稳定、促进社会公平的目的与功能。

鉴于此，中国政府从20世纪80年代开始，积极进行社会保障体制的改革，社会保障模式逐渐从单位保障过渡到社区保障。但从现实情况来看，中国当前的社区保障管理体制仍不够顺畅，尤其是政府与社区组织之间的关系尚未理顺，社区非政府组织作为社区保障重要力量的地位，还没有得到政府和社区居民的充分认可，其功能难以充分实现。

阻碍非政府组织发挥社区保障职能的症结何在？爱的信仰的缺失。如前述，家庭、社区之爱的信仰，是对个人之爱信仰的初步超越，是生命之爱向生活之爱的超越，是小爱向大爱的过渡环节。因此，解决问题的关键在于培育社区中爱的信仰，让家庭、社区之爱的信仰充满社区，才能真正发挥非政府组织的保障功能，实现社会保障社区化的顺利转型。

二、中国社区中的非政府组织

（一）非政府组织的涵义

"非政府组织"（Non. Governmental Organizations：NGO）是一个源起于西方的概念，通常我们还习惯于将其称之为"第三部门"、"公民社会组织"、"民间组织"、"免税组织"、"非营利组织"等，① 是指除政府组织与企业等营利组织之外的一切社会组织。在学界，对非政府组织的含义并没有一个普遍认可的界定标准，因此对其类型的划分也各式各样，清华大学 NGO 研究所王名教授将中国的非政府组织，按照组织形成方式分为自下而上型和自上而下型两种。自下而上型是指民间自发成立的非营利组织。自上而下型是指有关政府部门或非营利组织将职能延伸到社区，或是依照规定由上级部门发起或批准成立的。② 对于非政府组织的特征，学者们也是众说纷纭，20 世纪 90年代，美国约翰·霍布金斯大学非营利组织研究中心提出的五个能代表非营利组织的标准，被比较普遍地看做是非政府组织的一般特性，包括组织性、自治性、民间性、非营利性和志愿性。③

社区非政府组织则更多地体现其社区性，我们一般认为，非政府组织中那些以特定社区内的居民为成员，并且活动范围限于其社区内部的组织，即为社区非政府组织。这些活动于社区内的非政府组织，包括能够行使社区公共权力的居委会、业主委员会等权力型组织和公益型组织、兴趣型组织等，虽然种类繁多，功能各异，但都以对社区居民的救助、权益维护、社区环境保护，以及为居民提供服务为目的，在承担社区保障职能方面的优势显而易见。

（二）社区非政府组织承担社区保障职能的现实意义

同世界上许多其他国家一样，中国的非政府组织，在 20 世纪 80 年代以后迅速发展起来，其主要原因就在于市场经济条件下，政府和市场之间难于互补的缺陷，恰恰是非政府组织的优势所在。就社会保障职能来看，传统社会保障制度的缺陷，主要表现为保障资金短缺，政府负担过重，保障范围狭窄、覆盖面小，保障程度低、居民保障需求得不到满足等方面。这些当前令

---

① 张曙. 社会工作行政 [M]. 北京：社会科学文献出版社，2002：34.
② 吴志旻. 社区保障体系里非政府组织研究 [D]. 武汉科技大学，2008：5.
③ L. M. Salamon&H. K. Anheier：Defining the Noprofit Organization. NewYork：WalterdeGruyter.

政府与市场都深感无力的内在缺陷，已在一定程度上危及社会保障体制作为社会"安全阀"和"稳定器"的功能，并制约着和谐社会建设的进程。

非政府组织参与社会保障则是我们改革传统保障体制，弥补其缺陷的现实路径。"作为政府、市场之外第三方的非营利组织，在政府失效、市场失灵时可以起到'拾遗补缺'的作用，特别是对我国构建'合作主义'社会保障模式来说，起着增加社会保障责任主体，扩大全社会福利总量，为弱势群体提供多样化的社会服务等重要作用。"①

首先，非政府组织可以其多元化的筹资方式扩充保障资金的来源。非政府组织，尤其是社区非政府组织以松散性为其主要特征之一，组织成员在加入、退出组织，以及参与组织活动等方面都拥有较大自主权，因而获得了广泛的群众基础，凭借其极强的社会号召力，大大拓宽了社区保障的融资渠道，获得更多的社会捐赠资源，在一定程度上填补了政府保障资金的不足。

其次，非政府组织是激发社区居民参与社区保障、推进保障资源整合的重要力量，可有效降低社区保障对政府部门的依赖，减轻政府负担。随着社会转型速率的加快，"大社会、小政府"的社会管理模式，已成为政府体制改革的必然选择。这就意味着政府要将具体的社会保障事务归还社区，转而成为社区保障的规范者。由非政府组织来承担部分社会保障项目，不但能直接将政府从繁杂的具体事务中解放出来，提高政府工作效率，而且能提高居民参与社区服务的积极性，将社区内外大量分散型资源整合起来，实现社区保障的居民自我管理，进而降低对政府部门的依赖。

再次，非政府组织参与社区保障，提高了社区保障运转的社会化程度，能够在很大程度上补充政府的保障职能，更好地满足居民的保障需求。非政府组织的成员为社区居民，活动的范围又主要限于社区，这就赋予了其了解居民保障需求的优势地位，令其能够更好地满足社区各个层次的保障需求。同时，非政府组织依靠的，是其成员内在的自律力量而非强制性力量，因此可以在更大程度上调动居民的积极性，使社会救助、社会福利等成为全体居民共同关心的事业，推动社区保障项目朝着多样化的方向发展，更好地满足了居民需求。

最后，非政府组织的参与有助于扩大保障对象的范围，提高保障程度。

---

① 刘晓燕，李宝星. 构建"合作主义"社会保障模式的途径探讨——以非营利组织发展为视角[J]. 西安石油大学学报（社会科学版），2005，(1).

受中国现实的生产力发展水平所限，以政府为主要提供者的社会保障网络，还难以将所有人口纳入保障范围。非政府组织凭借其民间特性和灵活的社区活动方式，推动全社会广泛关注、关心、关爱弱势群体，尤其是社会政策、政府权力应当保障却又无力保障的边缘群体，让他们亦能感受到社区保障所给予的安全感。这在无形之中扩大了保障对象的范围，提高了社区保障的程度，对于促进社区的稳定和谐具有相当大的积极意义。

三、中国非政府组织参与社区保障的障碍

非政府组织参与社区保障，在整合各种社会资源、提高保障效率进而弥补市场与政府的失灵方面发挥了重要作用。但是由于中国还处于向市场经济的转轨阶段，非政府组织自身的发展还不够充分，其参与社区保障的外部制度环境也未发育成熟，致使中国的非政府组织发挥社区保障职能面临种种障碍。

（一）非政府组织参与社区保障的自身不足

首先，非政府组织的内部管理机制不够健全。相比西方国家而言，中国的非政府组织起步晚，发展历史短，组织管理模式受传统文化影响颇深，在组织决策方面带有明显的家长制作风。在组织内部的人事、财务等重要问题上往往由少数权威领导人决定，理事会等组织机构大部分形同虚设，组织的规章制度笼统空泛，绩效考评机制不完善，对领导人的决策行为缺乏必要的责任机制和监督机制，因而造成组织效率低下，难以发挥其社区保障功能。

其次，社区非政府组织人力资源结构不合理，专业志愿者缺乏，服务质量有待提高。中国非政府组织人力资源匮乏并且结构不合理，已成为制约其发展和参与社区保障的主要原因之一。社区非政府组织中无论是专职还是兼职的工作人员都比较少，志愿者则更少。有限的工作人员中，还以离退休人员和下岗失业人员为主，大都没有接受过专业的社区服务工作训练，服务质量难以满足居民需求。即使在北京这样的发达城市，非政府组织中 8.7% 没有专职人员，34.6% 的非政府专职人员规模在 1~4 人之间，55.8% 的非政府组织没有志愿人员。[1]

最后，非政府组织独立性不强，难以脱离对政府的过度依赖。中国的非政府组织不仅发展的历史短，而且建立的方式也多是自上而下的，由原来的

---

① 邓国胜. 中国 NGO 问卷调查的初步分析［M］/ 王名. 中国 NGO 研究 2001：以个案为中心. 联合国区域发展中心，清华大学 NGO 研究所. 2001.

政府机构或国有企业的职能部门改革转化而来，与政府联系密切，甚至有些社区非政府组织仍然作为政府的附属机构在发挥作用，组织活动在很多方面仍然受制于政府。即便是少数自下而上产生于民间的非政府组织，也为了获取政府更多的资金和管理方面的支持，而挂靠政府的行政部门，在运行过程中依然难以脱离政府控制。在这种情况下，非政府组织的社区服务能力明显不足，无法独立发挥社区保障的职能。

（二）非政府组织参与社区保障的社会环境障碍

中国的社区非政府组织，是在市场经济体制改革的推动下发展起来的，产生于新旧两种体制交替的社会转型过程中。因此，旧体制对其的影响仍明显存在，和市场经济体制要求相适应的，建立在家庭、社区之爱的信仰之上的，以普遍的公民意识、法制观念、契约精神、公益精神等为特征的社会文化环境尚未形成，在很大程度上制约着非政府组织发挥社区保障职能。

首先，非政府组织的社会资源短缺，合法性地位得不到保障。一个组织的正常运转和健康发展，有赖于多种社会资源的支持。但在中国社会转型的现实状况下，制度建设的滞后性，导致非政府组织发展的法律、政策等社会资源短缺，严重阻碍其功能的发挥。中国现存的法律体系中尚未有专门的针对非政府组织的监管体系，对非政府组织的性质、地位、与政府的关系等缺乏明确规定，使得非政府组织在活动中往往处于无法可依的尴尬境地。

相关的政策规定包括《社会团体登记管理条例》、《民办非企业单位登记管理暂行条例》，民政部出台的《取缔非法非政府组织暂行办法》、《民办非企业单位登记暂行办法》、《民办非企业单位名称管理暂行规定》等可操作性差，相互之间又不配套。[①] 这不仅抑制了非政府组织自身的发展，而且阻碍了非政府组织与政府部门和其他组织之间的合作，社区保障职能难以实现。

其次，非政府组织的社会认同度低，组织活动能力受限。社区非政府组织的发展与社区保障功能的实现，离不开其保障对象——社区居民的支持。然而当前由于中国的非政府组织发育程度不高，开展的社区活动相对较少，居民对其进行了解的机会不多，认可度很低。2005 年全国"两会"期间，公益时报记者对部分代表做了一次问卷调查。对于"你对非政府组织了解多少"这一问题，在回收的 215 份有效问卷中，仅有 22 人了解，55 人基本了

---

① 桂敏. 论我国非政府组织的作用 [D]. 吉林大学硕士学位论文，2004：19.

解，87人了解不多，51人没听说过。① 偏低的社会认可度又直接导致了居民参与组织活动的动力不足，组织活动能力受到限制。可见，社区非政府组织只有与居民建立良好的关系，调动他们参与组织活动的积极性，才能使非政府组织和社区发展达到良性互动，实现其社区保障主体的职能。

四、促进非政府组织承担社区保障职能的对策探讨

（一）加强非政府组织的自身建设

首先，要健全非政府组织的内部机制。规范科学的内部结构与规制是任何组织生命力、影响力的基础。加强非政府组织自身建设，充分发挥其职能，需从组织内部的决策与管理机制的变革入手。作为公共部门，社区非政府组织必须要遵循公共原则，保证决策的公开、公正和组织成员的平等参与，改变传统的上传下达式的行政管理体制。

除此之外，健全的组织规章，也是提高组织运作效率和决策科学化必不可少的保障。为此，非政府组织还需加强组织内部的激励与监督机制建设。与追求利润最大化的营利组织不同，对非政府组织成员的激励应以精神鼓励为原则，以非物质的特色激励激发其参与志愿活动的积极性，如赫茨伯格所倡导的改变工作内容，让工作本身变得更具有挑战性和激发性。组织的监督机制，则需在提高组织管理与决策透明度的基础上实施问责制，以促使组织高效率、负责任地完成社会使命。

其次，调整非政府组织的人力资源结构，提高服务质量。鉴于非政府组织专业人才匮乏的现状，组织应建立一套人力资源开发、配置、使用和管理的机制，以实现组织人力资源与整个组织的可持续发展。专业的社会工作者，以其助人自助的专业伦理和专业的工作技巧、方法已成为社区工作者的骨干，对于非政府组织的社区角色承担、社区功能实现亦有着不可替代的作用。

因此，优化社区非政府组织的人力资源结构，提高其志愿服务的质量，更好地实现其社区保障的职能需大力引进专业社会工作者，组织要不断完善、健全自身的管理机制吸引这些专业人才的加入。

再次，重新确定非政府组织与政府的关系，加强非政府组织自身的独立性。非政府组织与政府之间的关系并非上下级关系，而应该是多元社区服务主体之间的合作互助关系，理顺非政府组织与政府之间的关系，真正实现双

---

① 陈华. 非政府组织在社区治理中的角色解析 [J]. 武汉理工大学学报（社会科学版），2006 (2).

方的互助合作，有赖政府和非政府组织的共同努力。

从政府角度来看，基层政府需转变观念，改变传统的线性治理模式，拓宽多元主体广泛参与社区保障与服务的空间；从非政府组织的角度来看，组织应准确定位自身角色，在独立和平等互利的基础上，积极主动地建立与政府和其他营利组织的专业互助关系，广泛利用各种社会资源，独立策划完成组织活动，实现其社区保障职能。

（二）营造非政府组织参与社区保障的良好社会环境

一是丰富非政府组织的社会资源，确保其参与社区保障的合法地位。促进社区非政府组织的发展，政府的制度支持是必不可少的。不仅要从立法的角度，制定适宜非政府组织发展的法律法规，拓宽其参与社会活动的合法空间，而且要在社区非政府组织成立与活动过程中的税收、资金筹集、人员招募等方面给予更多的制度支持，简化管理过程中繁琐的程序，将组织自治落到实处，以充分发挥非政府组织的优势，合法整合、重组社区保障资源，实现组织与社区保障的双向良性互动。

二是提高社区非政府组织的公信力，使其与居民良性互动。社区居民既是社区非政府组织的服务对象，同时又是组织活动的支持者和参与者，提高组织的社会认可度，居民的支持为其根本。但中国的非政府组织因发展时间短、规模和活动能力都极其有限，要赢得社区居民的高度信任，单纯依靠组织自身的力量显然不够。为此，政府、民政等部门应帮助非政府组织开展有效的社区服务活动，以社区居民最需要而政府又难以解决的服务项目作为切入点，让居民切实感受到非政府组织参与社区保障的效益。同时，新闻媒体应对非政府组织的活动积极进行宣传，让更多的人具体了解非政府组织的性质、功能，从而促使他们接受、支持非政府组织，参与到组织活动中来，实现组织与居民的良性互动。

第三节　多层功能整合：国家之爱的力量

我们发现，中国传统社会保障制度的演变，贯穿着爱的文化诠释的变化；而社会转型期社会保障制度遭遇的问题，其实是爱的文化困境。弘扬爱的信仰，整合国家保障、单位保障与社区保障的功能，已成为爱和社区和谐发展的现实需要。

一、中国社会保障制度演变的文化渊源

（一）"差序之爱"福利文化之下的"家庭—宗族"保障

传统社会保障制度，体现了传统文化特别是儒、佛、道三家对爱的理解，儒家"仁爱"的道德观、道家"积善"的善恶观、佛教"慈悲为怀"的慈悲观共同奠定了传统福利文化的基础。儒家"差序之爱"的福利救助思想最为典型，依照其文化路向，在进行"爱的给予"时要有亲疏远近之分，血缘关系的距离是衡量和决定"爱的给予"的依据，与个人亲缘关系越远的人，给予其爱的义务也就越小。正如费孝通先生所言："像水的波纹一般，一圈圈推出去，越推越远，也越推越薄。"① 在这种"差序之爱"的互助格局中，家庭成员自然是水波中距离中心最近的一圈，随后则是同宗、同族之人。因此，形成以"家庭—宗族"保障制度为核心的传统社会保障制度也就不足为怪了。

（二）"差序之爱"与"普遍之爱"对抗之下的"国家—单位"保障

进入近代以来，随着西方列强用炮舰打开中国的国门，西方文化也进入了中国人的日常生活，与中国的传统文化发生了激烈碰撞。恰恰与中国传统文化所倡导的"差序之爱"相反，西方文化所主张的是一种超越了亲缘关系的"普遍之爱"。基督教的博爱观要求人们爱人如己，无论对方和你的关系亲疏厚薄，也不论其社会地位的高低贵贱，对于弱者，要给予更多的爱。"无论何事，你们愿意人怎样待你，你们也要怎样待人，因为这是律法和先知的道理。"② "你在田里收到庄稼，不可回去再取，要留给孤儿寡妇，这样耶和华你的上帝必在你手里所为的一切事上，赐福与你。"③ 基督教这种"普遍之爱"的互助理念不仅超越了亲缘界限，而且超越了阶层甚至超越了国家、民族的界限。

当新中国成立，中国进入一个崭新的时代，我们力图要将我们的国家建成一个富强、民主、文明的社会主义国家时，我们选择了"差序之爱"与"普遍之爱"碰撞之下，以平均主义和公平为导向的社会保障模式，作为我们实现这一理念的工具，与当时中国的政治、经济体制相适应，人人皆可获得基本保障的"国家—单位"保障制度产生，传统的"家庭—宗族"保障体

---

① 费孝通. 乡土中国生育制度 [M]. 北京：北京大学出版社，1998：26.

② 《圣经·新约》

③ 《圣经·旧约·申命记》

制由此打破并逐渐走向解体。但西方文化毕竟进入中国社会的时间不长，传统文化中的"差序之爱"的影响颇深，两种文化的摩擦使我们"国家—单位"保障制度的实施产生了一系列问题。

（三）"差序之爱"与"普遍之爱"融合之下的"国家—社会"保障

1978 年党的十一届三中全会的召开，标志着中国进入社会转型的新时期。中国的社会转型是从计划经济向市场经济的转轨开始的，因此在这一阶段中社会保障制度的福利文化也经历了市场经济的洗礼，推动了社会保障体制的现代化进程。在这一进程中，欧美等国家的"普遍之爱"信仰之下的福利文化，和马克思主义的福利文化进一步深入中国，与中国传统的"差序之爱"信仰之下的福利文化，经激烈碰撞之后在马克思主义福利文化指导下逐渐走向融合，多元福利文化影响之下"多元主义"为核心的"国家—社会"保障制度渐趋形成。

二、转型期社会保障制度面临的文化困境

（一）传统"差序之爱"的信仰与现代社会保障制度的不适应

儒家的"仁者爱人、老安少怀"的思想，法家的兴"六德"、行"九惠之教"的主张，道教的功过报应学说，无不体现了传统福利文化中的慈善精神。但这种传统的慈善精神是建立在"差序之爱"的信仰之上的，与现代社会保障制度所要求的"普遍之爱"表现出明显的不适应。

首先，在现代社会保障模式中，个体缺乏爱的主动性，慈善意识不强。

在中国长期"差序之爱"信仰的影响之下，很多人认为，那些需要救助者是远离自己生活圈子、与自己没有亲缘关系的人，因而与自己关系不大，慈善救助理所应当是政府的事情；还有些人缺乏对爱的深层次理解，没有形成与现代社会发展相适应的慈善观念，将慈善行为单单看做是捐赠钱物，而捐赠又是富人的事情，与己无关。个体慈善意识不强的直接后果，是中国社会保障体系中重要的一部分——志愿服务的缺乏。中国中华慈善总会每年的捐赠约 75% 来自国外，15% 来自中国的"富人"，10% 来自平民百姓。与此形成对比的是，美国只有 10% 的捐款来自公司企业，5% 来自大型基金会，而 85% 的捐款来自民众。①

其次，民间慈善组织发展不充分，社会保障体系功能发挥受限。

---

① 沈亚军. 慈善文化：中国慈善企业的"短腿"［N］. 光明日报，2006 - 5 - 8.

公民对慈善精神理解的偏差，致使民间慈善组织的发展缺乏深厚的群众基础，难以发展起来。很多民间慈善组织，不得不挂靠到政府业务主管部门，在政府及其主管部门的直接干预下，依附于政府运作，其应有的社会保障功能和社会慈善事业的推动作用发挥受到限制，也因而造成中国社会转型期整体的社会慈善氛围不够浓厚，人际关系淡漠。数据显示，国内企业有过捐赠记录的不超过 10 万家，99%的企业从来没有参与过捐赠。①

（二）多元福利文化冲突的冲击

所谓文化冲突，是指"不同文化之间相互对立，相互排斥，相互否定"。②中国的社会福利思想可谓源远流长，从最初"差序之爱"信仰之下家长式的慈善，到改革开放前"差序之爱"与"普遍之爱"碰撞之下的集体主义福利文化，再到改革开放后，植入了市场机制之后讲求竞争和效率的现代福利思想，无一不在当前的社会保障领域中发挥作用。各种福利文化思想的共生共存，注定要产生冲突和对抗，而这种冲突和对抗正在冲击着社会保障体系的运行。

比如传统儒家文化与现代市场文化的冲突，就对现行养老保障制度提出了挑战。传统养老保障制度——家庭养老依赖于植根于百姓之中的"孝"文化，"百善孝为先"的伦理观念，家庭之爱的某种因素，不仅为家庭养老制度奠定了文化基础，而且为家庭养老的顺利实施，提供了良好的社会氛围。然而改革开放以来，随着市场经济和商品经济的迅速发展，人本主义、个人主义等观念也逐渐深入人心，家庭和亲属网络对养老的社会功能越来越弱化。加之刚性人口政策实施所带来的"未富先老"，我们在社会保障制度改革中尝试养老保障社会化，而市场文化追求利润最大化的本能，与"老吾老以及人之老，幼吾幼以及人之幼"的传统孝道激烈冲突，中国养老保障社会化的推行面临前所未有的挑战。

三、弘扬爱的信仰，整合国家保障、单位保障与社区保障的功能

福利文化是社会保障制度变革的内在驱动力量，主导着保障模式改革的方向。因此，在当前社会转型的背景之下，福利文化的变迁为社会保障制度的重构提供了良好契机，我们应当在新的福利文化引领下建设与之相适应的

---

① 转引自许察金. 公民的慈善精神及其培育与发扬 [J]. 西华大学学报（哲学社会科学版），2008（6）：108.

② 易小明. 文化差异与社会和谐 [M]. 长沙：湖南师范大学出版社，2008：338.

社会保障体系，充分发挥爱的信仰的作用，健全、完善我国现代社会保障制度。

（一）弘扬国家之爱的信仰，培育社会的慈善精神

如前所述，慈善精神是超越了"差序之爱"信仰的，一种更高层次的爱——国家、民族之爱，亦是中国社会保障制度价值取向——人道主义的具体体现。因此，要在构建和谐社会的进程中，实现社会保障体系的顺利转型，需首先弘扬这种以社会主义先进文化为核心的国家之爱的信仰，培育社会整体的慈善精神。社会慈善精神的培育不仅仅在于个体慈善精神的拥有，还要大力扶持慈善组织，充分发挥其功能。因为慈善组织是弱势群体救助的重要提供者，承担着筹集慈善资源、实施慈善救助、传播慈善文化等重要社会功能。

（二）协调多元福利文化，整合国家保障、单位保障与社区保障的功能

文化是一个动态的开放系统，它在传播的过程中不断与其他文化沟通、摩擦、融合。中国当前的社会保障领域中，价值与目标取向迥异的传统儒家文化、大众福利文化、市场文化都在发生作用，因此，在社会主义先进文化统领下，协调多元福利文化，使其融合成新的福利文化体系，是我们整合保障资源和各种保障形式功能的首要任务。

为此，我们首先要坚持社会主义文化的主导地位。社会主义以人为本、以民生为重的本质要求，决定了我们的社会应该是"劳有所得的社会、贫有所助的社会、学有所教的社会、病有所医的社会、老有所养的社会和住有所居的社会"。① 社会主义文化追求公平的价值取向，是我们实现以上理想必不可少的思想基础。

其次要批判继承传统文化，传统儒家文化所提倡的"使民"、"立民"、"安民"、"教民"、以民为本的社会理念是传统社会福利思想的核心价值体系，在当下仍有其强大的生命力。因此，对待传统文化应采取批判与继承相结合的态度，吸收其对当代仍有积极意义的成分，融入到现代福利文化中。

在此基础上我们还要吸收和引入市场文化。市场文化的核心理念——效率至上，能够在很大程度上激发全体社会成员的创造力，保证社会的劳动供给。通过借鉴西方国家福利文化中，吸收其包括市场文化在内的福利文化的有益成分，使之融入我们的福利文化体系，是实现转型期社会福利文化顺利转型，促进社会和谐、社区和谐的必要途径。

---

① 景天魁，毕天云. 建设中国特色福利社会的意义 [J]. 学习与实践，2009（9）：99.

第九章

爱的信仰与社区和谐的制度路径

我们还需要理解，尽管爱和社区生活幸福具有相当的个人性、私密性，但是，它又并不是个人能完全左右或自我完成的。爱和社区和谐的成长、生活幸福指数提升，需要一定的与人们一起成长并为人们所能遵守的游戏规则、制约空间。

第一节　爱与社区和谐的制度空间

我们可以体会，制度不是外在于人、外在于爱与社区和谐的，而是人的交往实践，进而人的爱与社区和谐活动不可或缺的场域或空间。

一、制度的一般必要性

（一）制度是一种保障

我们有必要首先了解，制度存在的一般性理由是什么。

制度是什么？我们需要想到，它是人须臾不可离开的一种东西，是一种保障。保障什么？保障人成其为人。如前述，人是靠交往实践成其为人的，在交往实践基础上，人自由创造、追求幸福。因而，制度可以保障人交往实践基础上的自由创造和幸福追求。

尽管从表面上看，制度的形成和运行离不开人的创造活动，但是，归根到底自由创造和幸福追求需要制度（当然包括习惯在内）提供保障或空间。因为人的自由创造和幸福追求离不开交往，"交往既包含冲突，又包含合作，冲突产生制度的必要性，合作产生制度的可能性，制度存在的理由，即在于规范人的行为，调节人的关系，把冲突限制在一定秩序的范围内"①。

---

① 鲁鹏. 制度与发展关系研究［EB/OL］. hup：//www. npopss - cn. gov. cn/cgxjwzh/mlks/zxw2. htm, 2004 - 01 - 07.

（二） 制度的必要性

1. 制度可以减少不确定性

我们的理性有限，需要减少不确定性。毋庸赘言，不少学者已阐明了人的理性的有限性。我们现在试图说明制度和有限理性的内在关联。理性有限，首先涉及一般而言的人或者说人类的理性不及的"无知"领域，人不得不面对"无知之幕"而来的"黑暗"。其次涉及特定个体、群体"知识"有限。一定的个体或群体，其获得的信息、掌握的知识等，总是有限的，对于有效的自由创造和幸福追求，总是不够的。怎么办?

可能的选择就是依凭世代积累的无形制度——习惯、习俗等规则和有形制度提供指南，正如美国新制度经济学派的代表人物之一道格拉斯·c·诺斯所言，"制度是一个社会的游戏规则，……制度通过向人们提供一个日常生活的结构来减少不确定性"。① 在制度提供的空间内，人们将一些不定的因素，排除于考虑之外，人们知道交往中如何去做，也明了别人将如何行动。

2. 制度提供有限度的选择集

用诺斯的话说，"制度规定和限制了人们的选择集合"②。实际上，制度并不规定人们具体如何做，它只规定可以选择行动的空间。制度空间的意义之一，为避免和解决人们在交往中可能形成的矛盾、冲突预置了条件。人只要在制度规定的空间中选择，交往的人彼此之间一般不至于冲突。当然特殊情况还是可能发生的，假如出现违规行为，还可以按照制度预先的规定去协调和解决。意义之二，在制度提供的空间内，人可以自由选择，可以相互协作，而这就为人的自由创造和幸福追求提供了最基本的条件。

3. 制度保障较低交易费用的交往活动

盛洪在《为什么制度重要》一书中阐释重要的科斯定理时提到，科斯定理可以简单概括为：在交易费用为零的情况下，无论权利归谁所有，资源配置的结果是一样的。也就是说，如果交易费用为零，制度是不重要的。反过来，假如交易费用为正，制度是重要的。交易费用就是人与人之间打交道的费用。在现实世界中，人的交往没有一处是没有交易费用的，也就是说，人与人之间打交道总要费劲。所以，制度是重要的。③ 在制度条件下，人的交

---

① 道格拉斯·c·诺斯. 制度、制度变迁与经济绩效 [M]. 上海：上海三联书店，1994.

② 同上

③ 盛洪. 为什么制度重要 [M]. 郑州：郑州大学出版社，2004.

往不是不需要费用，而是所需费用较低。假如某项制度运用起来交易费用比较高了，制度变迁（以交易费用较低的制度代替交易费用较高的制度）就发生了。所以，制度的重要性之一就是保障较低交易费用的交往活动。

我们可以将制度划分为三个层次：宏观上作为社会体系的制度；中观上作为社会器官的制度，是一种社会架构；微观上作为游戏规则的制度。我们这里的制度，涉及中观和微观两个层次。

二、爱与社区和谐为什么需要制度

（一）生命的融合需要制度场域

如前述，作为生命融合的爱，是交往实践的过程和结果。个体之爱，两个不同的男女之间的既独立又统一的生命活动，似乎是个人或两个人的私密之事，实际情形远非如此。且不说两个人的交往并非处在真空里，而是存在于茫茫人海众多人际交往网络中，即便两人之间，在非一面之交而于生命交往或曰灵魂伴侣般的交往中，也是如同两个"世界"的相交相处。协和是双方乐见的，冲突却也是在所难免的。

况且，如前述及，仅仅认知领域，"无知之幕"遮住的黑暗业已大于有知的光亮，而涉及情感、心灵的更广阔世界，"无感"或模糊地带更是难以把握。所以，个人之爱需要制度——有形的和无形的制度——来划定一定的场域，从而使双方的交往，少一点不确定性，多一点冲突化解的预设机制。

制度，其实是爱的化学反应的必要条件，它可以制约冲突、保障生命的融合。我们显见的个人之爱的制度场域，犹如一座浮于海面的冰山，像婚姻的法律规约、日常的道德约束，仅为冰山一角，水面之下的巨大山体，是两人之间难以计数的口头协定和心灵默契。

家庭、社区之爱以及民族、国家之爱，虽然与此相仿，却又有了很大的不同。从个人之爱到家庭之爱、社区之爱再到民族、国家之爱，冰山一角逐渐变小，法律等硬性制度制约范围渐次变小，但道德的、社会责任和义务的无形制度场域在渐渐扩大。

而无论个人之爱到家庭、社区之爱以至民族、国家之爱的爱的扩展，还是现实之爱到信仰之爱的爱的上升，都离不开个人与个人，个人与家庭，个人与社区，个人与民族、国家的交往实践的扩展和深化，因此在经历协和中难以避免摩擦、冲突以至矛盾，为了保障爱的成长，即爱的扩张和上升，需要相应的制度提供保障性场域。

（二）社区和谐需求制度保障

如前所述，社区和谐不单是目标因素，也是形成性和过程性因素，我们可以理解，社区和谐实际上是以交往实践为基础、社区精神为灵魂的成长过程。这种充满协和与冲突的成长，有着丰富的内容，其间需要相应的具体而实际的有形和无形制度来提供保障。

1. 多元主体的发育或培育，需要制度性保障

多元主体是社区和谐正常成长的首要元素。如前述，和谐首先意味着一种关系，它实际上在表征某种"主体间性"。单一的利益主体，涉及不到和谐（除非涉及该主体内部不同部分之间，而这里是将主体作为最小单元为前提来讨论的），不同利益主体之间才有必要和可能来形成和谐状态。所以很明显，承认、认可利益主体的多元化，是和谐成其为和谐、社区和谐成其为社区和谐的必要条件。

而这种多元主体的形成应该引起我们足够的注意。一方面，社区多元主体的某些要素会随着现代社区的发育天然生成，另一方面，多元主体的诸多要素却需要我们来自觉培育，其中，尤其居民和社区组织的发育和培育至关重要。居民，要成为自立、自主又互信、互助的社区主体，需要通过一定的大家都认可的习惯、约定或明文守则之类的制度路径的发育。而社区组织，要成为能够在促进社区化解冲突、促进和谐功能实现上发挥自身功能的组织，也离不开相应的规章、规定等制度空间的保障。

2. 社区多元主体相互间矛盾的持续生成和化解，需要一定的制度框架

生活于社区这一生活共同体内，多元主体之间的交往实践是基本生活内容之一。交往联系着合作，但交往就会有冲突。所以，不同主体之间发生矛盾、冲突在所难免。而且，这种矛盾不可能是一次性的，而会是持续不断的。要使这种冲突的发生控制在一定范围内和烈度下，冲突发生后又能够通过大家都明了的渠道和机制，获得及时而有效的协调和化解，就需要一定的预先的或及时形成的制度来提供保障空间。

比如社区家庭与家庭之间，假如形成了有事相互交流、沟通的约定或习惯，那家庭之间就会像樱桃之间的关系，好的放外面，又软又好看，容易打交道，矛盾能及时化解；反之，就像板栗之间的关系，好的藏起来，外面硬又带刺，很难打交道，矛盾容易积累、激化。

3. 社区多元主体的异质分层持续互动，也需要制度提供保障

我们可以了解，正如一些学者注意到的，社区所包含的多元主体，就基

本性质而言并不在一个层面上。先看党组织和政府组织，这是社区和谐的领导和主导力量。那么，为什么党组织、政府组织与社区其他主体不在一个层面上呢？我们有必要注意，我们的社区与西方发达国家的社区有所不同。他们的社区与市场、政府之间的界限是比较明显的，而我们的社区，界限就不那么明显了。我们的社区，是与国家、市场相对分立但界限又有所模糊的特殊的社会管理单元。也就是说，起码在社会转型期的相当时段，社区不得不兼具居民自治和政府管理之腿的双重性质。

所以，社区党组织、政府组织与社区其他主体诸如社区组织、市场组织、非政府组织、居民等是异质的。社区党组织、政府组织的活动指向是居民、社区的根本利益、长远利益，其他主体的活动指向是居民、社区的具体利益、切近利益。由此，社区其他主体与党组织、政府组织和谐的实现，需要通过两者持续的异质互动来完成，两者形式不平等而实质平等，后者通过与上级组织的联系，基于占有更大社会资源而为与前者的互动提供"框架"。因此，无论这种框架，还是相互之间经常的互动，都需要一定的规章、制度甚至约定俗成来提供保障。

（三）爱的信仰与社区精神的协和需要制度空间

爱的信仰包括家庭、社区之爱的信仰，是从爱心出发对生活共同体精神和价值的无限的欣赏和追求。而包括参与、奉献、和谐等在内的社区精神，所追求的亦是一种由爱出发的精神。所以爱的信仰与社区精神的共同灵魂是至上的精神和爱心。

而精神与精神的现实的、持久的协和，在精神领域是难以实现的。精神与精神的协和，同样需要在人的持续不断、持续成长的交往实践中来进行，因而同样需要制度框架。

首先需要国家大的法律制度提供空间。这种大的空间，可以保障人们爱的信仰和社区精神可能的协和活动被认可和保证。接下来需要为居民参与社区事务、社区自治组织以及非政府组织发挥作用提供制度保障。同时，需要为包括社区居民在内的社会上所有人建构为社区志愿服务的制度性保证。

我们可以体会，爱心、信仰、奉献，虽然是由人的心、人的精神发动的行为，但同样需要一定的制度来约束、认可、激励。譬如社区志愿服务，当然是主动的发自内心的，甚至是来自爱的信仰层面的精神推动的行为，但它同样需要制度来约束，像在美国，法律规定，学生只有参与志愿者服务达到一定数量才可以被高一级的学校所录取，轻微犯罪的人也可以通过提供志愿者服务来减少或者抵消所应有的惩罚。我们甚至还可以设想，提供一定的志愿服务可以增加个人信用积分等等。

而且反过来，这种制度性的约束、认可和激励又可以强化和提升人爱的信仰，从而形成爱的信仰与社区精神追求——参与、奉献、和谐的爱心行动——的良性循环。

为什么会如此呢？原因仍然在交往实践。交往实践中，身处主体—客体、主体—主体交往网络中的任一主体，都处于双向的活动中，都处于主动发出和被动接受，简单说就是主动和受动的状态。由此，人就具有了包括主动性和受动性在内的双重性。具有如此双重性的人，爱的信仰和社区精神的协和过程，不可避免地需要一种特殊的生长过程来保障，亦即精神的内在追求和制度的外在保障的双重生长过程来保障。

第二节　"制度"的生命轨迹

保障爱与社区和谐的制度，并不是"空前绝后"的，而是承前启后、持续成长的，它有着自己的"生命轨迹"，我们需要探索和遵循这种"生命轨迹"。

一、源远流长的制度生长

爱与社区和谐保障性制度的成长，有着我们不得不认可和遵循的生命轨迹。正如哈耶克所言，"人类文明有其自身的生命。我们所有欲图完善社会的努力都必须在我们并不可能完全控制的自行运作的整体中展开。……我们必须始终在这个给定的整体中进行工作。旨在点滴的建设，而不是全盘的建构"①。

（一）生生之爱而有节——天生之大德

作为中华文化之根的《周易》，是农耕时代或农业社会的文明成果。《周易》蕴含了精深的爱与和谐思想，其灵魂是"生生之爱"。《周易》"系辞下传"讲，"天地之大德曰生，圣人之大宝曰位。何以守位曰仁"。② 天地最伟大的德行，是使万物生生不息。圣人最大的宝物，是崇高的地位。怎样才能保守地位呢？要博爱。也就是说，上天造就万物并赋予其美好的德性，为其

---

① ［英］哈耶克. 自由秩序原理［M］. 北京：三联书店，1997.
② 白话易经［M］. 呼和浩特：内蒙古人民出版社，1997.10.

制定了法则，生成万物一片仁慈之心，从而使万物生生不息。而包括"乾卦""元、亨、利、贞"和"坤卦""元亨，利牝马之贞"在内的"乾坤之道"，同样主张慈爱、节制、守道。

《周易》的"生生之爱而有节"，其精深意蕴值得分析。

1. 源于天地的信仰萌芽

作为"天地之大德"的生生之爱，是超越人甚至超越万物的，这么一种超越性的精神，成为了爱的信仰生长的早期萌芽。当然，受农耕时代的局限，难以避免地将生生之爱的信仰归源于天地、大自然。中国古代的人，其爱的思想当然也是以人们的交往实践为基础的，但是，人在那个时代的交往实践，重点在主体—客体交往，而主体间交往相对薄弱，所以，将爱的信仰归之于自然，归之于对乾坤之道、天地之理，也就是在所难免的了。

2. 平等之爱的德性

生生之爱是博爱，是万物平等之爱，万物生生，规制了万物平等生生之爱。生命与生命之间是平等的，我生，也认可他生；我生，也依赖他生；我生，要喜他生、爱他生。所以，生生之爱，是基于生之爱。这里生长出了生命和谐、生活和谐的萌芽，尽管难免模糊朦胧，但确是和谐思想生长的可贵的萌芽。

3. 虚幻而至上的节制

乾坤之道源于自然，上天制定了生生之爱的法则，所以人的爱、人的和谐，必须有所遵循、有所节制，必须"守其道"。尽管这种节制还相当虚幻，相当模糊，但却是源于天地的、至上的。我们看到，正是这种虚幻而至上的节制，结构成了历史上爱、和谐的保障性制度生长的最初的萌芽、雏形。

（二）仁爱和邻里相济而有礼——实用之德行

到了儒学盛行乃至沉入人们日常生活、浸入人们血脉的时候，中国爱与和谐的思想及其制度保障等，就沿着自己的生命轨迹，又有了新的生长。"仁爱"是作为中国传统文化主流的孔子思想的核心，体现了儒家思想最基本的价值。"仁者人也"，仁是人之本性。仁是什么？"樊迟问仁，子曰：'爱人。'"[①] 儒家的仁爱是一种"家而国"、"近及远"的爱，爱，因人的角色而区别，依关系远近而相异。自此，从儒家的经典文化到民间的俗文化，有"差等"的爱的思想根深蒂固。

---

① 孔子.《论语》[M]. 颜渊篇第十二，P200，万卷出版公司，2008 年 1 月第 1 版。

其中，邻里关系的文化精神则是天下一家、视邻若亲。邻里关系虽然较之宗亲关系为疏，但远亲不如近邻，日常生活的相周相济，往往近邻胜于远亲。如南宋的袁采说道："至于邻里乡党，虽比宗族为疏，然其有无相资、缓急相倚、患难相救、疾病相扶，情义所关，亦为甚重。"①

而且这种仁爱以及邻里相济要有规则来制约。"颜渊问仁，子曰：'克己复礼为仁。一日克己复礼，天下归仁焉。为仁由己，而由人乎哉？'"② 就是说，约束自身使言行合乎礼，就是仁。一旦能约束自身言行合乎礼，天下人就称赞你有仁德。成就仁在于自身，难道要仰仗他人吗？不少学者将"克己复礼为仁"解释为仁是克己复礼，我们很难苟同。从《论语》与《周易》思想承继以及《论语》本身的核心，可以看出，仁为"爱人"，而"克己复礼"是实现"仁"的途径、手段、保障。

从生生之爱而有节，到仁爱及邻里相济而有礼，以及后者的持续发育，其间经历了漫长的过程，爱与和谐思想沿着自身的生命轨迹而生长，这是一种进化为主但也有退化的生长。

1. 信仰的弱化和实用倾向的增强

从生生之爱到仁爱及邻里相济，爱的信仰呈现什么样的演变成长轨迹呢？人的德性、仁德从哪里来呢？"子曰：'天生德于予'"③，孔子认为"仁德"还是来自于天，这与《周易》"天生大德"是一脉相承的。但是，"天生大德"、"乾坤大道"那种超越于人的大生命境界的信仰、精神追求，到了仁爱及邻里相济的"成圣"追求，信仰的超越性、神圣性，显然被大大弱化了。虽然推崇修养"成圣"的理想信念仍不失其高尚，但却与"天生大德"、"乾坤大道"的境界无可比拟了。

"仁者人也"、"仁者爱人"，人者，修养成圣，较之于"生生之爱"，仁爱将人的追求从天上一下子拉向人间，从理想拉向实用。仁爱，从哪儿实现呢？从"践行"实现。仁爱的践行，从身边做起，由父母兄妹之爱到宗亲之爱，从血缘、姻缘之爱到邻里乡亲之爱。通过人际交往来实现仁爱，进而德性转化为德行，仁爱突出发挥了协调人际关系的实用功能。

---

① 袁采．《袁氏世范》卷3《睦邻里以防不虞》。
② 孔子．《论语》[M]．颜渊篇第十二，P188，万卷出版公司，2008 年 1 月第 1 版。
③ 孔子．《论语》[M]．述而篇第七，P112，万卷出版公司，2008 年 1 月第 1 版。

2. 由平等之爱到差等之爱、熟人之爱

孔子一方面提倡"泛爱众",另一方面又主张"笃于亲",尤其仁爱的践行体现为"由近及远"、"由家而国"的有级差的"差等的爱"。"差等的爱",亦即实用的爱,爱的价值随着交往距离的扩大而变小,人的爱在逐渐远离高尚精神追求的同时,也在被等级崇尚观念所浸染。

"差等的爱",是农耕社会的产物。农耕社会的交往实践范围狭小,深度浅显。狭小的土地——共同的客体——维系和限制着人的交往局限于熟人之间,置于此基础上的仁爱,也就只能是熟人之爱。

熟人之爱是一把"双刃剑"。农耕社会熟人为主体群的交往实践,由于熟人之爱得以巩固,家庭、宗族、乡邻等各自内部关系,由于熟人之爱得以密切,熟人之间的社会交往的成本,由于熟人之爱而降低。但另一方面,绵延几千年的熟人之爱,又积累了相对现代社会生人交往、生人之爱的难以根除的负面影响。

3. 仁爱和邻里相济"礼制"的生长变化

如前述,"礼"是实现仁爱的途径、手段、保障。"礼"是什么?如陈来先生概括的:"礼是一套生活的规则体系,也是儒家关于组织社会的理想方式。"①

儒家的"礼"从古代到近世在不断地生长变化,"古代儒家的礼文化是整体主义的,涵盖政治、制度、文化,而近世儒家所强调的礼文化,其致力方向只在'家礼'和'乡礼',在基层社群"。②

"礼"有诸多含义,含义之一就是"礼制"。"礼所要求的不是法律的秩序,亦非一般的秩序,而是自我约束的秩序,这种自我的约束是通过习俗、礼节、仪式养成的。"③

与生生之爱虚幻而形而上的节制相比,仁爱和邻里相济的"礼制",将爱需要通过制约、节制来保障的思想承继下来了。而且,虚幻的制约转化成了实际的节制,形而上的节制落入了形而下的社会生活的节制。

值得注意的是,这种实用的、形而下的制约的生长路向,通向了日常的习俗、礼节和仪式这种非正式制度,而这种路向的累积和生长,就为爱

---

① 陈来. 儒家"礼"的观念与现代世界 [J]. 孔子研究, 2001, (1).

② 同上

③ 同上

与和谐的制度性生长，打上了中国文化传统重非正式制度而轻正式制度的印记。

（三）爱与社区和谐追求而有制——现代生命精神

到了市场经济法则支配全球化、人的交往成为"世界交往"的现代社会，爱的信仰与社区和谐追求，作为一种现代生命精神，需要沿着中国传统文明的爱与邻里和谐精神生长的生命轨迹，承前启后继续前行。这种承前启后，是适应现代生命精神的要求，吸收传统的爱的文明的合理因素，创造性转化的过程。这一过程，会呈现出如下特点。

1. 作为基础的交往实践的深刻转变

伴随着市场经济全球化的浪潮，我们正在——清理农耕时代的羁绊——迈进大工业时代，与此相对应，作为爱与社区和谐支撑基础的交往实践，发生了深度的转变。无论是市场经济全球化实体世界，还是网络全球化的虚拟世界，都使我们身处其中的交往实践成为世界性的交往实践。

对于爱与社区和谐而言，世界性交往实践带来的，是重大的基础性转变。

抛身于"生人社会"。工业化、城镇化带来的是农民转变为农民工、新市民，乡村转变为城镇社区，先前城里的"单位人"转变为"社区人"。在这一过程中，与其说是人在变换自己的身份和住所，毋宁说是人所推动的社会转型大潮，将人自己从"熟人社会"抛向了"生人社会"。"熟人社会"爱情婚姻的习惯模式、爱心为灵魂的邻里相济的习惯、礼节，一下子不管用了，人们谈情说爱更加"人心隔肚皮"了，邻里之间变得冷漠了。世界性的交往实践的时代大潮浸透于日常生活的结果——生人交往——为当下爱和社区和谐追求提供了新的基础。

置身于"虚拟熟人社会"。由于有了日新月异的数字技术条件，因而与世界性交往实践相联系的，是愈来愈发达的网络虚拟交往实践。由此，现实世界中身边的人陌生了，虚拟世界中遥远的人"熟悉"了。"网友"、"网络群"、"网络社区"，在这里，人们似乎又回归了"熟人社会"，确实也能寻回某种信任、沟通和寄托，但是，进一步扩展和深入的虚拟交往实践告诉人们，网络提供的"虚拟熟人社会"，毕竟不同于现实的熟人社会。尽管身边的"陌生"与虚拟的"熟悉"常常互为因果，但是这并不能改变一种事实：虚拟熟人社会不能将我们完全带回熟人社会，虚拟交往实践为我们爱和社区和谐追求提供的，照样是不同于以往的交往基础。

2. 爱与社区和谐形而上精神追求的回归和超越

传统社会的爱与邻里和谐的主旋律是仁爱与邻里相济，其间认可和奉行"差等的爱"，"亲不亲，故乡人"，凸显熟人社会里的"爱意融融"；当下社会正在转型，如前述，本来是在同一社区生活，却大多是与生人打交道，我们不时遭遇生人社会的"冷漠少情"。

从熟人社会到生人社会，是社会转型、进步不可逆转的生命轨迹，而我们经历的"爱意融融"到"冷漠少情"的转变，同样是不得不身处其中的爱与和谐的生命轨迹。如果看到熟人社会的"爱意融融"，是爱与社区和谐实用性的必要的生长，那生人社会的"冷漠少情"，则是对爱与社区和谐形而上精神生长的需求性呼唤。

古代生生之爱的信仰追求，在近代被爱与和谐的实用性追逐给淹没了，当代市场经济浪潮推动的爱与和谐追求，把近代实用性的倾向又空前放大了。于是，对于本来应在社区内满足的爱与和谐需求，人们极力在社区外愈来愈稀缺的熟人资源中获取满足，而现实生活则愈来愈鲜明地告诫人们，此路难通！

所以，爱与社区和谐的交往实践呼唤古代信仰追求的回归和超越。在爱与社区和谐追求中，我们不能不注意实用，但是，我们又不得不减弱实用的专注，从而进入爱与社区和谐的形而上的信仰追求，找回和提升这种形而上的价值。

3. 爱与社区和谐制度保障的呼唤

我们看到，在当下社会转型中，我们爱与社区和谐的变化特点具有中国特色的某种后发性。中国大多城市及其社区属于后发城市、后发社区，农村转为城市、乡居转为社区的历史并不长。所谓中国特色，其内容之一，如前述，中国传统文化蕴涵现代爱与社区建设必需的人文精神，但由于缺乏市民社会的充分发育，因而社会成员、社区居民，自身组织性、程序性的素养相当缺乏，对于在生人社会中爱与社区活动必须生活其中的形式相对陌生，对于解决问题的制度性途径还难以深入其中。

因此，爱与社区和谐精神追求在当下社会的成长，呼唤相应的制度性成长。我们的理性可以知觉到，中国爱与社区和谐之建设中的制度，首先应当具有促进传统人文精神的现代转化及其制度化，促进社区在社会结构中应有地位的制度化承认和保障，促进居民、社区组织性、程序性增长的性质。这里，有必要指出，城市和谐社区的制度安排，当然包括社区范围内的社区组织形式和社区运行方式的规范体系，但也应当包括确认和保障社区在整个社会结构中地位、功能的规范体系，而且后者甚至具有更为重要的意义。

二、作为根基的无形制度发育

前述我们讨论的问题，是爱与社区和谐及其制度保障成长中，历史大跨度的生命轨迹，而就制度内部而言，存在着无形制度自身的发育并向有形制度成长的生命轨迹。

（一）必不可少的无形制度发育

诺斯将制度划分为非正规制约和正规制约，并且认为后者只是决定选择的总约束中的一小部分（尽管是非常重要的部分）。所谓非正规制约即我们所说的无形制度，正规制约也就是有形制度。

作为保障爱与社区和谐的制度，其无形制度自身的发育并向有形制度成长的生命轨迹，有着深刻的内在依据。

1. 原初的无形制度

制度其实是交往规则，交往实践是包括爱与社区和谐相应制度在内的所有制度的生命基础，制度的生命轨迹是附生于交往实践生命轨迹的。从作为爱与社区和谐保障的制度的历史过程看，是不可能一开始就形成有形制度的。历史上人们最初的生活交往，是直接的日常生活交往，交往中，相爱的主体之间、邻里之间，不可能事事一致，从而难免产生摩擦、矛盾，同时为了爱的共同目标、生活的共同利益，也需要相互协调与合作，这就需要并且逐步达成一些约定，大家做起事来好明了别人会怎么办，自己该怎么办，以便省心省力地处理相互关系，共同生活和做事。

大家都愿意"做事明了"、"省心省力"，如此一而再、再而三多次重复，最初的约定也便成了习惯。如此，人们正是在爱与共同生活实际的、切身的需要中，达成了虽不太明晰、不够正式，但却能够认可并且管用的无形制度。

现代人作为个体的交往文明发育过程，是人类交往文明史的浓缩。每个人幼年时期乃至从小到大，开始也是先接受从成人那里得来的，以及从与伙伴交往中生成的不成文的习惯，先学会在惯常的做法中与别人交往。

所以，在人类爱与社区或邻里和谐生活的源头，在最直接的生活交往中，直接生成的是相应的无形制度。

2. 从无形制度到有形制度的成长路径

作为爱与社区和谐日常生活保障的无形制度，它的成长不会止步于自身，而会跨步于有形制度，其根本原因还在于交往实践。随着人们交往实践范围的扩大、内容的复杂，爱与社区和谐日常生活交往中摩擦、矛盾日益尖锐，合作的要求愈加强烈，单靠无形制度的保障显然已经不够了，于是，成文的、要求明确的、强制力较强的有形制度就应运而生了。

从无形制度到有形制度的发育，不仅存在于人类爱与社区和谐生活发展的历史历程，也是当下社会转型和进步过程中，爱与社区和谐生活发展过程的伴生历程。比如从恋爱双方的约定、社区公约、社区公益活动规约，到恋爱"公德"乃至婚姻法修订，到社区志愿者工作条例、政府社区服务项目资助规定乃至社区服务法规等，就标志着作为爱与社区和谐保障的，无形制度到有形制度的成长路径。

3. 无形制度对有形制度的"哺育"

表面上看，与爱与社区和谐相应的无形制度相比，其有形制度是强有力的。但是，"天下之至柔，驰骋天下之至坚"①。看似约束力并不强的无形制度，却像一座大山的底部和中部，承载和营养着大山的顶部。或者说，有形制度搭建成界限分明的框架，而无形制度却发散出无孔不入的场。

有形制度的有效性及其程度高低，其原因除了有形制度自身的因素外，更基本的则来自于相关的无形制度。包括与爱相关的婚姻的法律法规、与社区和谐相联系的社区管理条例等在内的有形制度，其实是"文明"制度。这种制度有效实施的前提和基础是行为人一定的文明水平，倘若行为人大多文明水平达不到相应要求，那些有形制度就形同虚设。

具有一定文明水平的人，在交往实践中形成了必要的包括爱与社区和谐保障规约在内的无形制度，依赖这些无形制度，人们能够在一定范围内化解冲突、和谐相处，并且可以合作生活和共事。当冲突尖锐化超过一定限度，合作的要求突破了一定的界限，相关的无形制度已无能为力时，人们的交往实践就需要相应的有形制度来保障。而此时，人们自觉构建的相关的有形制度，其实施则需要相应的无形制度来支撑和哺育。

人们依靠无形制度来解决它能够解决的问题，这首先填补了相关有形制度不可避免的"空子"；同时，行为人具备遵守相关有形制度所要求的文明道德规范，保有落实相关有形制度的文明水平，从而使有形制度能够有效实施。

---

① 老子.《图解老子》[M]. 第43章，P106，万卷出版公司，2008年4月第1版。

因此，与爱与社区和谐保障相关的有形制度，需要相应的无形制度来支撑和"哺育"。

（二）具有中国特点的无形制度发育

我们当下的与爱与社区和谐保障相关的无形制度发育，具有鲜明的中国特点。

1. 熟人社会带来的无形制度路径依赖

如前述，近代以来，我们的爱与社区和谐的制度保障，是在熟人社会中发育的。"亲不亲，故乡人"，"熟人好办事"，熟人社会交往的基本规则大体局限于无形制度范围。

因此，即便当下我们正在或已经进入了生人社会，但是，我们还是根深蒂固地依赖熟人社会惯常的想法、行为和无形的规约。所以，不少人恋爱中谈对象还是信任熟人介绍，希望对熟人的信任延续到陌生对象身上；社区生活中遇到困难、问题，许多人舍近邻的"生人"而求远处的"熟人"；爱与社区生活中遇到冲突、矛盾，主要依赖熟人关系"私了"。如此等等。

几千年熟人社会的无形制度保障，成了当下爱与社区和谐制度保障的难以避开的依赖路径。

2. 市民社会先天发育不良

西方发达国家的社区，是作为市民社会的组成部分，在市民社会比较充分发育的基础上，在非政府组织和非营利组织的支持下，在与政府的上下互动中发展起来的。而我们有所不同，虽然也已基本形成政府、市场和市民社会三元社会结构，但以非政府组织和非营利组织为代表的市民社会并未充分发育。

因而作为市民社会细胞的市民，作为市民社会组成部分的社区，都缺乏超越市民个人或社区的非营利组织的支持，缺乏市民个人意愿交流和汇聚表达，以及权利主张等功能发挥的组织空间和平台，导致爱恋发育、社区建设、居民发展的需求"推动力"先天不足。

而爱恋与社区成长的根源，自然是市民或居民发展的内在需求。在爱恋发育、社区生活中，人总要与别人打交道，与别人合作，因而离不开规范或制度。而伴随着中国工业化和都市化进程形成的大部分城市社区，其间与世代为农有着深厚渊源的居民，"自由自在"、"我行我素"、办事靠熟人、解决冲突靠"私了"的习惯根深蒂固，基于合作、共享等等的规范性或制度性品性"先天缺乏"，可以说是不争的事实。

所以，市民社会先天发育不良留给我们的，留给我们爱恋与社区生活的，是难以避免的无形制度的广阔"土壤"，我们当下需要的现代爱恋与社区和谐制度，注定要从这片土壤中生长起来。

三、源头活水的有形制度生成

（一）制度生成的来源

实际上，爱恋与社区和谐保障制度的形成，应当是居民、国家双层供给，社区、政府、市场三元互动，居民在无形制度依凭基础上的习得性自治过程。需要说明的是，我们这里所说的制度不只是有形制度，而且是现实的或有效实施的有形制度。如前述中国国情使然，作为爱恋与社区和谐保障的制度的形成，既源于社区居民那里"博兰尼所谓的自生自发"①，又离不开国家的制度安排。而且，国家安排和居民自生自发只不过是制度形成的两极，大量的制度安排处于国家安排和居民自生自发交叉结合的过渡带。

（二）制度安排的三元互动

爱恋与社区和谐保障中，上述两极和过渡带的制度安排，尽管来源不同，但首先离不开社区、政府、市场的三元互动。社区是新的社会结构中的"一元"。爱恋与社区和谐的制度安排，应当不仅仅是国家主动启动的，而应当也是社区、政府、市场三元互动的。

同时，也不应当离开历史形成的相关"无形制度"（包括乡村、村民的习俗、习惯）基础或背景。诸如涉及居民自治权力机构形成的居委会选举制度，当然处于国家制度安排一极。即便如此，这种制度要成为现实的即有效实施的制度，也应当充分了解和适当置于居民习俗、习惯等无形制度的基础之上。

而诸如居民公约当然处于居民"自生自发"一极，它的形成离不开居民间在以往习惯的基础上，主动的反复交流、协商过程。至于诸如居民议事制度、居委会工作公开制度、居民监督制度、居民会议与业主会议以及社区各种组织乃至驻社区单位等之间的协调制度、社区服务制度等等，则处于国家制度安排与居民"自生自发"之间的过渡带，这些制度的现实形成，应当经历一种相关政府组织引导下的居民与各种组织的反复博弈、协商过程。

---

① ［英］哈耶克. 自由秩序原理［M］. 北京：三联书店，1997.

（三）制度的习得

我们需要注意到，爱恋主体与其他主体相比较，他的选择有更为自由的空间，其生活具有更多的私密性；而社区与其他活动区域、共同体相对比，由于它的基本主体是居民，利益主体是多元的，因而它与人的居住性日常生活的联系更为紧密。

所以，无论爱恋主体还是社区主体，主体自身的利益欲求何以确认、如何表达、怎样实现，相应的公共利益如何确认和实现，爱恋者之间、社区不同主体间的矛盾如何协调、怎样化解，爱恋生活质量、社区居民的生活质量、水平怎样改善、如何提升，相爱双方对爱究竟如何理解、认同，居民对和谐如何理解、认同，如此等等，都需要爱恋者、居民和其他社区主体在学习中自治，在自治中学习，在以往习俗、习惯的基础上融入新的规则，在新规则的运用、理解、亲身经历中选择、优化先前的习俗、习惯。

概而言之，爱恋与社区和谐保障制度，应当既是社会器官、游戏规则，又是社会器官、游戏规则的生成和习得过程。

第三节　指向幸福："制度"的健康成长之路

制度是爱与社区和谐的保护神，是日常生活幸福的保护神。

制度功能的持续增强与自身的健康成长是相伴而生的。因而，这种制度的健康成长之路，也是爱与和谐健康成长之路，同样是日常生活幸福健康成长之路。

同时，爱与社区和谐制度，这个不断生长的有机体，是应由一套系统而严密的成长性机制结构而成的。

一、生命之爱与社区和谐理念的培育机制

（一）直面日常幸福——生命之爱与社区和谐理念

1. 走向日常幸福

"幸福不是毛毛雨"，幸福不会从天降。日常生活幸福领域问题的解决方案没有挂在天上。我们已经可以感悟到，日常生活幸福的迷失，一个很重要的原因，是真爱的迷失、社区和谐的迷失。

生活的直接先导，是身在生活中的人的理念。日常生活中，我们总是忙忙碌碌，忙碌中常常忘记反思一下自己的理念，尤其是自己爱的理念、社区生活的理念。实际上，真爱的迷失、社区和谐的迷失，首先是相关理念的

迷失。

所以，走向日常幸福，要从明晰和发育我们生命之爱和社区和谐的理念起步。

2. 生命之爱理念

什么是真爱？真爱，是直达爱的本质、直通日常幸福的生命之爱，这种生命之爱，是生命的融合之爱，是生命的成长性融合之爱，而且是交往实践基础上人的生命的成长性融合之爱。

真爱，是爱的精神沿其生命轨迹生长之爱。从我们农耕社会先祖的生生之爱，延续至近代的仁者之爱，经由大工业时代交往实践的脱胎换骨，吸收西方本能之爱与博爱信仰的思想营养，爱的精神的历史生长，进入当代交往实践基础上生命成长性融合之爱的新的阶段性成长时期。

这种生命之爱，不是物之爱，不是貌之爱，不是伪装之爱，不是凝固之爱。

这种生命之爱，是成长之爱。它能成长自身，从青涩之爱到成熟之爱，从小爱到大爱，从现实之爱到信仰之爱；还能成长他者，自夫妻和谐到家庭和谐，再到社区和谐。

3. 社区和谐理念

真爱理念与社区和谐理念是一脉相承的。交往实践基础上生长的生命融合之爱，基于生命爱护生命之心，指向人的生命的爱心，会导引不同生命共同生活矛盾化解、致力共同生活幸福指数提升的意向。

所以，社区和谐理念是爱心为先导的，崇尚参与、奉献、和谐的理念。这种理念也是成长性的。精神源于交往实践，又在交往实践中持续成长。社区和谐的理念在爱的交往实践中，在社区参与、奉献、和谐交往实践中得以成长。

（二）生命之爱与社区和谐理念的培育机制

生命之爱与社区和谐理念是指向日常生活幸福的，但其本身的形成、保持和成长，需要一定的培育机制来保障。

1. 培养爱心交流习惯

生命之爱理念是超越日常生活的，是心灵与心灵交流的过程与结果。这种交流不需要建章立制，但需要成为日常习惯。爱心究竟是什么？它在我的生命中的意义是什么？我做到了什么？我还需要如何做？

这种扪心自问应当是必需的，经常的。夜深人静，放下日常事务，向自己心灵的深广处发问，向生命的形而上发问，别忘了，这也是向生命幸福的发问。

人际交流也应当是必需的，经常的。恋人间、夫妻间、家人间、邻里间、朋友间，交流爱心，传递爱心，生长爱心。一个心灵，就是一个世界，心灵间的交流，犹如不同世界的交往，爱心与爱心，在生命深处的交融或交流，积累和升腾起来的是爱的信念、爱的信仰。

爱心交流习惯保障着巨大的生命力量。它可能导引我们穿透日常生活的浮躁，穿过爱心迷失的误区，登上通向幸福的爱之舟。

2. 倡导爱心礼俗融入婚礼中

生命之爱理念的生成、保持、成长和普遍化，不仅靠一定的个体化习惯，还要依赖一定的礼仪习俗来保障。

我们文明传统中礼俗积淀深厚，婚礼被视为一个人一生中重要的里程碑，属于一种生命礼仪，其内含着信仰空间。而在当下社会转型期，日常生活中的婚礼愈来愈庞杂、混沌且具戏耍性，人们在日渐厌烦的同时渴望其神圣意味的回归。

当此，我们可以倡导将爱心礼俗融入婚礼中。在保有婚礼法律公证仪式内含的同时，强化其类似宗教仪式的内涵，突出爱心信仰、生命之爱信仰，引导心中有爱，心中有对方，心中有家人，心中有世界，心中有永远，让婚礼、爱心之礼成为一种神圣之礼、心灵寄托之礼，成为贯穿人生、超越人生之礼。

这，对于爱的信仰与社区和谐，对于人的心灵寄托，乃至社会和谐，当然意义非同寻常；这，要生成为实际的一种生命之爱的"制度"，当然需要民间的努力、社会的倡导、多媒体的舆情引导，乃至政府的支持与资助。

3. 形成社区教育、沟通、参与机制

生命之爱与社区和谐理念的形成、成长，需要社区教育、沟通、参与机制来保障。

社区应当承担的社区教育职责，可以通过项目制度实现。可由政府投入专项资金，社区自治组织负责设计、组织，如以橱窗、宣传册、小话剧或楼宇电视乃至网络等诸多方式来实施。

社区教育要教会居民爱与和谐知识，包括爱心、奉献、和谐等。通过居民学习过程，经常理解爱心传递的价值，学会如何奉献爱，如何与生人邻里打交道，清楚生活中有问题到哪里寻求帮助以及寻求何种帮助，出现摩擦、冲突如何寻求化解途径，如何维护共有合法权益，怎样游说和谈判。

扩大社区沟通范围，是维护生命之爱与社区和谐理念的具体途径。现代社区中的居民尽管居住在同一社区，但由于种种原因未必能有机会常与邻里、社区组织等面对面地沟通，为了扩大社区沟通范围，社区沟通媒介即成为必须。社区橱窗、社区意见箱、社区重大事项通知单、社区规范宣传册等都是居民和社区组织进行沟通的媒介。有效沟通可促进互相了解，为生命之爱与社区和谐理念的形成奠定必要基础。

建立有效的社区参与途径是居民发育爱与社区和谐理念的需要。社区要为居民参与创设畅通的渠道。"参与同时还意味着融合。成功的社区将不仅拥有实体场所，还为社区中的不同种族、信仰以及意见准备了足够的精神空间。"① 可以建立和实施社区制度性的志愿服务、文化活动等，为居民参与提供稳定的参与途径。

二、爱恋与社区组织的协调发育机制

（一）爱恋的协调发育机制

爱恋不同于恋爱，恋爱是相爱双方一个阶段的事，而爱恋却是相爱双方一生一世的事。爱恋不是某个结果，而是一种过程。

爱恋双方并未构成组织，但却是"类组织"，就像一个组织要实现其宗旨必须依赖一定的制度一样，爱恋双方要保持和成长爱，也必须建立和落实一定的类似制度的约定。成功的爱恋，一定是自由自在的爱恋，但同时也注定是一定制约空间内的爱恋。

1. 在爱恋双方之间"约法三章"

爱恋双方难以做到两个生命"心心相印"，但却应该也可以做到两个生命"独立而统一"。双方关系无论如何密切，但毕竟是两个生命之间的交往。既然是交往，那就必然会冲突与协调共存，如此，爱恋的保持乃至成长，当然是面向生命之爱、信仰之爱的成长，自然需要靠双方建立和落实"约法三章"来保障。譬如双方约定：

相互保持心灵沟通，既形而下，又形而上；

一辈子在乎对方，一辈子欣赏对方的成长；

让自己保持阳光，让对方不断开心；

---

① 德鲁克基金会. 未来的社区［M］. 北京：中国人民大学出版社，2006.

对自己多讲理，对对方多讲情；

生活中讲情趣，生活外讲信仰；

同经风雨，共享阳光。

2. 双方相互督促"约定"的落实和调整

爱恋双方的"约定"，不可能自然而然完全落实，需要双方共同督促、检查，发现问题，友好协商，及时改进；若发现先前"约定"有偏差或已不合时宜，可协商调整、修改先前之"约定"。

（二）社区组织的协调发展机制

社区和谐需要社区组织及其制度化活动来保障，而社区组织也不是一种固定物，而是一种有待发育、发展的有机体。

1. 社区组织的待发育性

社区组织包括社区自治组织、社区中介服务组织与社区党组织等。社区和谐并非单纯是社区居委会的事，而是在社区组织共同参与、协调发展基础上的和谐。中国的社区建设是自上而下发动起来的，经过十几年社区建设的实践，居民的参与意识有了较大提高，但制度保障仍显不足，其实施的有效性亦较低。社区居民委员会之外的其他社区组织，其地位及发展还缺乏明确的法律地位和性质的界定，在政府和其他非政府组织间的关系上还缺乏明确的认识。

2. 健全社区组织的协调发展机制

包括社区居民委员会、业主委员会及社区志愿团体等在内的社区自治组织，在其发展中，首先要创新社区自治组织的体制，如社区居民委员会的结构要摆脱行政化的设置，厘清业主委员会与社区居民委员会之间的关系等。

社区中介组织，如社会治安综合治理工作领导小组与人民调解委员会等，是社区专项服务的主体，在增强社区凝聚力、促进社区和谐等方面起着重要作用。可以出台相应法规和政策，孵化和发育社区中介组织。

社区党组织在社区自治中是主导和引导者的地位，中共组织扎根基层，其宗旨必然要求它对社区居民自治给以政治方向的引导。社区党组织在社区的领导和工作机制，可以针对爱的信仰与社区和谐的实际需求，进行相应的调整和发育。

三、爱恋与社区服务的多元合作机制

（一）爱恋服务的多元合作机制

爱，作为生命融合，似乎是两个人的事，其实，这里存在一个很大的误区。作为在交往实践基础上生命的成长性融合的爱，是人的以社会生命为核心的生命发育成长的巨大工程，它需要人生、社会德性与智慧的持续支持。

所以，爱，需要家人、朋友与社会多元服务机制来支撑和保障。

1. 家人、朋友的咨询服务习惯

人的爱恋婚姻是一种学习、成长过程，其间包含着对生活的理解、生命的感觉和生命融合的感悟，婚恋者与家人、朋友交往密切，相互之间最为了解，同时也有着相互扶助的亲情、友情和责任、义务。

因此，培养和形成一种既不干涉爱恋双方之间独立生活空间，又能及时提供和接受爱恋婚姻咨询、服务的习惯，对于保障爱恋婚姻的良好发育，是必要的，也是可能的。

养成这种习惯，持续得益于这种习惯，是将相关人之间的交往拿捏得恰到好处的一种艺术。

2. 社区和非营利组织的私密性志愿服务机制

就对爱恋婚姻的咨询服务而言，家人、朋友的咨询服务，优势是亲情、友情和熟悉、了解，而社区和非营利组织咨询服务的优势，首先应是专业性，其包括心理的、法律的、社会的、文化的等等专业性咨询、服务。

其次可以是适度的私密性，社区咨询可以是限定范围的当面服务，而非盈利组织的志愿服务，则可以通过非谋面的电话服务、网络服务等来实施，如此，当事人享受了有益的志愿服务，其隐私也得到了保护。

当然志愿服务的优势不仅在于不加重当事人的经济负担，而且其行为本身就传递着一种爱和奉献精神。

我们应该借鉴美国和加拿大等国的经验，由社区和非营利组织设计、立项，招募志愿者，经专业培训后上岗服务，政府出资支持，同时国家出台相应的政策，对志愿服务给予一定的制约和鼓励。

如此，形成一整套相互衔接支持的服务机制。

3. 媒体的公开性志愿服务机制

媒体服务的最大优势就是公开性。直播、公开，针对于中国人重视"面子"的文明传统，可以促进当事人"讲理"、"讲情"、"讲法"，促进当事人向好的方向转变，促进爱恋、婚姻、家庭矛盾的化解。如时下江西卫视的"金牌调解"就是一成功的例子。

可以如前述，形成一种由媒体立项，政府资助，志愿者经专业培训后上岗服务的机制。

（二）社区服务的多元合作机制

1. 社区服务主体的多样化

我们可以转变以往由政府包揽的单一模式，向社会化、多样化转化，包括社区福利服务、社区服务设施的完善、基本社会生活方面的服务和满足人们精神需求的服务等各项内容。同时社区服务主体要多样化，这包括社区服务中心提供的基本服务、社区志愿团体的服务、邻里互助以及非营利组织的服务等。

2. 服务经费筹措的多渠道保障

社区服务运转经费充足是办好社区服务的物质保障。目前，国外较好的经验是成立社区发展基金会、互助基金会，由社区居民、企业捐款解决社区财政问题，建立多渠道的投入机制。就目前来看，政府应把对社区的经费投入作为一项战略性的工作来做，有效保障社区的基本运转。同时，积极开发社区潜在的多种有效资源。

3. 支持非营利组织在社区的发展

社区非营利性组织对于缓解社会冲突、沟通居民和政府联系起着非常重要的作用。非营利组织在中国有很大的发展潜力，尽管目前还不具备很成熟的发展空间。因此，政府一方面要积极培育本地非营利组织的发展，另一方面要积极为外省或国外的非营利组织进入本地做好法规及规章制度等准备工作。

4. 鼓励社区志愿团体发育

要建立鼓励和支持社区志愿团体发展的机制。目前，倡导社区志愿团体经常性地从事社区服务，而社区自治范围内的学校及企事业组织等也应组织人员定期为社区提供志愿服务，在当前情况下，可以以行政指导的方式，通过政府的规范性文件对此作出相关规定。

四、爱的信仰与社区和谐的政策支持推进

爱的信仰与社区和谐，绝非生活小事，其关乎生命质量、生活幸福、社会和谐、民族复兴，关系中国共产党立党宗旨和执政之本，是重要的民生工程和"国生"工程。

与西方不同，中国的爱的信仰与社区和谐保障制度的形成模式，是一种居民与社区自治组织和非政府组织与政府之间的合作，而政府在相关政策环境、法律环境的创设上责无旁贷，政府出台相关政策、健全法律法规，成为

推进爱的信仰与社区和谐、提升日常幸福指数的迫切预期。

预期之一：政府将爱与社区发展纳入中长期发展规划，加大对爱与社区的财政投入。

社会转型时期爱与社区的发展，尤其需要一种必需的政策支持和物质保障。西方国家社区获得的非政府组织的项目支持，来自慈善团体的捐助以及社会的个人捐款比较多，而中国有所不同。中国的爱的信仰与社区和谐保障制度形成的社会环境还有待于培育。目前，社区的公益事业更多地依赖于社区自治组织，经费的短缺问题已经成为我们社区发展的瓶颈。中央和地方政府尤其地方政府，应从民生工程和"国生"工程的高度，将爱与社区发展纳入中长期发展规划，加大对爱与社区的财政投入，以政策性文件形式规定对爱与社区的经费保障。

预期之二：规范政府对爱与社区的指导职能。

政府应加强对爱与社区自治组织的指导，使爱的活动更为理性化，使社区居委会真正逐步成为"去行政化"的自治组织。通过体制改革，进一步扩展爱的咨询服务空间，进一步明确社区自治范围，扩大社区自治空间，指导社区自治，强化政府服务职能。

预期之三：为爱与社区良好运行提供法律依据。

合理配置和落实相关制度，促进爱与社区相关组织适度发育。其中，包括爱的咨询服务组织的规约与有序运行；对居民委员会的职责和工作制度的具体化；居民社区听证会、民主评议会制度的试行；社区文化建设的政府规章；与社区公民意见表达相关的制度规定；爱与社区建设相关的规范性文件。比如，制定街道办事处工作条例，其中必然会涉及社区建设，这就应进一步明确政府和社区自治组织间的关系。

地方政府在社区非政府组织的培育方面应努力创造环境，包括出台相关的规章制度和地方性法规，从具有可操作化的保障入手，逐渐通过规范性文件的形式对非政府组织的发展给以制度化的保障。同时，形成以社区中共基层党组织为核心，社区自治组织为主体，各类社区中介组织充分发挥作用的互动的新型社区组织结构。

预期之四：加强爱与社区文化建设，推进无形制度向有形制度合理转化。

地方政府需要充分调动辖区内各机关、团体、部队、企事业单位，参与爱与社区教育和文化建设的积极性，开展喜闻乐见行之有效的社区教育活动，向社区居民开放文化设施，丰富社区居民文化生活，提升社区居民爱的信仰与社区和谐的理念与实际水平。

同时，通过报刊、电视、电台和网络等构成的全媒体，引导人们在现代文明爱与社区生活基础上，逐步"习得"爱与社区的组织性的规范行为。社区与其他活动区域、共同体的重要区别就在于，它的基本主体是居民，其利益主体是多元的，与人的居住性日常生活联系十分紧密。对主体自身利益的欲求何以确认、如何表达及怎样实现，居民的公共利益如何确认和实现，社区不同主体间的矛盾如何协调及怎样化解，社区居民的生活质量、水平怎样改善及如何提升，居民对爱与和谐如何理解、认同，如此等等，都需要提供一定的德治、法治文明环境。

因此，政府通过媒体实施的加强爱的信仰与社区和谐的文化建设，不仅是一种推进作为生命之爱与社区和谐保障的无形制度向有形制度合理转化的系统工程，同时也是倡导和推行一种新型的、增进日常生活幸福的文明生活方式。

主要参考文献

1. 《马克思恩格斯选集》（第 1－4 卷），［M］. 北京：人民出版社，1995.

2. 《马克思恩格斯全集》（第 29 卷），［M］. 北京：人民出版社，1972.

3. 《马克思恩格斯全集》（第 42 卷），［M］. 北京：人民出版社，1979.

4. 《资本论》（第 1 卷），［M］. 北京：人民出版社，2004.

5. 《邓小平文选》第 3 卷，［M］. 北京：人民出版社，1993.

6. 老子.《图解老子》［M］. 第 32 章，P78，万卷出版公司，2008，4.

7. 孔子.《论语》［M］. 万卷出版公司，2008，1.

8. ［美］埃·弗洛姆著，孙依依译.《为自己的人》 ［M］. 三联书店，1988.

9. R·M 基辛. 文化·社会·个人 ［M］. 沈阳：辽宁人民出版社，1988.

10. 道格拉斯·c·诺斯. 制度变迁与经济绩效 ［M］. 上海：三联书店，1994.

11. ［英］哈耶克. 自由秩序原理 ［M］. 北京：三联书店，1997.

12. 盛洪. 为什么制度重要 ［M］. 郑州：郑州大学出版社，2004.

13. ［美］艾·弗洛姆. 爱的艺术 ［M］. 李健鸣译. 北京：商务印书馆，1987.

14. ［美］巴斯克里著，古亚、杨铮编译. 爱与被爱 ［M］. 学苑出版社，1988.4.

15. 冯玮编译. 科学·爱·秩序·进步——孔德《实证主义概论》的精粹 ［M］. 湖北人民出版社，1989.

16. 詹姆斯·布坎南. 自由、市场和国家 ［M］. 北京：北京经济学院出版，1988.

17. 邓晓芒. 灵魂之舞——论中西人格的差异性 ［M］. 北京：东方出版社，1995.

18．［德］滕尼斯著．共同体与社会［M］．林荣远译，商务印书馆，1999．

19．R.E·帕克等著．城市社会学［M］．宋俊岭等译，华夏出版社，1987．

20．费孝通．乡土中国生育制度［M］．北京：北京大学出版社，1998．

21．George A. Jr. Hillery. Definitions of Community：Areasof Agrees of Agrement［M］. Rural Sociology，20，1955．

22．德鲁克基金会．未来的社区［M］．北京：中国人民大学出版社，2006．

23．于显洋．社区概论［M］．北京：中国人民大学出版社，2006．

24．徐永祥．社区发展论［M］．上海：华东理工大学出版社，2000．

25．丁元竹，江汛清．志愿活动研究：类型、评价与管理［M］．天津人民出版社，2001．

26．［美］E·萨瓦斯．民营化与公私部门的伙伴关系［M］．北京：中国人民大学出版社，2002．

27．［美］乔治·弗雷德里克森．公共行政的精神［M］．张成福等译．北京：中国人民大学出版社，2003．

28．唐忠新．社区服务思路与方法［M］．机械工业出版社，2004．

29．张曙．社会工作行政［M］．北京：社会科学文献出版社，2002．

30．邓国胜．中国NGO问卷调查的初步分析［M］∥王名．中国NGO研究2001：以个案为中心．联合国区域发展中心，清华大学NGO研究所．2001．

31．易小明．文化差异与社会和谐［M］．长沙：湖南师范大学出版社，2008．

32．任平．新全球化时代与21世纪马克思主义哲学的走向［J］．哲学研究，2000（12）．

33．衣俊卿．日常生活批判——一种真正植根于生活世界的文化哲学［J］．学术月刊，2006，（1）．

34．陈来．儒家"礼"的观念与现代世界［J］．孔子研究，2001，（1）．

35．陈伟东．社区治理与公民社会的发育［J］．华中师范大学学报，2003，（1）．

36．沈亚军．慈善文化：中国慈善企业的"短腿"［N］．光明日报，2006

－5－8.

37. 景天魁，毕天云. 建设中国特色福利社会的意义 [J]. 学习与实践，2009 (9).

38. 刘玉东. 二十世纪后社区理论综述——以构成要素位视角 [J]. 岭南学刊 2010 (5).

39. EdwardO. Moe. Consulting with a Community System：A Case Study [J]. Journal of Social Issues, 1959 (15).

40. 徐中振，徐珂. 走向社区治理 [J]. 上海行政学院学报, 2004, (1).

41. 谭文勇. 单位社区——回顾、思考与启示 [D]. 重庆：重庆大学, 2006.

42. 林娅，孙文营. 中外和谐思想探微及其价值启示 [J]. 探求, 2006, (1).

43. 石倩. 城市和谐社区研究——以长沙市天剑社区为例 [D]. 长沙理工大学, 2007.

44. 陈正良. 略论社会主义和谐社会的构建 [J]. 理论探讨, 2005, (1).

45. 董云虎. 当代国际法上的主权与人权 [J]. 法学译丛, 1992 (10).

46. 杨宜音，张曙光. 理想社区的社会表征：北京市居民的社区观念研究 [J]. 中国农业大学学报, 2008 (1).

47. 陈宁. 共同体的幻想——对近年来社区建设与社区研究的反思 [J]. 长春理工大学学报, 2006 (3).

48. 任燕红. 爱的求索——弗洛姆爱的哲学思想研究 [D]. 西南大学, 2006.

49. 冯光娣. 保障社会化与我国社区社会保障制度 [J]. 浙江金融, 2005, (9).

50. 钟小滨等. 社会整合时期社区社会保障体系的构建 [J]. 西北大学学报哲学社会科学版, 2007 (4).

51. 陈雅丽. 社区服务研究：理论争辩与经验探讨 [J]. 理论与改革, 2006 (6).

52. 赵冰. 北京市社区志愿服务的管理研究 [D]. 中国地质大学硕士学位论文, 2006.

53. 梁莹，王飞. 居民社区志愿服务参与中的参与式民主 [J]. 求实, 2010, (3).

54. 彭惠青. 城市社区居民参与研究——以武汉市两社区的实地考察为例 [D]. 华中师范大学博士学位论文, 2009.

55. 课题组. 加强杭州社区志愿者队伍建设的若干建议 [J]. 杭州信息, 2009, (27).

56. 毛丹、彭兵. 加拿大: 非制度性社区服务的类型 [J]. 宁波大学学报 (人文科学版), 2008 (4).

57. 吴志旻. 社区保障体系里非政府组织研究 [D]. 武汉科技大学, 2008.

58. 刘晓燕, 李宝星. 构建"合作主义"社会保障模式的途径探讨——以非营利组织发展为视角 [J]. 西安石油大学学报 (社会科学版), 2005, (1).

59. 桂敏. 论我国非政府组织的作用 [D]. 吉林大学硕士学位论文, 2004.

60. 陈华. 非政府组织在社区治理中的角色解析 [J]. 武汉理工大学学报 (社会科学版), 2006 (2).

61. 许察金. 公民的慈善精神及其培育与发扬 [J]. 西华大学学报 (哲学社会科学版), 2008 (6).

后　记

在慈父爱母的呵护下，我自幼生长在太行山一个自由、温情、和睦的农村家庭，不知不觉中对自由、爱与和谐情有独钟，此为本书的精神渊源。

本书思想酝酿、准备的前期研究工作历时 20 余年。20 世纪 90 年代初，我在哲学思考的行程中，基于对自由的感悟写作的"自由意识的三个层次"发表后，被《新华文摘》1990 年第 9 期摘要。随之尝试以理性的眼光审视日常婚恋、家庭，在理性与激情的交融中欣然命笔，于教学、管理工作之余，循自由与爱的逻辑写出书稿：《生命之和声——爱的哲学透视》。但草稿写就之后，我突然有一种感觉：放一放，不急于出版，再沉淀一下。

其后感觉需要先期探讨"人"的问题，于是从人的自由到"主体人格"展开思索，1995 年至 1998 年我主持了世界银行贷款中国师范教育发展项目：人格、个性、创造力培养研究，1998 年 2 月我在高等教育出版社出版的著作《"主体人格教育"的研究与实践》是其主要成果。接下来，在和谐发展的视角研究人与体制、人与制度的关系，我在《社会科学》2001 年 2 期发表的"和谐发展——制度伦理与市场法制"是这一研究的代表性成果。

2005 年开始，转入和谐社区的探索，我在《河北师范大学学报》2007 年 3 期发表的"中国城市和谐社区制度建设的前提性思考"、《河北学刊》2008 年 3 期发表的"河北省城市社区居民自治有效制度的形成及相关政策研究"，是该研究的主要成果。

自 2008 年始，置身于爱与社区等日常生活问题凸显的关键期，我多年萦绕心头的爱与和谐问题再次突出显明，于是开始组织调研组，接近大学生，步入单位制"家属区"、商品楼小区、城中村改造小区等不同社区，就"爱与和谐"展开访谈等社会调研。

以此为基础，我在爱与社区和谐的方向上凝聚自己 20 来年的思索，在前期研究沉淀的基础上，重新立意构思，确立本书——《爱的信仰与社区和谐》的基本思想和观点，调整确定提纲，承担导论、第一章、第二章、第五章、第九章的写作，并负责全书修改定稿。我的合作者闫翅鲲硕士，承担第三章、第四章、第六章、第七章、第八章的写作，并作了很好的发挥。

感谢中国伦理学会会长陈瑛先生，多年来对我该项研究的支持与帮助。

感谢我的爱妻梁秀珍女士，没有她与其他家人的理解、支持，我很难完成书稿。

感谢光明日报出版社的刘伟哲编辑和杨娜编辑，她们为本书作了出色的编辑工作。

感谢对本书研究、撰写给予不同形式帮助的各位朋友。

李来和

2012 年元月于河北石家庄滹沱河畔